北京交通大学"一带一路"专题系列丛书

"一带一路"倡议下中国高铁"走出去"战略研究

张文松 ◎ 著

RESEARCH ON CHINA'S HIGH-SPEED RAILWAY GOING OUT STRATEGY UNDER THE BELT AND ROAD INITIATIVE

图书在版编目（CIP）数据

"一带一路"倡议下中国高铁"走出去"战略研究/张文松著. —北京：经济管理出版社，2019.6

ISBN 978-7-5096-6607-4

Ⅰ.①一… Ⅱ.①张… Ⅲ.①高速铁路—发展战略—研究—中国 Ⅳ.①U238

中国版本图书馆 CIP 数据核字（2019）第 089147 号

组稿编辑：申桂萍
责任编辑：赵亚荣
责任印制：黄章平
责任校对：赵天宇

出版发行：经济管理出版社
（北京市海淀区北蜂窝 8 号中雅大厦 A 座 11 层　100038）
网　　址：www.E-mp.com.cn
电　　话：（010）51915602
印　　刷：三河市延风印装有限公司
经　　销：新华书店
开　　本：720mm×1000mm/16
印　　张：15.25
字　　数：257 千字
版　　次：2019 年 6 月第 1 版　2019 年 6 月第 1 次印刷
书　　号：ISBN 978-7-5096-6607-4
定　　价：58.00 元

·版权所有　翻印必究·
凡购本社图书，如有印装错误，由本社读者服务部负责调换。
联系地址：北京阜外月坛北小街 2 号
电话：（010）68022974　邮编：100836

前 言

"一带一路"倡议的提出为中国发挥地缘政治优势，与沿线国家构筑安全多边贸易与跨境运输合作的屏障提供了重要平台。近年来，中国高铁不断攻克一个又一个难题，从零件到装备，从核心技术到知识产权，中国高铁技术的长足发展及日益强大的研发能力，每一步的飞跃都为中国在国际市场上谋求发展奠定了坚实的基础，为摆脱不平等的国际贸易谈判，在全世界聚集和寻求更好的资源与市场合作提供了有力的支撑。当下，中国期望的以"路权"支撑"陆权"的"新陆权"时代已经到来。

"一带一路"倡议为中国高铁"走出去"带来了前所未有的机遇，但也面临着诸多的挑战。目前，已有多个国家在和中国洽谈高铁合作事宜，达成合作意向，但是实际达成的海外建设项目却不多，中国高铁"走出去"依旧存在技术壁垒、资金壁垒、经验壁垒等劣势。高铁从工程技术"走出去"，转变为设计引领、技术带动、施工建设、装备制造、运营维护的全产业链输出仍存在运营模式及海外建设风险的难题。中国如何紧紧抓住机遇，将高铁由单一的要素输出转变为全产业链"走出去"，实现中国高铁对外输出的重大突破是亟待解决的难题。随着"一带一路"倡议的逐步深化，中国与沿线国家的合作也变得日益密切。我国现有的海外高铁合作项目主要采取总承包的模式，从前期勘察设计、采购设备、建造施工到装备制造均由中国企业完成。不仅如此，为援助沿线国家而采取"大米换高铁"等方式进行"带资"建设，这不是一种具有可持续发展的模式。中国自身的劳动力红利也在逐步丧失，中国目前的海外高铁建设模式，亟须在战略上进行宏观把控，承建方式必须调整。中国必须进行基于全球价值链的功能升级和链条升级，必须对高铁"走出去"进行全面、系统、综合的战略研究。

高铁"走出去"是中国成长为世界性大国的一个重要标志，是能够撼动世界政治经济格局，把控陆地交通命脉的一大产业。站在全球视角上审视中国高铁

"走出去",其面临着老牌高铁强国的围追堵截,要从横向即高铁品牌的影响力等方面,纵向即高铁本身的技术、兼容性、安全性等方面与其对比,在世界舞台上与之抗衡。因此,全方位纵深地研究中国高铁如何"走出去",搭建"走出去"战略大通途,对于中国经济腾飞、国际影响力提升、平衡中西方对抗力量、构筑中国高铁外交等具有重大战略意义。

通过查阅国内相关资料发现,鲜有书籍专注于中国高铁如何"走出去",在全球视域下审视中国高铁全产业链"走出去"陷入的困境。在"一带一路"倡议下,需要多维度地分析高铁"走出去"的可行性以及应采取的措施。本书由中央高校基本科研业务费专项资金(2016JBWZ007)资助,六位研究人员历时一年半,力求全面综合地分析中国高铁"走出去"涉及的方方面面的内容,并力求囊括国内外高铁行业发展的全部内容,包括全球高铁发展历史阶段、全球高铁发展模式、全球高铁行业发展特征等,杜绝片面化、单一化;同时,对"一带一路"倡议下,如何通过串联国际及国内高校,肩负起人才培养的重任为高铁"走出去"源源不断地输送人才等关乎高铁长远发展的人才战略部署,进行了措施的制定,致力于通过联系实际使每一位读者全面了解相关信息并能够切实理解。

与国内外已经出版的同类书籍比较,本书具有以下特点:

(1)全面性。本书基本涵盖了国内外高铁相关的重要知识信息,参照并总结了国内外诸多知名学者的观点,借鉴吸收了业界权威人士的著作的精华并对高铁"走出去"做出专业论断。本书可作为一本工具性的参考书,对于国内外高铁发展现状、市场分析、运营研究、标准研究等都做出了全面详细的叙述,并结合读者阅读特点予以实际案例说明展示,深入浅出,力求在内容全面丰富的基础上,使读者获得最佳的阅读体验。

(2)系统性。本书按照高铁"走出去"全过程进行章节的编排。高铁"走出去"过程中每个环节都是相互联系、相互制约的,是一个系统的、不可分割的整体,正如书中将高铁比作一个"企业"。因此,本书在"一带一路"倡议的背景下,谨遵高铁"走出去"的内在逻辑原理,层层递进,不断剖析各环节之间的联系,探索牵绊高铁"走出去"深层次的原因,各章节前后相互承接、互为依存。

(3)创新性。本书创新性地提出了多个高铁全产业"走出去"模式,突破国内研究框架，对照世界高铁强国在高铁"走出去"战略上采取的诸多模式，内化为中国自身可借鉴的素材。在鲜有学者涉足的领域，为后来的研究者提供了全面的参照和借鉴。

（4）实用性。本书立足于现代中国高铁"出海"的基本实情，理论联系实际。书中所提出的措施与模式，是在现实基础上通过合理的组合演化而来，具有极大的可行性与可操作性。文中所列案例，均为作者多方搜集的真实案例，因此本书具有极大的实用价值。

全书共分为11章，研究思路框架详见图0-1。本书以全球视域，对中国高铁"走出去"进行宏观的把控。在"一带一路"倡议的大背景下，以科学的分析工具入手，对目前国内外高铁相关研究热点进行归纳总结，在此基础上选定着力研究中国高铁"走出去"的各方面内容。以目前中国高铁出海的优势与劣势、机遇与挑战作为抓手，顺势对全球市场概况进行分析，把控中国高铁"走出去"的市场机遇与需求差异性，创新性地提出高铁全产业链"走出去"所需模式，力求解决全产业"走出去"遇到的问题。为辅助高铁产业链更好地"走出去"，标准及风险的分析以及人才的培养等辅助性要素的研究是必不可少的，为后期战略定位及战略任务的规划奠定基础。最后以代表性项目的分析，为全书的理论与模式分析等找到现实的依托，使全书能够联系实际，更具有可读性与趣味性。

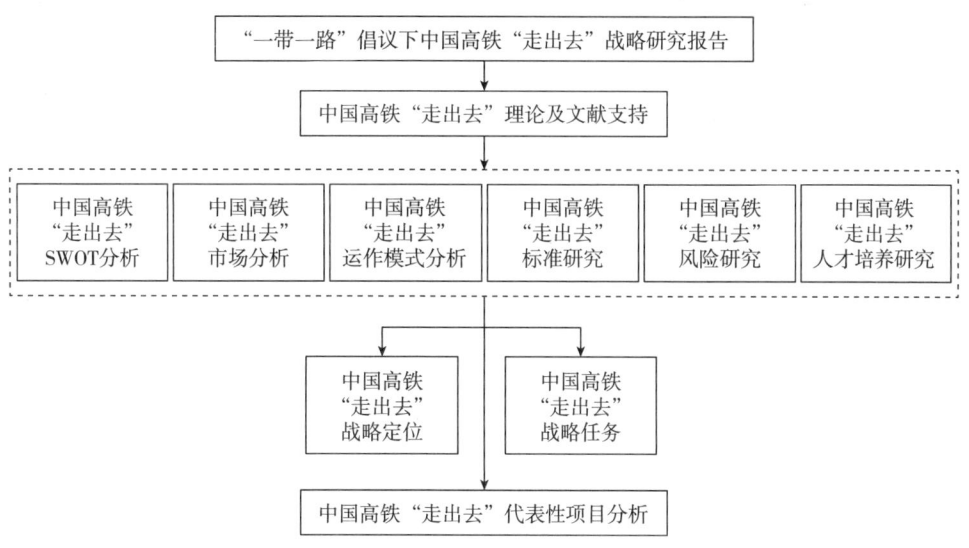

图0-1 本书研究思路框架

本书在编写过程中参考了大量的国内外专业文献，以及多份高铁行业的研究报告，在此表示衷心的感谢！感谢杨茂盛、王单玉、王笑晗、冯晨旭、李珊珊、刘博雅在资料收集整理、课题内容研究和书稿撰写方面所做出的卓越贡献。特别感谢申桂萍编审为本书的及时出版所做的全面、周到安排，以及她针对中国高铁"走出去"所提出的宝贵修改建议。由于作者水平有限，书中不妥之处，欢迎各位专家同行和广大业界人士对本书提出宝贵的意见和建议，恳请读者不吝批评指正。

张文松
于北京交通大学红果园
2019 年 3 月 16 日

目 录

1 绪论 ·· 1
　1.1 研究背景与研究价值 ··· 1
　　1.1.1 研究背景 ·· 1
　　1.1.2 研究价值 ·· 2
　1.2 研究内容与结构安排 ··· 3
　1.3 本书的创新与特色 ·· 6
2 中国高铁"走出去"的文献计量分析 ···························· 7
　2.1 文献计量分析方法概述 ·· 7
　　2.1.1 研究现状 ·· 7
　　2.1.2 文献计量分析方法 ··· 8
　2.2 高铁"走出去"文献基本统计分析 ···························· 9
　　2.2.1 文献整体增长趋势分析 ··································· 9
　　2.2.2 热点研究涉及领域分析 ··································· 10
　　2.2.3 主要研究机构合作分析 ··································· 11
　2.3 文献回顾及热点问题研究 ······································· 12
　　2.3.1 中国高铁"走出去"发展态势研究 ···················· 12
　　2.3.2 中国高铁"走出去"投融资研究 ······················· 13
　　2.3.3 中国高铁"走出去"标准研究 ··························· 14
　　2.3.4 高铁"走出去"战略风险研究 ··························· 16
　　2.3.5 中国高铁"走出去"总体战略研究 ···················· 17
　2.4 "一带一路"倡议下中国高铁"走出去"前沿领域 ······ 18
　　2.4.1 构建高铁"走出去"产业体系和技术体系 ········· 19

2.4.2 推动中国高铁标准国际化 ………………………………… 19
2.4.3 中国高铁"走出去"行业集成 ……………………………… 19
2.5 "一带一路"倡议下中国高铁"走出去"研究展望 …………… 20
　　2.5.1 亟待突破的瓶颈 …………………………………………… 20
　　2.5.2 研究启示 …………………………………………………… 22

3 中国高铁"走出去"的SWOT分析 …………………………… 24
3.1 中国高铁"走出去"发展状况分析 …………………………… 24
　　3.1.1 中国高铁"走出去"发展现状 …………………………… 24
　　3.1.2 中国高铁"走出去"战略意义 …………………………… 26
3.2 中国高铁"走出去"竞争优势分析 …………………………… 29
　　3.2.1 国家协调能力 ……………………………………………… 29
　　3.2.2 铁路建造能力 ……………………………………………… 30
　　3.2.3 装备制造能力 ……………………………………………… 30
　　3.2.4 运营管理能力 ……………………………………………… 31
　　3.2.5 投融资能力 ………………………………………………… 31
　　3.2.6 国际项目运作能力 ………………………………………… 32
3.3 中国高铁"走出去"竞争劣势分析 …………………………… 32
　　3.3.1 自主研发核心技术能力欠缺 ……………………………… 33
　　3.3.2 国际化认知度不高 ………………………………………… 33
　　3.3.3 高端人才紧缺 ……………………………………………… 33
3.4 中国高铁"走出去"战略机遇分析 …………………………… 34
　　3.4.1 "一带一路"倡议的大背景 ……………………………… 34
　　3.4.2 亚投行等金融机构给予支持 ……………………………… 35
　　3.4.3 高铁国际市场需求旺盛 …………………………………… 35
　　3.4.4 各国对"一带一路"政策的积极响应 …………………… 35
3.5 中国高铁"走出去"面临挑战分析 …………………………… 36
　　3.5.1 技术壁垒 …………………………………………………… 36
　　3.5.2 资金壁垒 …………………………………………………… 41
　　3.5.3 经验及制度壁垒 …………………………………………… 43
3.6 小结 ……………………………………………………………… 44

4 中国高铁"走出去"的市场分析……47
4.1 全球市场概况分析……47
4.2 中国高铁"走出去"市场机遇及需求差异性……50
4.2.1 中国高铁"走出去"市场机遇……50
4.2.2 中国高铁"走出去"需求差异性……52
4.3 中国高铁"走出去"的有效市场需求……53
4.3.1 全球高铁市场容量需求……53
4.3.2 "一带一路"沿线高铁市场有效需求……55
4.3.3 中国高铁"走出去"的"有限市场"……57
4.4 中国高铁"走出去"空间区域分析……59
4.4.1 欧亚高铁……59
4.4.2 中亚高铁……60
4.4.3 泛亚高铁……62
4.5 中国高铁"走出去"道路联通分析……63
4.6 中国高铁"走出去"市场部署……64
4.6.1 市场布局思路……64
4.6.2 市场进入方式……65
4.7 总结与展望……66

5 中国高铁"走出去"的运作模式分析……68
5.1 全球高铁行业发展概况分析……68
5.1.1 全球高速铁路发展阶段及特征……68
5.1.2 全球高铁的发展模式分析……70
5.1.3 主要国家高铁技术发展分析……72
5.2 全球主要地区高铁运营现状分析……74
5.2.1 中国高铁建设运营状况分析……74
5.2.2 日本高铁建设运营状况分析……76
5.2.3 法国高铁建设运营状况分析……77
5.2.4 德国高铁建设运营状况分析……79
5.3 中国高铁全产业链"走出去"方式分析……79

5.3.1　项目"走出去"方式分析 ………………………………… 80
　　5.3.2　装备"走出去"分析 …………………………………… 87
　　5.3.3　技术"走出去"分析 …………………………………… 93
　　5.3.4　品牌"走出去"分析 …………………………………… 101
　　5.3.5　高铁建设经验"走出去"分析 ………………………… 102
　5.4　结论及启示 ……………………………………………………… 105
　　5.4.1　结论 ……………………………………………………… 105
　　5.4.2　启示 ……………………………………………………… 106

6 中国高铁"走出去"的标准研究 …………………………………… 110
　6.1　中国高铁标准国际认同度分析 ………………………………… 110
　　6.1.1　国际高铁标准分析 ……………………………………… 111
　　6.1.2　中国高铁标准现状 ……………………………………… 113
　　6.1.3　中国高铁标准认可度 …………………………………… 114
　6.2　高铁标准领域全面合作 ………………………………………… 116
　6.3　结论与政策建议 ………………………………………………… 118

7 中国高铁"走出去"的风险研究 …………………………………… 121
　7.1　风险来源 ………………………………………………………… 121
　　7.1.1　政治风险分析 …………………………………………… 121
　　7.1.2　经济风险分析 …………………………………………… 124
　　7.1.3　社会风险分析 …………………………………………… 126
　　7.1.4　对华关系分析 …………………………………………… 128
　　7.1.5　安全风险分析 …………………………………………… 129
　7.2　风险评估 ………………………………………………………… 131
　　7.2.1　高铁风险评估层次结构模型构建 ……………………… 131
　　7.2.2　风险等级评语集设计 …………………………………… 131
　　7.2.3　模糊评价矩阵构建 ……………………………………… 132
　　7.2.4　风险评估指标权重确定 ………………………………… 132
　　7.2.5　高铁风险模糊综合评估 ………………………………… 134
　7.3　风险规避及控制 ………………………………………………… 135

  7.3.1 国家层面统筹规划，加强政企合作 ……………………… 135
  7.3.2 充分考察东道国政治情况，降低政治风险 ……………… 136
  7.3.3 调整资金政策，保障经济稳定 …………………………… 136
  7.3.4 了解融入当地社会，获取社会支持度 …………………… 137
  7.3.5 合理评估安全风险，切实保护相关员工人身与资产安全 … 137

8 中国高铁"走出去"的人才培养研究 ……………………………… 139
8.1 人才培养的必要性 ………………………………………………… 140
  8.1.1 国际商务人才是中国高铁"走出去"的迫切需求 ……… 140
  8.1.2 专业技术人才是中国高铁"走出去"的有力保障 ……… 140
  8.1.3 运营管理人才是中国高铁"走出去"的坚实后盾 ……… 141
8.2 国际化人才分析 …………………………………………………… 141
  8.2.1 国际商务型人才紧缺 ……………………………………… 142
  8.2.2 国际营销人才缺乏 ………………………………………… 142
8.3 专业技术人才分析 ………………………………………………… 143
  8.3.1 人员欠缺业务能力与职业素养 …………………………… 143
  8.3.2 专业技术要求越来越高 …………………………………… 144
  8.3.3 确保安全运营赋予新任务 ………………………………… 144
  8.3.4 关键岗位专业人才分析 …………………………………… 145
8.4 运营管理人才分析 ………………………………………………… 146
  8.4.1 东道国缺乏管理人才 ……………………………………… 146
  8.4.2 文化冲突 …………………………………………………… 146
  8.4.3 培养模式存在问题分析 …………………………………… 147
8.5 人才培养战略 ……………………………………………………… 148
  8.5.1 人才培训目标 ……………………………………………… 148
  8.5.2 高校培养策略 ……………………………………………… 150
8.6 国外人员培养案例 ………………………………………………… 152
  8.6.1 北京交通大学：培养高铁人才，服务"一带一路" …… 152
  8.6.2 西南交通大学：乘"一带一路"之帆，育世界铁路人才 … 152
8.7 结论与启示 ………………………………………………………… 153
  8.7.1 结论 ………………………………………………………… 153

　　　　8.7.2　启示 …………………………………………………………… 154

9　中国高铁"走出去"的战略定位 ……………………………………… 155
9.1　愿景 …………………………………………………………………… 155
9.2　使命 …………………………………………………………………… 156
9.3　价值观 ………………………………………………………………… 157
9.4　目标 …………………………………………………………………… 158
　　9.4.1　推进设施联通 …………………………………………………… 159
　　9.4.2　重建丝绸之路 …………………………………………………… 159
　　9.4.3　打造中国高铁品牌 ……………………………………………… 160
　　9.4.4　建立国家人才智库 ……………………………………………… 161
　　9.4.5　引领未来高铁市场 ……………………………………………… 161
9.5　部署 …………………………………………………………………… 162
　　9.5.1　时间部署 ………………………………………………………… 162
　　9.5.2　空间部署 ………………………………………………………… 164
9.6　小结 …………………………………………………………………… 168

10　中国高铁"走出去"的战略任务 ……………………………………… 169
10.1　高铁"走出去"的总体战略 ………………………………………… 169
　　10.1.1　成立中国高铁"走出去"领导小组 …………………………… 169
　　10.1.2　构建国家级高铁"走出去"智库 ……………………………… 176
10.2　高铁"走出去"战略任务 …………………………………………… 179
　　10.2.1　目标国国情与东道国对高铁的需求 …………………………… 179
　　10.2.2　高铁建设与沿线各国产业发展和新型城镇化 ………………… 182
　　10.2.3　解决外部舆论环境和提升价值认同 …………………………… 187
10.3　战略保障 ……………………………………………………………… 190
　　10.3.1　建立支撑体系 …………………………………………………… 190
　　10.3.2　提升企业综合竞争能力 ………………………………………… 192
10.4　结论与启示 …………………………………………………………… 192

11　中国高铁"走出去"的代表性项目分析 ……………………………… 194
11.1　肯尼亚蒙巴萨港—内罗毕铁路项目 ………………………………… 194

  11.1.1 项目投资运营模式 ··· 195
  11.1.2 运营情况分析 ··· 196
  11.1.3 经济效益分析 ··· 196
11.2 土耳其安卡拉—伊斯坦布尔高铁项目 ························· 198
  11.2.1 项目投资运营模式 ··· 198
  11.2.2 运营情况分析 ··· 200
  11.2.3 经济效益分析 ··· 200
11.3 沙特阿拉伯麦加—麦地那高铁项目 ···························· 202
  11.3.1 项目投资建设模式 ··· 202
  11.3.2 施工情况分析 ··· 203
  11.3.3 经济效益预测分析 ··· 205
11.4 委内瑞拉迪纳科—阿纳科高铁项目 ···························· 206
  11.4.1 项目投资运营模式 ··· 207
  11.4.2 建造情况分析 ··· 208
  11.4.3 现状分析 ··· 209
11.5 印度尼西亚雅加达—万隆高铁项目 ···························· 210
  11.5.1 项目投资运营模式 ··· 211
  11.5.2 项目难点 ··· 212
  11.5.3 潜在风险分析 ··· 214
11.6 "一带一路"沿线国中国高铁项目投资动态分析 ················ 214
  11.6.1 投资利好分析 ··· 215
  11.6.2 投资风险分析 ··· 216
11.7 结论与启示 ·· 218
  11.7.1 代表高铁项目比较 ··· 218
  11.7.2 启示 ··· 220

参考文献 ·· 225

1 绪论

1.1 研究背景与研究价值

1.1.1 研究背景

2013年9月和10月，中国国家主席习近平先后提出共建"丝绸之路经济带"和"21世纪海上丝绸之路"倡议，得到沿线国家的积极响应。"一带一路"发端中国，贯通中亚、东南亚、南亚、西亚、欧洲甚至非洲部分区域的亚欧非大陆，一头是活跃的东亚经济圈，一头是发达的欧洲经济圈，中间是经济发展潜力巨大的广大腹地，覆盖65个国家，近46亿人口，经济总量约为21万亿美元，在全球总量中分别占64%和30%。

"一带一路"倡议响应欧亚大陆发展与合作的普遍呼声，昭示了中国已由世界秩序的参与者转向为"公共产品"的倡议者、提供者和建设者。中国高铁"走出去"，不仅形成对外开放新格局，再现古丝绸之路的辉煌，而且成为连接亚欧非甚至全球的纽带。欧亚高铁始发于中国东北满洲里，途经远东进入莫斯科，最终到达欧洲伦敦，横跨俄罗斯、东欧、西欧，不仅极大地促进了亚欧市场的融合，而且一举扭转了中国出口贸易对海运通道过分依赖的格局。中亚高铁发端于中国乌鲁木齐，经过伊朗之后进入土耳其等国家，最后到达德国，连贯中亚，不仅扩大延伸了与欧洲和非洲国家的经贸往来，而且开拓了贸易运输的物流黄金干线。泛亚高铁出发于中国昆明，横贯东南亚国家，在东线经过越南，中线途经老挝和泰国，西线经过缅甸，最后到达新加坡。泛亚高铁的修建可以打通向南出海口，摆脱马六甲海峡的威胁。

近年来，中国高铁"走出去"致力于与沿线国家交流沟通、务实合作。中国沿线国家修建的代表性项目有肯尼亚蒙巴萨港—内罗毕铁路项目、土耳其安卡拉—伊斯坦布尔高铁项目、沙特阿拉伯麦加—麦地那高铁项目、委内瑞拉迪纳科—阿纳科高铁项目、印度尼西亚雅加达—万隆高铁项目等。2016年，作为国家"十三五"规划的开局之年，也被国际社会称为高铁和轨道交通"出海"的爆发元年。众多项目顺利推进和沿线国家的积极参与不仅表明中国高铁"走出去"态势喜人，而且也为推动"一带一路"倡议和高铁"走出去"激发出强大的动能。因此，中国高铁"走出去"将产生更为广泛的影响。

1.1.2 研究价值

中国高铁"走出去"在世界各国推动经济全球化深入发展和机制改革中变得越来越重要。中国高铁被誉为改革开放以来中国唯一可以改变整个21世纪国际国内政治经济基本格局的战略产业，高铁不仅成为中国的外交名片，而且日渐成为"新陆权"的象征与标识。改革开放以来，中国主要依靠向东（太平洋）开放，加入全球经济循环，中国经济重心向沿海地区迁移，实现了中华人民共和国成立以来前所未有的经济大发展。然而，随着美国重返亚太，中国向东开放或遭遇围堵、挤压之势。如果欧亚高铁、中亚高铁和泛亚高铁这三条线路能够建成并成功投入运营，中国就能从西部、西南和北方三大方向冲出美国及其盟友来自太平洋方向的围堵，在相当程度上对冲美国重返亚太对中国造成的压力。不仅如此，中国还拥有欧洲所需要交换的资源和技术，并通过对外投资与中亚、西亚以及非洲建立经贸往来。

"一带一路"倡议下，欧亚高铁、中亚高铁和泛亚铁路的修建推进了中国高铁"走出去"的进程。建设欧亚高铁，不但有助于扭转中国唯有依赖海运出口贸易的格局，而且有助于向西开放贯通陆上通道并遥指大西洋的全新格局。规划中的"莫斯科—喀山"高铁是中俄致力打通欧亚经济走廊的重要通道线路，经由俄罗斯的叶卡捷琳堡，进入阿斯塔纳驶入哈萨克斯坦，最后到达乌鲁木齐进入中国境内，直至连接中国"十纵十横"高铁线路，最大时速400公里。能自动变轨转向的"莫斯科—喀山"高铁，不仅在"一带一路"倡议框架下高度契合中国提倡的"丝绸之路经济带"与俄罗斯倡议的"欧亚经济联盟"，而且开启了以

"路权"支撑"陆权"的"新陆权"时代。

建设中亚高铁,不仅有助于中国拓展与非洲及欧洲地区的经贸往来与合作,而且有助于推进"丝绸之路经济带"的建设,发挥以"地缘经济"推动"地缘政治"的重大作用。规划中的中巴铁路起于中国的喀什,中间贯穿资源丰富的巴基斯坦,终点到达瓜达尔港,其通道方向与"丝绸之路经济带"高度契合。中巴铁路的起点喀什是连接中国内陆与中东、中亚、欧洲以及非洲的陆上交通要道,终点瓜达尔港是通往东亚、太平洋地区的海上咽喉要道。因此,中巴铁路除了是中巴经济走廊的重要支撑外,还促进世界地缘政治格局的改变。

建设泛亚高铁,不仅有利于驱动亚太地区的社会安全与经济增长,更有利于"一带一路"向南开放连接海上通道对接印度洋的新格局。规划中的泛亚高铁极具全球战略意义,打通泛亚高铁意味着中国摆脱马六甲海峡的威胁,更为重要的是提升在东非甚至欧亚非的地缘政治影响力。

尽管中国高铁"走出去"已经取得了重要进展,产生着越来越广泛的影响,甚至有可能成为推动经济全球化深入发展的旗帜,但是学术界的研究尚没有为实践活动构建出一个理论体系。因而,我们更应冷静理性思考、客观认识中国高铁"走出去"所面临的挑战与风险,以期为中国高铁"走出去"提供谋划与方略。

1.2 研究内容与结构安排

本书尽可能借鉴主要学者和研究机构有关中国高铁"走出去"的研究,并采用科学的方法,包括文献计量法、聚类分析法和案例分析法等,对中国高铁"走出去"的研究现状和发展脉络进行深入剖析。

本书共分为11章,具体内容与结构安排如下:

第1章是绪论。本章主要阐述了中国高铁"走出去"的研究背景与研究价值、研究内容与结构安排,以及本书的创新与特色。

第2章是中国高铁"走出去"的文献计量分析。本章采用文献计量的方法对中国高铁"走出去"的发展进行梳理和分析,发现中国高铁"走出去"研究从对中国高铁"走出去"的战略价值、战略方向及路径的研究逐渐演化为中国高铁"走出去"对冲战略研究、投融资研究、标准研究、总体战略研究、沿线国家产业发展和新型城镇化研究、战略风险研究的方法论与理论框架研究。通过 CiteSpace 软件对中国高铁"走出去"进行可视化分析，科学判断其研究热点及发展趋势。

第3章是中国高铁"走出去"的 SWOT 分析。中国高铁"走出去"机遇与风险并存，对其发展现状进行研究具有重要意义。在对中国高铁"走出去"总体发展状况分析的基础上，对高铁"走出去"进行了 SWOT 分析，分析了国家协调能力、铁路建造能力、装备制造能力、运营管理能力、投融资能力及国际项目运作能力等优势，分析了自主核心技术、国际化认知、高端人才等方面的劣势，分析了"一带一路"、亚投行、国际市场、各国政策等机遇，分析了技术壁垒、资金壁垒、经验壁垒等挑战。

第4章是中国高铁"走出去"的市场分析。客观评估中国高铁"走出去"海外"有限市场"面临的战略机遇与风险，科学分析中国高铁"走出去"的海外市场的战略方向、空间布局、时间安排和市场部署，以及推进海外市场布局亟待突破的瓶颈等，能为"一带一路"倡议下更好地推行中国高铁"走出去"提供谋划与方略。因此，本章探讨了中国高铁"走出去"市场机遇及需求差异性、市场需求及有效需求，对高铁"走出去"空间区域、道路联通格局进行分析，以期为中国高铁"走出去"市场布局、路线及战略要点提供参考。

第5章是中国高铁"走出去"的运作模式分析。"一带一路"沿线国家普遍缺乏高铁建设、运营与维护的经验。认真总结发达国家及中国高铁建设与运营经验对"一带一路"沿线国家高铁建设具有重要的借鉴价值与启示。本章详细论述全球高铁行业的发展情况、高铁建设和运营模式，具体分析其工程建设指挥部模式、建设与运营合一模式、建设与运营分离模式，在对全球高铁建设情况进行研讨的基础上，讨论了全球主要国家高铁运营现状分析，包括法国、德国、日本高铁建设运营状况，最后针对中国高铁全产业链"走出去"运营提出对策与建议。

第6章是中国高铁"走出去"的标准研究。中国高铁"走出去"是中国标准和中国高铁品牌输出的过程。在国内高铁建设过程中，中国已经基本形成较为完善的高铁设计、建设、装备和标准体系以及铁路装备品牌，但仍然与国际先进标准存在距离，缺乏认同度。因此，本章分别回顾了高铁"走出去"的方式，包括高铁设备输出、高铁核心技术输出、高铁建设经验输出、高铁高端领域全面合作,详细阐述了铁路合作组织(RCO)、国际铁路联盟(UIC)、国际标准化组织(ISO)等主要国际高铁标准,并论述中国高铁标准国际认同度及其存在的问题,以期为后续的学术研究与业务实践提供知识基础与理论指导。

第7章是中国高铁"走出去"的风险研究。高铁建设是一项高风险事业,中国高铁"走出去"风险则更高。中国高铁"走出去"势头正猛,但所面临的风险也在不断增加,特别是面临传统安全风险和非传统安全风险相互交融的局面,由过去的结构性风险演化为一种系统性风险。因此,本章先后论述了政治风险、经济风险、社会风险、对华关系、安全风险,以此揭示中国高铁"走出去"所面临的主要风险,最后提出结论与政策建议。

第8章是中国高铁"走出去"的人才培养研究。中国高铁"走出去"不仅是产品和技术的输出,更是高铁人才的输出。中国高铁"走出去"离不开各类人才的支持。不仅需要工程、技术等专业人才,同时需要法律、财经、语言和商务人才;不仅需要相关经营开发人才和项目管理人才,更需要具备国际视野,熟悉国际贸易规则,了解当地文化历史、法律法规,能同海外企业和政府进行有效沟通的高端商务型人才。构筑支撑中国高铁"走出去"的人才培育体系极为重要。本章对中国高铁"走出去"的国际化人才、专业技术人才进行了详细分析,最后提出了结论与启示,以期为中国高铁"走出去"搭建人才培育平台提供借鉴。

第9章是中国高铁"走出去"的战略定位。本章主要是站在高铁"走出去"战略定位的高度,将高铁看作一个无比庞大的"企业",总体叙述其愿景、使命、价值观和目标,并且从时间、空间和功能三方面为其进行了战略部署,明确了高铁走向海外的顶层设计是重要的一部分。遵循着"服务全球智能交通,创造中国高铁时代"的愿景,牢记要"让世界没有难走的路"的重要使命,秉承着"构建世界之通途、造福万代之子民"的价值观来助推全球交通的大发展,重建辉煌的丝绸之路。将中国高铁品牌推销到全世界,让"一带一路"沿线国家和与中国友好往来的国家分享到中国高铁快速发展带来的红利。本章对中国高铁"走出去"空间、时间及功能方面提出相关建议,希望可以引起相关领域的广泛关注。

第10章是中国高铁"走出去"的战略任务。本章叙述了"一带一路"高铁

"走出去"的总体战略,涉及了国家领导小组的成立、国家级智库建设、战略保障等顶层设计,以及我们在"走出去"过程中所要做的一些战略性工作,如要综合考虑目标国国情的多样性和对高铁需求的差异性,考虑对沿线各国产业发展的影响,以及我国如何应对"舆论的声音"并借以中国价值的传播作为反击。最后提出结论与启示,并对未来的研究方向提出相关建议,为进一步研究中国高铁"走出去"顶层设计提供参考。

第11章是中国高铁"走出去"的代表性项目分析。本章采用案例研究的方法,在前文的基础上,以实际案例的形式对中国高铁"走出去"的代表性项目进行分析。首先,通对蒙内铁路等项目的研究,提炼高铁"走出去"的主要做法;其次,对"一带一路"沿线国高铁项目投资动态展开详细分析。通过研究高铁项目的投资运营模式、运营情况分析、经济效益,最后提出总结经验与启示。

1.3 本书的创新与特色

本书的创新和特色体现在以下三个方面:

一是内容全面。本书可以看作一本中国高铁"走出去"研究的工具书,不仅包括中国高铁"走出去"的文献计量分析,还包括中国高铁"走出去"发展分析、市场分析、运营研究、投融资研究、标准研究、风险研究、人才培养、战略定位、战略举措以及代表性项目分析。

二是方法科学。本书采用文献计量方法、聚类分析法和案例研究法等多种方法对现有中国高铁"走出去"的文献进行深入的剖析,力求得到准确的研究趋势和方向。

三是创新实用。本书所提出的诸多全产业链"走出去"模式,对照世界高铁强国的高铁"走出去"战略,立足现代中国高铁出海的基本实情,极具可行性、可操作性及实用价值。

2 中国高铁"走出去"的文献计量分析

2.1 文献计量分析方法概述

2.1.1 研究现状

当前中国高铁"走出去"取得了一系列颇具价值的成果，但相对于"一带一路"倡议下中国高铁"走出去"建设取得的良好进展而言，学术研究尚显滞后，现有文献对中国高铁"走出去"尚存在以下不足：

一是实践走在学术研究和理论研究的前沿。国内外关于中国高铁"走出去"的各种评论不断涌现，包括恶意揣测、误解以及抹黑；相对于实践来说，学术界对中国高铁的研究比较滞后，直到2018年，学者们关于中国高铁"走出去"的研讨才渐渐增多，但至今尚未形成一个统一的理论体系为中国高铁"走出去"实践提供理论指导。而且，现有的研究也比较匮乏，包括社会经济结构、法律制度、经商环境、地理环境特点、宗教文化等，难以支撑中国高铁"走出去"的实践，解决这些问题有待学术界长期、共同的努力。

二是尚未形成具有逻辑结构的理论体系。不同领域的学者往往出于不同的侧重点论述，难以形成一套行之有效的理论体系。在实践界，企业在应对中国高铁"走出去"的相关问题时，往往只模糊地知道中国高铁"走出去"的范畴，却不能准确地学习、把握和应用中国高铁"走出去"的理论来指导实践。在此背景下，中国高铁"走出去"的文献计量分析可以以科学的方法挖掘发展脉络中的主要研究成果，对中国高铁"走出去"的学术研究和实践应用均有一定的启发性。

2.1.2 文献计量分析方法

科学知识图谱方法是以可视化的分析过程和结果来阐述一个学术领域在整体上的结构、动态特征和发展趋势（Chen et al.，2017）。科学知识图谱是文献计量学在信息可视化、科学前沿图谱和科学发现理论领域运用的新兴研究方法，不仅可以追溯历史、跟踪当前，还有潜力探索无人涉猎的路径。因此，采用科学知识图谱研究能够以科学的方法挖掘、分析及展现一个学科领域的发展脉络及其关键里程碑、转折点和路径，以及研究现状的评析及未来发展的预测（Shneider A. M.，2009）。

CiteSpace 软件作为科学知识图谱绘制的最新工具，采用 CiteSpace 软件收集科学文献数据、分析共现网络、整理数据、调整可视化结果并且生成可视化知识图谱，能够勾勒出学科领域整体结构与面貌（Chen et al.，2010）。

目前，已有不少学者使用科学知识图谱分析各个领域的研究热点和前沿发展趋势。韩笑（2018）采用 CiteSpace 可视化软件与文献计量学方法，对我国合作学习研究期刊文献的主题热点及未来发展趋势做了科学知识图谱的分析和研究。宋杰鲲等（2018）运用可视化分析方法对能耗、大气污染物排放及碳排放进行协同研究，利用 CiteSpace 软件对文献共被引、关键词共现、作者共现进行分析，并绘制出科学知识图谱，得到该研究领域的知识基础、研究热点演进、关键人物及作者合作关系网络。王志鹏（2018）利用可视化图谱与战略坐标点分析方法对我国量刑问题的学者、机构以及期间的合作关系进行了文献计量分析，并研究了我国量刑问题的热点及其演进。

文献计量的方法在诸多学术领域都得到较好的运用，取得较好的研究成果，然而采取文献计量学分析中国高铁"走出去"及其前沿发展的研究至今仍然处于空白态势。本书对中国高铁"走出去"文献进行可视化分析，可以更加科学地判断核心研究机构、代表性学者和文献，从而把握中国高铁"走出去"研究的发展脉络和演化趋势，为相关实践和学术研讨提供参考。所以，本书采用科学知识图谱对中国高铁"走出去"的发展进行系统的梳理与剖析，分析中国高铁"走出去"有关文献的整体增长趋势、主要研究领域、研究单位和主要学者，并

2 中国高铁"走出去"的文献计量分析

构造共引网络进行引文聚类,厘清中国高铁"走出去"研究的研究热点及其前沿领域。

2.2 高铁"走出去"文献基本统计分析

本书收集文献样本的检索范围是 CNKI 数据库中标题带有中国高铁"走出去"的主题文献。具体检索条件为"主题 = 中国高铁'走出去'"或含"中国高铁'走出去'"的文章。在主题中而不是在关键词中或者篇名中搜索是由于各领域中涉及"中国高铁'走出去'"的文献较多,许多文献虽然在正文中提到了"中国高铁'走出去'"的关键词,但并不是研究重点。在主题中检索包含"中国高铁'走出去'"的文献可以保证数据样本有较大的关联性。并在此基础上进行二次筛选,最终样本为截至 2018 年 8 月 31 日的 259 篇论文,其中有效的文献数据共有 169 条。

2.2.1 文献整体增长趋势分析

本书旨在对一段时期内发表在学术期刊上的论文和被引频率的分析,统计中国高铁"走出去"研究的整体趋势。

有关中国高铁"走出去"研究的文献在 2013 年以后大量增长,这符合学者关于中国高铁"走出去"研究热潮与"一带一路"倡议相关的认知。2015 年发表论文的数量达到最高峰,共 36 篇,其次为 2017 年,发表了 34 篇论文。从 2013 年的 3 篇文献增长到 2015 年的 49 篇,体现出近年来学术界对该问题的高度关注(见图 2-1)。

中国高铁"走出去"相关文献的被引数量也在迅速增长。中国高铁"走出去"的相关文献从 2010 年引用次数为 68 次,到 2015 年的引用次数已达 195 次(见图 2-1)。在所有文献样本中,《中国高铁"走出去"的成绩、问题与对策》是被引用最多的一篇论文,该文分析了中国高铁"走出去"面临的突出问题及其背后原因,并对中国高铁"走出去"提出对策与建议(张晓通等,2014)。目前,该文献共被引用 40 次,为中国高铁"走出去"的相关研究奠定了学术基础。

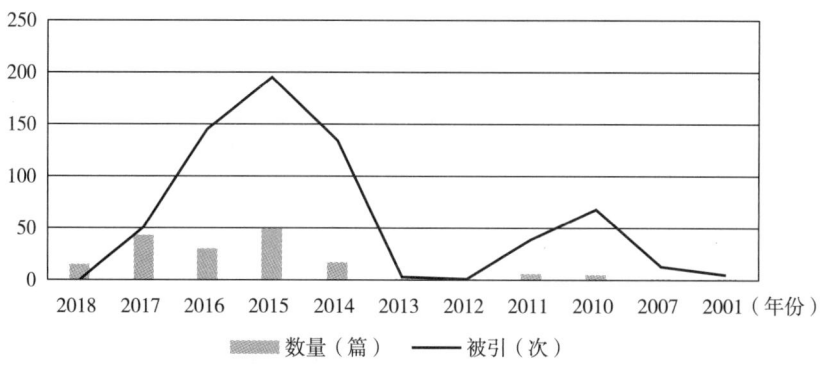

图 2-1 文献数量和引文总数统计

2.2.2 热点研究涉及领域分析

近年来,随着中国高铁"走出去"的蓬勃发展与研究热潮的涌现,吸引了众多学者以多样化的视角对中国高铁"走出去"在不同的领域进行了探索。

本书对中国高铁"走出去"分析所采用的文献样本来源于多个研究领域和期刊,由于不少论文的研究方向存在相互交叉,所以文献的所有研究方向所占比例累加值大于100%(见表2-1)。中国高铁"走出去"文献的主要研究领域为铁路运输、交通运输经济、经济体制改革、工业经济、宏观经济管理与可持续发展以及企业经济,更为细化的研究方向还包括中国政治与国际政治、高等教育、国际法、民商法、投资等。究其原因,在"一带一路"倡议下,中国高铁"走出去"主要集中于线路互联互通及沿线国家经贸合作、互利互惠方面,使中国高铁"走出去"的研究成果在铁路运输及交通运输经济方面与其他学科相比更为丰富。

表 2-1 主要研究领域及其比例

	学科领域	文献数量(篇)	比例(%)
1	铁路运输	115	68
2	交通运输经济	108	63.9

续表

	学科领域	文献数量（篇）	比例（%）
3	经济体制改革	54	31
4	工业经济	18	10.7
5	宏观经济管理与可持续发展	8	4.7
6	企业经济	6	3.6
7	贸易经济	5	3

资料来源：CNKI 数据库。

2.2.3 主要研究机构合作分析

通过 CiteSpace 软件对中国高铁"走出去"研究机构进行分析，通过对文献数据进行处理，设置相关参数并生成中国高铁"走出去"研究机构的可视化分布图谱，显示中国高铁"走出去"研究的主要机构。可视化结果显示，论文发表数量在 4 篇以上的研究机构共有 4 所。排在首位的研究机构是西南交通大学，共发表 13 篇论文；其次为北京交通大学，发表 7 篇论文；中国铁道科学研究院和中国铁路总公司各发表 3 篇论文。前 10 名的研究机构中，大学有 5 所，专业研究机构有 5 所，其中，西南交通大学排名第一，北京交通大学排名第二，中国铁道科学研究院和中国铁路总公司排名第三。结果表明，中国高铁"走出去"的高水平科研机构主要集中于交通类专业性院校及专业性研究机构（见表 2－2）。表 2－2 的最后一列统计了曾与此机构合作发表过论文的其他科研机构。从机构之间的合作关系可以看出，各研究机构之间尚未有合作与交流，亟待突破。

表 2－2 主要研究机构及其合作关系

	机构名称	文献数量（篇）	研究重点	合作机构
1	西南交通大学	13	高铁"走出去"战略、高铁知识产权	无
2	北京交通大学	7	高铁"走出去"知识产权法律、高铁"走出去"会计信息质量	无
3	中国铁道科学研究院	4	高铁"走出去"竞争力分析	无
4	中国铁路总公司	4	中国铁路"走出去"发展战略	无
5	中国铁路经济规划研究院	3	中国铁路"走出去"发展战略	无

续表

	机构名称	文献数量（篇）	研究重点	合作机构
6	北京理工大学	3	高铁设备竞争力、高铁"走出去"专利	无
7	北京大学	3	高铁"走出去"战略构想、高铁"走出去"机遇与挑战	无
8	南开大学	2	高铁"走出去"政治风险	无

注：本书笔者整理。

鉴于中国高铁"走出去"研究的高水平机构之间严重缺乏合作，而不同研究领域的学者相互合作则有利于产生高质量的学术成果，从而推进中国高铁"走出去"研究的走深走实。"一带一路"沿线中国高铁"走出去"实践有其独特的经验，中国高铁"走出去"领域的学者应积极与国际一流科研机构开展合作，加强科研资源共享和成果交流，有利于中国高铁"走出去"理论水平的提高。

2.3 文献回顾及热点问题研究

2.3.1 中国高铁"走出去"发展态势研究

"一带一路"倡议下沿线国家经贸往来日益频繁，中国高铁"走出去"致力于实现通道的互联互通。中国高铁"走出去"有助于改善"一带一路"沿线国家积弱贫瘠的道路，有助于改变"不连不通、连而不通、通而不畅"的情况，有助于互联互通取得突破性进展，推动贸易往来便利化。"一带一路"倡议与中国高铁"走出去"战略成为沿线国家渴望改善积弱的通道建设、修建通往富裕和繁荣道路的共同愿景。因此，响应"一带一路"倡议，推进中国高铁"走出去"成为重要议题。

当前中国高铁"走出去"已经实现了良好的开局。"一带一路"方向重点经济走廊建设正在逐步推进。2015年4月，中国与巴基斯坦签署了总价超过450亿美元的项目合作协议或备忘录，中巴经济走廊进入全面实施阶段；2015年12月，中老铁路正式动工,中泰铁路进入最后协商阶段,标志着中国—中南半岛经济走廊启动建设;2016年6月,在中国、蒙古与俄罗斯三国元首的见证下,签署了《中蒙俄经济走廊规划纲要》,标志着"一带一路"倡议框架下第一个新的多边合作框架得到落实。另外,中国高铁"走出去"还实施了一批重大海外合作建设项目,包括印度尼西亚的雅万高铁、俄罗斯的莫斯科—喀山高铁、中东欧的匈塞铁路等。但是,根据目前中国高铁所面临的现实情况,除了具备一定的竞争优势外,依旧面临许多问题。因此,如何推动中国高铁"走出去",是亟待研究的热点问题。

2.3.2 中国高铁"走出去"投融资研究

"一带一路"沿线国家基础设施融资的需求量巨大,若是仅仅依靠政府、亚洲基础设施投资银行(简称亚投行)、金砖新开发银行、丝路基金和国家开发银行等国内外开发性金融机构的投资,则会面临资金严重不足的障碍。因此,基础设施建设迫切需要来自民间资本和投资机构的融资。在中国高铁"走出去"投融资模式中,比较有代表性的承建模式主要有建设—经营—转让(BOT)和建设—拥有—运营—移交(BOOT)。采取这两种投融资模式修建高铁的收益取决于运营,因而存在项目投资回收期长与风险性高的特点,同时收益还受到客流量、运营维护以及其他运输方式的拖累,进而影响赢利进度。因此,高铁建设完成正式运营后,通常会经历一个从亏损到平衡再到赢利的周期,这往往需要很长时间。此外,建设—移交(BT)、设计—采购—施工(EPC)、融资+"设计—采购—施工"(F+EPC)和政府和社会资本合作(PPP)等也是高铁承建的常见模式。

从发达国家铁路"走出去"的实践来看,日本、法国和德国主要通过输出技术、出口装备和承包工程等模式在海外承建铁路,以求避免、降低铁路运营的市场及商业风险,却很少涉及运营。高铁建设的资金需求量较大,建设高铁需要匹配足够的财政能力。但是,项目东道主国家却基本上不能筹集到高铁建设的全部资金,尤其是"一带一路"沿线国家多数经济发展水平落后,往往会提出承建商给予项目融资的条件。总体而言,在一定时期内我国高铁"带资""走出去"已成为主要投融资模式,与之相配套的融资渠道也成为亟须解决的问题。因此,银行也成为项目承建单位和装备制造企业的重点支持对象。实际上,从高铁

"走出去"的实践与经验来看，进出口银行成为高铁海外投资的有力支撑，如老挝高铁项目，银行无疑扮演了中国高铁"走出去"的坚强后盾。

投资高铁的风险极大，无疑使高铁融资难度加大。"一带一路"沿线国家中，部分地区由于历史等原因存在复杂的地缘政治关系，在这些国家修建高铁投资的难度更大，融资风险也更高。为最大限度降低风险，在海外修建高铁项目催生了另一种模式，即"以货易货"模式。所谓"以货易货"，是指项目东道主国家以资源或能源等交换高铁的建设。中国高铁"走出去"投融资模式中有代表性的"以货易货"就是泰国"大米换高铁"（徐飞，2015）。尽管如此，"以货易货"投融资策略仍然存有风险。

中国高铁"走出去"究竟采取哪种融资策略，还需要具体情况具体分析。总体而言，如果项目东道主国家有平稳的政治局势、较强的经济实力，则适合采取 BOT 或 PPP 融资，项目承建双方共享利益、共担风险；如果项目东道主国家经济实力较弱、投资回报较差，但战略价值重大，则适合采取"中外合资"模式，通过给予项目政策上的支持来保障项目的承建。此外，还可以考虑"工程承包""装备出口"或"融资+工程承包"的模式在海外建立研发中心，采取属地化策略经营管理项目东道主国家的生产制造企业，同时开拓维修和工程服务市场。

2.3.3 中国高铁"走出去"标准研究

长期以来，国际铁路市场一直被日本、德国、法国等少数几个国家所占领，中国铁路包括高铁"走出去"必然会引起世界铁路市场固有格局的调整，市场面临巨大的挑战。"一带一路"倡议下中国高铁"走出去"必然面临着国外铁路市场资质和标准的挑战。其中，国际铁路行业标准（IRIS）和欧盟铁路互联互通技术规范（TSI）是中国高铁"走出去"需要重点解决的问题。

2.3.3.1 国际铁路行业标准认证

国际铁路行业标准是由欧洲铁路行业协会（UNIFE）于 2006 年 5 月 18 日在 ISO9001：2008 的基础上制定实施的铁路行业的质量评估（管理）体系。IRIS 旨在通过改善整个供应链，提高其产品的质量和可靠性，体现了质量管理的八项原则，并集中体现了以产品全生命周期为核心的管理思想，增加铁路产品在安全性、可靠性及质量上的特殊要求，期望在合理的成本下确保顾客的满意，并制造世界级的产品。IRIS 已经发展成为一个国际认可的标准，通过 IRIS 认证意味着获取走向国际铁路市场的通行证，与世界先进管理方法接轨，提高管理水平，降低评估成本和生产成本，提高企业经济效益，为参与全球竞争提供了更多的合作机会。

2.3.3.2 欧盟铁路互联互通技术规范认证

互联互通技术规范是欧盟关于铁路产品的法规，任何进入欧洲或者执行 TSI 标准国家的铁路产品必须具有 TSI 证书，否则将不能向欧洲或者执行 TSI 标准的国家进行铁路产品的销售或实施工程。在轨道交通领域，欧洲标准是大多数国际标准的来源，欧洲也是世界轨道交通应用发达的区域，获得欧盟认可也就获得了铁路轨道产品进入欧盟市场的通行证。目前，国内只有一家机车车辆整机产品中国动车组通过 TSI 认证（以及中铁山桥集团获取欧盟铁路标准 TSI 认证）成为亚洲首家获此认证铁路道岔生产企业，尚缺乏相应的认证经验。TSI 认证从根本上来说是一种产品法规及标准认证，通过 TSI 认证，有助于中国企业对欧盟法规和标准的理解，掌握中国轨道交通行业标准与相关 TSI 标准之间的差异性，进一步提升中国轨道交通装备的技术水平。从提升国内轨道交通出口车辆的产品质量来看，通过 TSI 认证程序和过程管控要求，也能确保出口项目车辆技术条款的符合性，保证产品质量（刘鑫贵等，2018）。

TSI 涉及的专业领域的主要内容如表 2-3 所示。

表 2-3 TSI 涉及的专业领域

普速铁路	高速铁路	整个铁路系统
对货运子系统的调度	维护	行动不便人员设施
普速铁路的噪声	基础设施	铁路隧道的安全
信号与列控	能源	调度
货车	车辆	—
运营和交通管理	运营和交通管理	—
机车和普速客车	信号和列控	—
基础设施	—	—
能源	—	—

资料来源：TSI 官网数据库。

2.3.4 高铁"走出去"战略风险研究

"一带一路"沿线多数国家期望"一带一路"倡议能够给它们带来更多的收益,但显然并未做好投入的准备,部分国家甚至是"支持不足而阻碍有余",它们配合某些利益集团干扰"一带一路"倡议下高铁"走出去"。项目东道主国家政局的不稳定或其对中国关系的紧张,均会导致高铁承建立场的转变。高铁承建的战略性、长远性特征对东道主国家政局稳定、对华关系稳定有较高要求。因此,对于"颜色革命"的干扰和对华关系的挑拨不得不防。

2.3.4.1 中国的战略扩张

中国高铁"走出去"难以避免战略投入和战略补给的风险。对待美国在中亚、西亚、中东和北非等地的霸权政策,"一带一路"沿线多数国家持有不满与失落的态度。在这种情况下,它们期望中国能够采取战略投入来缓和这种紧张的局势,此举对中国有战略扩张的风险。

"丝绸之路经济带"及"一带一路"沿线需要保证基础设施的建设、运营和维护,道路畅通才能实现贸易畅通,但是基础设施的投资特别是高铁的投融资是战略资产,易投难守,容易导致中国陷入"过度扩张"的危险。尽管丝路基金可以采取国际融资的方式,但仍然存在杠杆化风险。

2.3.4.2 美国的战略围堵

"一带一路"倡议下中国高铁"走出去"受到美国主导的全球化关系的挑战。美国利用其与沙特阿拉伯的特殊关系搅局中国高铁海外投资,对"一带一路"倡议进行破坏。美国企图不断深化印太战略,增加对亚太和印度洋的军事力量,以东亚海洋领土争端为幌子制造事端,遏制中国海权崛起,最终达到海上霸权的目的。

2.3.4.3 俄罗斯的战略猜疑

鉴于历史上的古丝绸之路与俄罗斯以及奥斯曼帝国有着不分割的关系,俄罗斯认为丝绸之路的兴衰与其国家的兴衰有着直接的关联,因此俄罗斯倡导了欧亚经济联盟。但是,俄罗斯版本的欧亚经济联盟与"一带一路"倡议理念、体制与规划不一致,主要是中国高铁"走出去"的战略方向与俄罗斯版本的丝路经济不一致以及高铁标准的不兼容。

2.3.4.4 印度的战略不合作

一是成本巨大,印度由于对高铁投资收益存在担心,因而不愿意投资。二是印度修建高铁规划的线路需要经过不稳定地区，孟中印缅经济走廊途经缅甸不稳定地区，这也致使其不愿意投入。印度政府最担心被中国的"一带一路"倡议和高铁"走出去"所围剿，格外担心中国分别从海上和陆上威胁其国家安全，而对美国的介入也心存芥蒂，害怕美国会干涉它的独立自主。

除此之外，还有来自日本的战略搅局，以及地缘政治风险。国际恐怖主义、民族分离主义和宗教极端主义"三股势力"等也需引起防范，它们都有可能对中国高铁"走出去"带来障碍。

2.3.5 中国高铁"走出去"总体战略研究

高铁"走出去"是我国一个长期的国家战略，为了实现该战略必须统筹多方面的力量，进行多部门的合作。为了实现这个长期战略，必须制定该项目长期发展的规划，合理谋划该项目的战略构思及路径，协调利用各方面的资源，以此推进该项目能够成功地"走出去"。

2.3.5.1 强化高铁"走出去"的战略谋划

深刻剖析该项目的优势与不足，在此基础上制定推进项目国际化进程的总体发展战略，最关键的是要在我国已经制定好的高铁战略中寻找合适的突破口。

2.3.5.2 明确高铁"走出去"实施路径

必须明确我国高铁"走出去"战略的发展路径，即选择何种"走出去"的方式。一是要明确"走出去"的最优方案就是成功输出"中国标准"，所以必须谨慎选择"走出去"的先后次序问题。二是要以盈利作为目的。由于建设高铁的初始资金压力大、建设的周期长且投资收益回收期长，所以必须慎重考虑该项目实施中的投资问题和融资渠道，根据不同的沿线国家和各异的高铁项目，创新不同的高铁项目的投资模式和融资模式，以此来保证高铁项目的资金供应链问题，确保项目资金的回收和获得项目盈利。

2.3.5.3 集聚高铁"走出去"的多方力量

统筹多方力量，形成项目发展的后盾。建设高铁是一个巨大的系统化工程，必须进行多个部门和企业的通力合作，形成优势互补。

2.3.5.4 加强高铁"走出去"的跨领域合作

通过进行产、学、研三个领域的合作，整合和保持发展高铁项目的技术水平。该项合作是我国高铁迅速跻身世界前列的重要经验，以参加国家科技计划的科研项目,让企业借此参与项目,搭建与科研机构、高等院校以及跨行业的企业之间的合作渠道,以此来实现对关键技术的掌握。为了进一步推进高铁"走出去"战略,必须深入推进产学研合作模式,争取实现我国在行业中关键技术上的竞争优势和领先地位,争取提升一些待完善的技术。例如,加大在制动与信号系统等技术上的开发力度,攻克我国高铁项目中所有关键技术存在的难题,以达到国际标准。可以通过在设施和各方面的条件比较完善的高校和研究院建立"国家高速铁路中国标准研究试验中心",以此实现对理论知识和关键技术的深入开发和研究,并建设多个验证平台,健全标准体系,使其达到行业领先水平,使中国标准成为世界标准。

2.3.5.5 注重高铁"走出去"的战略引导

要注重提升政策引导和战略研究的方向,为我国高铁"走出去"项目提供战略支撑、政策支持与技术支持。这个项目不单单涉及技术和经济方面,还涵盖了我国和高铁项目沿线国家的政治局势、经济发展水平、法律、文化和宗教等领域。可以通过建立"国家高速铁路国际化发展研究中心",通过进行高铁"走出去"项目的战略化研究,为项目的建设提供决策咨询服务;同时进行高铁项目的国际化工程管理和运营服务等方面的研究,以适应国际市场的需求,建立多层次与多类型的人才库,培养国际化的复合型人才;推动我国高铁的品牌文化建设,建立中国标准的"新品牌",并提高我国高铁品牌的国际认可度,通过品牌化战略提升国家的软实力等。

2.4 "一带一路"倡议下中国高铁"走出去"前沿领域

推进"一带一路"倡议下中国高铁"走出去",拉近各国在地理空间、物理空间、制度空间和心理空间上的距离,保障全球生产要素自由流通,深化和扩大各国之间的交流与合作,为全球发展打通经络、舒筋活血、强身健体。"一带一路"沿线高铁建设致力于加快沿线地区的线路畅通,推动"政策沟通、设施联通、贸易畅通、资金融通、民心相通"五大领域齐头并进,实现全方位、立体化、网络化的大联通。其中,设施联通是"一带一路"建设的优先领域,通过共同打造若干国际经济合作走廊和通畅、安全、高效的运输大通道,能够形成连接沿线国家之间的基础设施网络。

因此,"一带一路"倡议提出以来,中国与"一带一路"沿线各个国家共商共建,积极推进欧亚高铁、泛亚高铁、中亚高铁的建设,通过高铁"走出去"在互联互通方面取得了较好成效。但是,中国高铁"走出去"如何构建产业体系及技术体系、如何推动高铁标准国际化、如何建设行业集成,既是中国高铁"走出去"的前沿领域,也是学术界需要回答的问题。

2.4.1 构建高铁"走出去"产业体系和技术体系

中国高铁"走出去"的主要市场集中在亚洲和欧洲,因此需要建设适应全球的高铁产业体系以及技术体系。未雨绸缪,制订中国高铁"走出去"重大装备的战略规划,建设匹配全球主要国家和地区的高铁产业链,获取全球高铁市场竞争的新优势。以国家创新驱动战略为高铁"走出去"作引领,聚焦高铁产业链上的各个环节,研究包括项目东道主国家环境评估、规划设计与项目管理等产业环节。此外,还应搞清楚高铁产业链上各个环节之间的相互作用及关系,从而构建高铁"走出去"产业体系和技术体系。

2.4.2 推动中国高铁标准国际化

中国高铁"走出去"伴随着高铁标准国际化,中国高铁"走出去"的进程,也是向全球各国输出中国高铁标准和品牌的进程。近年来,我国高铁发展迅速,随着"十纵十横"高铁网络的形成,中国高铁积累了丰富的建设经验,包括高铁的设计、投资、建设与运营以及装备等,为中国高铁"走出去"及标准国际化提供了动力。对此,西南交通大学校长徐飞(2016)教授通过对发达国家高铁标准国际化的研究指出:"第一,为他国培训专业技术人员,在培训过程中有意识地使他们了解并接受中国标准;第二,利用各种国际交流活动的机会,宣传中国标准;第三,利用国际组织,实现中国标准的国际化;第四,建立区域性国际高铁联盟,推动不同谱系标准的国际化。"

2.4.3 中国高铁"走出去"行业集成

中国高铁"走出去"是一个行业系统集成工程。中国高铁"走出去"一方面受到高铁技术全面创新程度、产业链的高度集成程度、"走出去"企业的全球化程度、海外高铁修建的人才国际化程度以及国家智库与相关支撑措施等因素的影响;另一方面受到政府政策的支持、市场环境竞争、项目东道主国家法律制度因素、投融资环境及经商环境因素、社会文化及宗教信仰等因素的影响。

与此同时,中国高铁"走出去"本身也是一个市场开拓的过程,要对可能面临的风险有清醒的预判并拟定对策,在国家统筹规划之下集行业之力"走出去"。中国高铁"走出去"行业集成不仅包括产业链集成和技术集成,还有管理集成。在中国外交的掩护下,高铁行业与不同行业采取合作,与投融资等机构合作,与项目东道主国家合作。同时,国家提供法律保障、政策保障、人才保障等保障手段来匹配中国高铁"走出去"行业集成。

2.5 "一带一路"倡议下中国高铁"走出去"研究展望

近年来,学术界对中国高铁"走出去"的研究呈现快速增长态势,不仅反映了研究者对于中国高铁"走出去"问题敏锐的把握,更是中国高铁"走出去"进程的生动写照。面向未来,"一带一路"倡议引发的中国高铁"走出去"的需求越来越迫切,切实解决中国高铁"走出去"面临的挑战也越来越紧急。因此,中国高铁"走出去"研究有必要尽快突破以往瓶颈,在研究类型、学科领域、科研合作等方面逐步完善。

2.5.1 亟待突破的瓶颈

2.5.1.1 跨学科、跨地域的科学合作亟待进一步推动

尽管以"一带一路"为方向的中国高铁"走出去"战略构建了中国对外开放的一个主轴,也是全球共同需要、人类共同的梦想,但仍然面临众多障碍,其成因复杂,牵涉到国内与国外、政府与民间、长期与短期利益主体等多方面因素。

因此,有待学术界超越科研合作边界、研究领域,国内与国外学者以系统工

程为指引研究，以开放的心态多方交流合作，推动中国高铁"走出去"困境的解决。然而，现有文献的学科交叉偏少、合作网络偏少、国内与国外学术机构的合作不紧密。同时，面对中国高铁"走出去"的障碍与困境，不同学科有各自的视角与方法，"一带一路"沿线国家或者地区各有应对举措与经验教训，若能共同面对问题、分享经验教训，就会实现互利共赢。

此外，中国高铁"走出去"研究的中英文文献的作者与地域横跨不同的群体，这既说明中国高铁"走出去"相关研究国内、国际的差异，也说明交流与合作促进中国高铁"走出去"研究的潜力巨大。

2.5.1.2 研究主题亟待进一步贴近现实需求

"一带一路"倡议实施以来，沿线国家基础设施建设取得丰硕成果的同时，中国高铁"走出去"实践即将进入新的阶段，而中国高铁"走出去"研究的主题更应该全方位贴近"一带一路"国家的需求。就中文论文从过去到现在的可视化分析中，并未发现如高铁"走出去"知识产权、高铁"走出去"人才培养、高铁建设与运营、高铁"走出去"案例研究等众多热点主题，而这些研究与"一带一路"倡议及中国高铁"走出去"顶层设计紧密相关，上述方面应受到学术界更多关注。不仅如此，中国高铁"走出去"研究的中央层面对这些热点加以强调，集中反映了"一带一路"倡议下中国高铁"走出去"的方向需要进一步突破。

2.5.1.3 中国高铁"走出去"理论的创新发展

综观中国高铁"走出去"研究的过去与现在，不同学科已有不同表现。从倡议推行以来的这几年看，铁路运输与交通运输的文献已经超越原先的经济体制改革领域，表明学术界开始以新的视角来探讨中国高铁"走出去"的理论与实践的新发展，特别是开始关注"一带一路"沿线东道主国家的国情及地缘在高铁建设中的作用。中国高铁"走出去"引起了学术界的广泛关注，学术界基于不同的领域、不同的方向、不同的研究目的及不同的研究方法等对中国高铁"走出去"展开了研究，提出不同的观点与对策，这恰恰为整合中国高铁"走出去"不同学科、梳理中国高铁"走出去"实践经验与管理启示，为中国高铁"走出去"理论突破提供了重要契机。作为一个系统工程，中国高铁"走出去"理论应该从中国高铁"走出去"的实践出发，整合不同学科的方法和研究热点，形成中国高铁"走出去"的新的理论体系。

2.5.2 研究启示

中国高铁"走出去"研究已得到学术界的普遍关注,越来越多的学者将会关注到中国高铁"走出去"的热点,但这与中国高铁"走出去"的实践需求相比仍相去甚远。因此,各方有必要进一步发挥作用,特别是对于政府而言,应该积极践行"一带一路"倡议与基础设施优先建设的精神和要求,以深化互联互通,推进"一带一路"沿线中国高铁"走出去"研究和实践,积极组织各方力量,以共建共享互利共赢的格局,深入研究分析中国高铁"走出去"举措。

2.5.2.1 进一步加大基金资助

通过对文献基金项目的梳理,发现受基金资助的论文较少,对未来的进一步预测也表明基金资助量少且规律性不强。基金项目是对基础研究支持的重要指标,其在研究领域、研究金额、学科分类等方面的要求是引导基础研究的重要体现。建议国家社会科学基金和国家自然科学基金均可在申报指南中进一步强化中国高铁"走出去"研究,一方面细化中国高铁"走出去"的不同方向,另一方面鼓励学科交叉研究。建议相关基金设立中国高铁"走出去"学科交叉项目,整合已有中国高铁"走出去"相关研究机构,更好推进中国高铁"走出去"研究。国际合作上,可以围绕中国高铁"走出去"与设立国际合作交流项目和研究项目,通过交流互鉴促进中国高铁"走出去"的学术研究。

2.5.2.2 积极推动中国高铁"走出去"智库建设

此倡议非常复杂,当前中央高度重视中国高铁"走出去",无论自上而下,还是自下而上均应有积极回应。在运作上,智库可以依托高校、科研院所等,鼓励高校与政府联合或高校之间联合的形式,考虑中国高铁"走出去"的多学科与复杂性,整合地缘经济与地缘政治,利用不同学科与不同部门资源,集聚"一带一路"相关领域专家,围绕"一带一路"方向中国高铁"走出去"的相关问题展开综合研究。在研究上,智库可以发布中国高铁"走出去"领域主题科研项目,鼓励对中国高铁"走出去"的研究,产生更多标志性研究成果,以及创办高水平学术期刊,以推动中国高铁"走出去"科学研究,引领中国高铁"走出去"走深走实、造福人民。

2.5.2.3 与世界高水平相关研究机构进行务实合作

通过文献二次分析可知,有关中国高铁"走出去"的英文文献仍处于空白状态，高水平的国际合作及核心作者合作非常少。为推动中国高铁"走出去"更多与国际接轨，优先建设"一带一路"沿线基础设施，帮助"一带一路"沿线国家进行高铁建设，做好互联互通，有必要与日本、法国、德国等老牌高铁国家进行交流互鉴，增强在中国高铁"走出去"建设领域的国际合作，积极引进国际专家。

本书以中国高铁"走出去"主题的文献数据为研究样本，通过文献计量软件进行可视化分析，梳理了中国高铁"走出去"研究的过去、现在与未来，详细分析了中国高铁"走出去"的研究热点及其演进。其中，研究热点主要有高铁"走出去"对冲战略研究、高铁"走出去"投融资研究、高铁"走出去"标准研究、高铁"走出去"顶层设计研究、高铁"走出去"城镇化研究，前沿研究主要集中在高铁"走出去"顶层设计、产业体系和技术体系、标准化、行业集成几个方面。

相对于以往经典的文献评述与分析而言，本书有效避免了采用人工查阅整理的手段，以及研究者主观经验的缺陷。传统文献分析法主要是根据研究者的个人经验与判断对文献的学术价值和学科演化脉络进行归纳总结，因而缺乏对大样本数据的文献特征、共现关系及被引频次的定量研究。本书借助科学知识图谱分析中国高铁"走出去"的主要热点、代表性专家学者及科研机构，评价判断中国高铁"走出去"研究范式、发展历程和前沿趋势，从而使研究更加完整、客观及科学地为"一带一路"方向中国高铁"走出去"相关领域的后续研究提供参考，希望可为有关学者研究、相关部门优化政策等建言。

本书也存在一定的局限。一方面，由于文献来源的范围及样本数量有限，致使未能全面挖掘中国高铁"走出去"研究的全部观点；另一方面，文献收集所采用的主题检索词，在选择上范围时虽然有助于获取更多的数据，但甄别后发现论文的相关性难以完全保证，因此一些论文可能漏掉，但整体趋势应保持一致。

3 中国高铁"走出去"的 SWOT 分析

3.1 中国高铁"走出去"发展状况分析

3.1.1 中国高铁"走出去"发展现状

中国高铁是目前世界上最大规模的高速铁路网,截至 2018 年 12 月总里程达 2.9 万公里,占世界 66% 以上。高铁路线仍在持续兴建中,预计 2025 年,中国大陆将建成约 3.8 万公里的高速铁路网。国内高铁迅速发展的同时,中国高铁走向世界的步伐也从未停止。

截至 2017 年 10 月,中国 18 个海外高铁项目①,包括 3 个已完工项目、5 个在建项目以及另外 12 个已宣布项目(见表 3-1)。

表 3-1 中国企业在海外承建及未来三年竞标的主要海外高铁项目概况

项目状态	主要国家	项目名称	开工/竞标时间	里程(公里)	预算(亿美元)	状态
已承建或参与承建	土耳其	安伊高铁	2009 年	158	12.7	完工
	沙特阿拉伯	麦加轻轨项目	2009 年	450	18	完工
	委内瑞拉	迪阿高铁	2012 年	471.5	75	未完工
	肯尼亚	蒙内铁路	2014 年	472	38	完工

① 资料来源:https://baijiahao.baidu.com/s?id=1609664186101666534&wfr=spider&for=pc。

3 中国高铁"走出去"的SWOT分析

续表

项目状态	主要国家	项目名称	开工/竞标时间	里程（公里）	预算（亿美元）	状态
中标项目	墨西哥	墨客高铁项目	2014年	210	44	无限期暂停
	泰国	曼谷—廊开[a]	2015年	608	68	一期完成 二期未开工
	印尼	雅万高铁	2015年	150	60	停工
	老挝	昆明—万象高铁	2015年	420	72	在建
	巴基斯坦	喀什—瓜达港	2015年	1726	>250	待建
	泰国	中泰铁路	2015年	250	56	待建
	俄罗斯	莫喀高铁[b]	2015年	770	267	待建
	匈牙利、塞尔维亚	匈塞铁路	2016年	350	28.9	待建
2018~2021年 三年主要竞标项目	新加坡	新隆高铁[c]	2017年	350	112	暂被叫停
	英国	HS2高铁项目	2020年	400	648	在招标

注：a 资料来源：https：//baijiahao.baidu.com/s？id=1587782776384405194&wfr=spider&for=pc.

b 资料来源：https：//baijiahao.baidu.com/s？id=1604347128163577226&wfr=spider&for=pc.

c 资料来源：http：//www.zaobao.com/news/singapore/story20171221-820544.

虽然目前中国在海外承建了许多海外项目，但是有许多项目在海外遇阻（见表3-2）。

表3-2 中国海外遇阻项目概况

项目名称	涉及中企	遇阻原因	项目概要
利比亚项目	中铁建	利比亚内乱	2011年利比亚内乱，项目营地受到严重冲击，工程全面停工
美国洛杉矶到拉斯维加斯高铁线路	中铁国际	美方违约	2015年9月，中铁国际与美国私营铁路公司西部快线签订南加州洛杉矶到拉斯维加斯的项目合同。2016年6月，美方单方面宣布终止该合同，理由为美政府规定高速列车必须在美国制造并"以更加灵活和现实的方式来支持高铁项目建设"

续表

项目名称	涉及中企	遇阻原因	项目概要
委内瑞拉迪阿铁路项目	中铁建	委内瑞拉经济危机	2009 年在无人竞争情况下签订该合同。项目建设过程中，委方一直未能解决资金问题，拖欠工程款 4 亿美元，导致项目最终烂尾

从中国高铁"走出去"的现有经验来看，部分比例的线路均分布在经济欠发达的国家和地区，沿线国家不稳定的国内政治环境、落后的经济发展状况等都是中国高铁"走出去"不可避免的。其中，中蒙俄、新亚欧大陆桥、中国—中亚—西亚、中国—中南半岛、中巴、孟中印缅六大经济走廊，均为欠发达国家和地区当中的一部分。因此，目标国国家经济实力严重不足、高铁资金链长、经济收益周期长等诸多现实问题均为中国高铁"走出去"要考虑的问题。目前，全球范围内只有东京—大阪、巴黎—里昂、北京—上海这三条高铁线路盈利大过支出。中国高铁"走出去"在很大程度上可以预见是难以盈利的，因此，中国高铁"走出去"战略需从整体、全局和长远考虑，同时兼顾公益性和营利性，从而进行统筹考量。高铁重要的身份是"战略产品"，高铁"走出去"具有极高的战略意义。

3.1.2 中国高铁"走出去"战略意义

自中国改革开放以来，世界政治经济格局能够被撼动的产业非高铁莫属，高铁是中国迈向世界性大国的一大标志（徐飞，2016）。中国高铁"走出去"，不仅对未来实现国内经济转型升级和改变中国出口产业结构具有重要意义，同时也是满足世界范围内高铁建设需求的重要突破口和中国政府推动国际战略的重要工具（尹振茂，2014）。当前，中国面临着深化改革，处于非常复杂且关键的战略抉择期，同时也面临着中美贸易战等纷繁复杂的国际形势，在此背景下，代表中国先进生产力、涉及众多关联产业、有着鲜明中国特色的中国高铁实施"走出去"战略，对于盘活拉动国内经济、开辟中国陆上贸易新通道、打造中国外交新格局、整体提升中国的核心竞争力与国际形象具有极其重大的战略意义。

3.1.2.1 以高铁为主线，打造中国经济升级版

具有大体量系统性工业基础、较长的产业链和典型的资本密集和技术密集形

态的高铁产业,将明显拉动产业经济增长壮大(徐飞,2016)。中国高铁"走出去",意味着中国技术、中国设备、中国制造、中国标准、中国劳务等一系列关联附属品的"走出去"。通过高铁建设投融资,在国内对相关产业产生巨大拉动效应,促进包括基建、钢铁、水泥等上下游二十几个国内相关产业的产能集聚(刘强,2017),带动高铁产业转型升级,不断推动中国"走出去"向"高、精、尖"出口制造转型,将优化出口贸易结构作为提升品牌形象的首要任务,将技术贸易和服务贸易持续性推进。与此同时,对于解决中国钢铁、水泥等重工业产能过剩的情况,高铁也可通过技术和装备出口的升级等方式提供帮助,将陆路国际贸易打通成新渠道。交通和通信基础设施建设、油气管道联通、贸易信贷升级改革等方式将在多领域建设方面发挥十分重要的作用,不仅能够调整国家产业结构,更能提升中国高铁产品出口档次和规模,将中国高铁品牌不断完善(谢海燕,2015),实现中国高铁的"四个跨越",即由"技术输入"到"技术输出"的跨越、由"技术跟跑"到"技术领跑"的跨越、由"技术标准遵从者"到"技术标准制定者"的跨越、由"引进来"到"走出去"的跨越。

3.1.2.2 以高铁为切口,构建"一带一路"国际经济合作的骨架

"一带一路"倡议的前提和基础便是互联互通的时代性。高铁网络的搭建就如同血脉经络一样必不可少,尤其是铁路具有基础支撑性、营利性、公益性、引领性等属性,以及安全高效、便捷、运量大、时间可控性强等优势,使高铁成为交通基础设施互联互通的首选。综观"一带一路"沿线国家,除新加坡之外,大多为经济发展程度较低的发展中国家,需要大规模的基础设施建设,高铁恰好满足沿线国家所需,成为助推"一带一路"倡议的"先行官"。中国人民大学教授庞中英也提到,"交通基础设施的互联互通,正让宏大的'一带一路'理论构想逐步向人们看得见、摸得着的具体项目进行转化。"① 高铁网络的搭建,无疑是最经济可靠的选择,不仅加速周边国家货物的流转速度,提升周转速率与货物数量,同时加大中国对周边国家的投送能力,使中国能以比空运更低的成本与相当的速度更广、更深、更快地加强与周边国家的产业协作。泛亚铁路、中亚铁路、欧亚铁路、中俄加美高铁四条世界级高铁线路的支撑(刘强,2017),六大

---

① 资料来源:新华网:《中国实施"一带一路"战略从互联互通起步》,http://www.xinhuanet.com/fortune/2015-01/04/c_1113870847.htm。

经济走廊和九条出国通道的规划,已经构架起"丝绸之路经济带"的交通运输骨架,实现与周边国家能源、贸易、文化一体化,促进本国与周边国家旅游业的深度发展,带动就业,稳定社会秩序。蒙内铁路为肯尼亚人提供累计超过3.8万个职位,当地雇员比例约九成。由此可见,中国对西域的影响将超越任何一个时代,"一带一路"国际经济合作将由此展开。

3.1.2.3 以高铁为纽带,掀开"高铁外交"新篇章

改革开放以来,由"乒乓外交"——以小球转动大球,到"熊猫外交"——以国宝促进和平,再到如今"高铁外交"——以技术赢得尊严,三个阶段体现了中国外交三个时期的不同特征。"高铁外交"是继"乒乓外交""熊猫外交"之后,中国外交的又一创举。"弱国无外交"一直是悬在中国头顶的警钟,时至今日,中国作为高铁发展的后起之秀,却率先引领了新形势下的"高铁外交"。上到中国高层领导人,大到国家战略,无一不是"高铁外交"的坚强后盾,李克强总理的中国高铁外交之旅已经将足迹遍布十多个国家,这也为他本人赢得了媒体人赐予的"高铁侠"称号(袁玉青,2016)。中国高铁以完全自主知识产权为核心,以高精尖设备、技术集成、产业配套为辅助,以世界第一的运营公里数及丰富的建设经验为推手,掀开了中国"高铁外交"的新篇章。与多国的友好关系也是中国发展高铁外交的感情基础,中国可以西进,牵手欧亚大陆经济整合;可以东进,致力于环太平洋经济整合。高铁成了中国战略对冲的重要抓手(徐飞,2016)。

3.1.2.4 以高铁为战略工具,再造"地缘政治"新版图

地缘政治效应将伴随中国高铁大规模的"走出去"和施工建设而不断更新发展,以"路权"支撑"陆权"的"新陆权"时代已经到来,世界海权和陆权割据的不断变迁,将为世界格局带来全新视角。欧亚、中亚和泛亚作为中国高铁"走出去"战略的三条主线,将中国现状和发展目标进行合理规划。以欧亚铁路为转折点,扭住中国长期以来对外贸易对海上运输的依赖程度;充分利用中亚地区的资源力量,将其走向与"丝绸之路经济带"的构想趋于一致,以此为契机拓展与欧、非等内陆国家经贸往来,不断发展地缘经济带动地缘政治的相关发展和进步,加速打造丝绸之路经济带物流黄金干线品牌效应,将中国之路通向世界;以泛亚高铁作为巩固亚太地区政治稳定性的有力手段,在维稳基础上寻找合适时机向南打通出海口,全面规划向印度洋开放的新格局,借此强化中国的国际

政治地位。

3.2 中国高铁"走出去"竞争优势分析

伴随着经济快速增长，世界各国对于铁路和轨道交通的需求也在与时俱进地更替，众多发达国家进入基础设施转型升级的阶段，而发展中国家更在利用现有经济水平补齐交通设施短板，以谋求更大的经济连锁效益。根据业内人士的相关预测，世界轨道交通行业将在未来 10~20 年内迎来发展黄金期。因此，作为全世界高铁里程数最多的国家，中国将在这次交通大发展的繁荣背景下，凭借以下优势抢占先机，使中国高铁走出国门、走向世界。

3.2.1 国家协调能力

3.2.1.1 政策扶持

作为"一带一路"倡议的优先领域，基础设施互联互通是中国经济发展的基础性保障，而"一带一路"沿线高铁的不断建设成为中国高铁"走出去"的巨大机遇。同时，国家在政策上给予大力扶持。例如，国家在高端装备制造业领域频繁出台新规为其"开绿灯"，在创新驱动发展战略上勇攀高峰，将创新强国战略惠及实处。

此外，为确保中国高铁能够顺利"走出去"，中国政府建立跨部委、跨行业的战略协调和管控机制，推动产业转型升级，大力推进产能和装备行业走出国门。中国电力投资集团公司也在与国家核电技术公司共同合作推进合并重组计划。同时，中国不断促进多领域"走出去"的协同发展，以高铁作为"先行军"，以国家支持性战略政策为辅助，将全方位"走出去"作为加快国际性战略会谈步伐的支持手段，使中国高铁不单单作为一个商业性项目走出国门，而且是作为中国品牌的标签名扬世界。

3.2.1.2 外汇储备

为保证"一带一路"沿线国家各项金融和产业合作、基础设施互联互通资源有效合理利用，中国投资 400 亿美元创设丝路基金，对其"一带一路"项目提供融资支持。中国利用外汇储备充足这一优势条件,大力支持外汇储备在高铁行业的实施推进,更快实现中国产能装备的全面"走出去"。

3.2.2 铁路建造能力

3.2.2.1 成本低廉

中国高铁最大的竞争优势莫过于产业化和规模化发展带来的高铁低运营成本,即使中国的劳动力红利正在逐步退坡,但相对于其他各国仍具有相对廉价的劳动力和众多的劳动力人口,中国高铁的性价比优于各高铁技术强国。2014年7月,世界银行驻中国代表处公开发表一份有关中国高铁建设成本的报告,其中显示,中国高铁项目建设中时速350公里的加权平均单位成本仅是国际正常建设成本的43%,时速250公里的加权平均单位成本是国际正常建设成本的30%左右。因此,低廉票价也是中国高铁的制胜法宝。相比各高铁强国每公里不低于25美分的票价,中国高铁的票价能够低到每公里7美分,真正做到了价廉物美,成本优势无国能及(李继宏,2015)。

3.2.2.2 经验丰富

中国高铁经过多年的研究与发展,现已掌握较为优质的生产能力与生产技术,远超世界其他国家。中国幅员辽阔,涵盖多种地质气候类型,因此在应对复杂气候的问题上中国高铁能够解决多项国际公认技术难题,包括防冻胀路基、接触网融冰和道岔融雪,向全世界证明中国高铁运营技术不受任何复杂地质条件的限制。如2012年12月开通的哈大高铁、兰新高铁等均是中国高铁建造成功的典范,高寒、大风、高原问题不仅帮助中国高铁克服世界难题,更能让中国高铁产业的市场不断拓宽,从而显现出中国高铁的优势所在。

3.2.2.3 质量过关

有关资料显示,中国铁路产品将打开德国铁路公司(德铁)的大门,德铁董事海克·汉纳加特将在未来3~5年内与中国进行合作,从中国采购列车及配件,这说明中国制造已经获得高铁强国的有力认可。目前,中国已经为美国、巴西、马来西亚等诸多国家提供铁路装备,逐渐说明中国轨道交通产品质量得到了越来越多国家的认可,中国品牌不是只有成本优势一项吸睛之处。

3.2.3 装备制造能力

2006年7月,中国正式进军高速铁路行列,首列国产时速200公里动车组下

3 中国高铁"走出去"的SWOT分析

线。2007年12月,伴随首列国产时速300~350公里式"和谐号"动车组的竣工下线,中国铁路客运装备的技术水平从此进入世界领先行列,同时也让世界上能够自主研制时速300公里动车组的国家名单中出现了中国的名字。2015年6月,中国中车旗下的株洲电力机车研究所研制出显著降低牵引能耗的时速500公里高铁动车690kW永磁牵引系统。2015年,中国通号成功研制的高性能安全计算机平台与CTCS-3级列控系统设备同时达到国家标准SIL4级,其安全完整性等级为国际最高标准,这不仅让中国列控系统装备达到现代化程度,更从整体上提升了中国高铁在世界的竞争水平(张友兵,2016)。

在高铁发展之初,中国向日本、法国、德国等高铁强国引进先进技术,集百家众长,不断学习借鉴建设中国化铁路,在经过一段时间的消化、吸收、创新后,中国高铁创造出完整自主知识产权的技术体系,包括工程建造技术、列车控制、高速列车组、牵引供电、系统集成等,不断证明了中国的固有实力。在核心部件"高铁芯片"上,中国已经获得重大突破,完全具备自主研发能力。2014年11月,牵引电传动系统和网络控制系统实现了完全自主创新,这两个被称为"高铁之心"和"高铁之脑"的核心技术又一次被中国成功攻克,中国已经晋升世界少数几个全面掌握高铁完整技术国家的行列(李继宏,2015)。

3.2.4 运营管理能力

截至目前,作为累计里程数已超过2万公里,占世界高铁总里程的60%以上的国家,中国将已有的2395组动车组投入运营,铁路安全运行里程超过37.4亿公里,日均动车组开放列次多达4200列左右,共计运送旅客450多万人次。以中国的人口数量和高铁运营现状来看,中国高铁完全具有规模优势和应对高峰客流的经验,使中国高铁成为中短途民众首选的交通运输方式。在长期运营维护高铁过程中,中国丰富的运营管理经验为正在建设高铁的各国提供专业培训、传授运营管理经验打下了良好的基础(张友兵,2016)。到目前为止,中国铁路系统几乎涵盖了所有情况下的铁路工程。因此,在高铁"走出去"投标进程中,其作为独一无二的优势存在于中国标书中,为项目顺利签订奠定深厚基础。

3.2.5 投融资能力

由于"一带一路"倡议的辐射带动作用,亚洲基础设施投资银行成功改变原有的国际工程建设投资体系，充分发挥其杠杆作用，不再一味审视"丝绸之路经济带"上的亚洲开发银行、世界银行的缺失与不足，而是将目光转向技术与资金的相互融合和合理竞争①。"一带一路"倡议明确以政府为牵头部门，以建立亚洲基础设施投资银行和丝路基金等作为配套设施，加强国家在相关金融、财政领域的支持力度，从而获取境外投资审批权限的最大化，带动相关产业进一步的"走出去"。

3.2.6 国际项目运作能力

根据中国目前已承接的项目，例如沙特阿拉伯麦加高铁、蒙内铁路项目、土耳其安伊高铁项目等，证明中国拥有足够的实力进行国际项目的运作。与此同时，中国高铁相关单位也不断传来中标喜讯。2015年3月，莫斯科至喀山段高铁的建设勘测与设计由中国中铁二院与俄罗斯某单位组成的中俄联合体成功中标。2015年10月，为保证雅万高铁项目的顺利中标与实施，中方与印方各组建联合体进行正式组建中印尼合资公司协议的签署，中方企业联合体由中国铁路总公司牵头组成，印尼方企业联合体由印度尼西亚维卡公司牵头建立。成立企业联合体的竞标方式在目前及未来的高铁"走出去"竞标方式中将不断应用，扮演着极为重要的角色（张友兵，2016）。

3.3 中国高铁"走出去"竞争劣势分析

高速铁路属于技术密集型产业，从某种程度上讲，谁先掌握了核心技术谁便占领了核心市场。中国高铁产业虽然发展势头迅猛，可毕竟还是建立在吸收借鉴发达国家高铁技术的基础上，融合自身自主创新而来的，所以在某些方面，与日本、德国、美国等发达国家相比，仍然存在诸多劣势，如核心技术的自主研发能力不足、中国高铁技术标准的国际化认知程度不高，以及高端人才的紧缺等，使国际社会对中国高铁方面的实力仍有一些疑虑。

---

① 资料来源：新华网，http://www.xinhuanet.com//fortune/2015-12/02/c_1117333853.htm。

3.3.1 自主研发核心技术能力欠缺

目前中国对于产业研发投入的成本不足,高精尖的技术研发体系还不成型,缺少核心技术的支撑,这会严重影响到中国的国际竞争能力。与此同时,技术的专利申请问题一直是发展路上的绊脚石,因为中国是从国际上引进吸收再融合的产业发展模式,所以对于专利问题始终存在争议,也成为了当下高铁产业的一块短板。

3.3.2 国际化认知度不高

中国高铁"走出去"的步伐正在逐步加快,可是品牌影响力却没有做到紧随其后。中国高铁进入市场也是近几年的事情,自然在国际上呼声不够,中国高铁的标准体系在国际上的知名度也不高。目前,只有雅万高铁是完全按中国标准修建的铁路,同时也缺少相对完整且系统的多语言中国标准译本,这都是由于没有打牢进入市场的"地基"。而当前,仍应该以稳固"地基"为主要工作,进而才能打破前进的重重阻力。除此之外,中国的快速崛起打破了发达国家在国际高铁市场上的垄断地位,对其产生了威胁,所以来自竞争者诋毁、污蔑的声音层出不穷,对中国的声誉和威望产生损害的同时,引起了他国对高铁发展动机的怀疑。不仅如此,由于中国对技术标准的把控起步较晚,到目前为止许多国家的技术标准无法与中国标准进行对接,由于参评国际标准的花销十分昂贵,且耗费时间较长,中国未能得到全世界范围的技术标准认可,还面临各种技术成果失窃的事件。

3.3.3 高端人才紧缺

从中国已经完成和正在进行的工程来看,不难发现,除了最基础的体力劳动者之外,每个专业领域的人才都面临严重匮乏的状态。有的人才甚至在不同的工程之间来回调用,人才库的建设和人才储备远远跟不上发展的脚步。而对于国家重建丝绸之路和整合亚欧大陆经济带的战略决策,对中国高铁"走出去"的要求不仅体现在要将硬件设施做好做全,更要重视人才的培养和人才的合理使用。从基层员工来看,其受教育程度和新知识接受程度与专业高铁建设人才相比仍然存在较大的欠缺,不能满足日新月异的技术发展,离专业化标准还有很大差距。从高层决策人员来看,由于大部分的工程都发生在海外,工期长、技术标准高、资金庞大，因此选取公私合营的模式，而我方中能与项目国进行高水平洽谈且熟悉招投标模式的人才少之又少。除此之外，中国铁路在技术、成本等方面占据优势，但缺乏掌握高铁技术、运营管理以及前沿理论的复合型人才，缺乏可以融会贯通融资、财务、保险、法律和管理等多方面技能的国际化高端人才，有时只能聘请国外的专家进行指导。而且，相比发达国家，中国高铁在全新装备养护维修方面的技术人才十分紧缺，全面型人才在当今中国着重强调创新意识和国际技术标准的时刻显得尤为重要。种种缺口在提醒我们一定要引起对于人才培养的重视。

3.4 中国高铁"走出去"战略机遇分析

从中国主观层面来说，中国经济从改革开放至今发展势如破竹、如火如荼，综合国力大幅攀升，在国际上的地位日益显赫。经济实力、国家实力支撑中国高铁"走出去"步伐迈得更加稳健。从他国的客观层面来说，世界各国中的大部分发展中国家都将更新国内原有交通运输等基础设施作为促进本国经济发展的"先行军"，巨大的市场为中国高铁"走出去"提供有利的契机。除此之外，在硬件条件上，中国通过集百家众长改变原有依靠外国技术的现状，拥有自己独立的先进高铁技术和固有的成本、建设优势。在软性条件上，"一带一路"政策的高度支持和中国包容开放的国际形象让中国高铁走出国门成为必然。

3.4.1 "一带一路"倡议的大背景

以"一带一路"倡议大背景为依托，中国高铁和相关产业发展欣欣向荣。"一带一路"不仅在拉动高铁产业"走出去"上发挥了重要作用，还进一步树立中国在世界先进制造业中的品牌形象。中俄签订发展高铁备忘录、土耳其安伊高铁的顺利通车、中泰高铁跨过艰难谈判最终签约等均证明了中国高铁"走出去"的步伐为世人瞩目，有合作意向的东道国也能在中国高铁的勇于开拓中收获友谊、收获合作，为未来的长期合作奠定良好基础。此外，中国高铁"走出去"的步伐在"一带一路"的推进下呈逐步加快的趋势，新的机遇正摆在眼前。

3.4.2 亚投行等金融机构给予支持

中国经济伴随着改革开放进入高速发展时期，中国硬实力和软实力也凭借经济实力的迅速上升而在世界中站得一席之位。近年来，中国主导成立多项世界多边组织，丝路基金、亚洲基础设施投资银行、金砖国家开发银行、上合组织开发银行、海上丝绸之路银行等多家机构均能为中国及世界各发展中国家完善基础设施提供强有力的资金储备和融资意愿，作为中国海外高铁投资建设的强大后盾，保证中国高铁"走出去"进程保持高速发展。

3.4.3 高铁国际市场需求旺盛

世界各国在2008年全球金融危机中均遭遇严重打击，经济基础雄厚的发达国家尚且复苏疲惫，广大发展中国家更是举步维艰，依然面临严重的经济下滑危机。总体来看，发展乏力的发展中国家大多基础设施十分薄弱，其严重滞后于当地经济发展和运营。能源与钢材价格出现回落的契机，让各国政府将更新基础设施建设的打算提上日程。伴随着近年来交通运输行业高速铁路的兴建与兴盛，众多国家已经认可其对经济发展的拉动程度尤其是在交通建设方面，许多国家对高速铁路的经济拉动效应十分看好，伴随着铁路建设进行城市经济的重塑。南美、中东欧等地区对轨道交通设施更新换代的需求十分迫切，非洲地区对交通设备的改进需求也在逐步增强，这无疑为中国高铁走出国门做好了铺垫。

另外，随着全球普遍提倡可持续发展，绿色环保的观念日益盛行，低碳环保、节能减排是当今国际社会发展的普遍共识。而中国的高速铁路在发展的过程中始终从自身做起，将低污染甚至零污染作为基础设施建设和发展的首要前提和保证，在满足东道国环保需求方面精益求精。

3.4.4 各国对"一带一路"政策的积极响应

"一带一路"倡议遵循的理念是要打造"人类命运共同体"，由此可见中国与世界各国友好相处、合作共赢的决心。中国的发展繁荣于世界而言是全球的一个和平大发展机遇，这个观点已经逐渐深入世界各国的心中，中国一直倡导的和平发展也为众多国家所接受。已经有许多国家主动提出与中国建立友好的外交关系,参与到"一带一路"这个大规划中,借助重走丝绸之路的脚步将中国经济发展与沿线各国再次紧密相连,让世界各国共享中国发展成果与红利。此外,在政治方面,历史残留领土争端问题在近年已基本解决,中国也一直秉持着睦邻友好的合作理念,力求同周边各国的同和平、共发展,这也为"一带一路"倡议的提出扫清国际障碍。另外,中国高铁"走出去"所取得的成功离不开中国高层领导者的大力宣传与支持。中国国家领导人习近平、李克强等人频繁在外交出访活动中向世界介绍中国高铁,将中国高铁这张名片深入世界各国的角落。不仅如此,国家领导人还亲自邀请带领他国领导人乘坐中国高铁,用实际向世界证明中国的实力,使中国高铁"走出去"的步伐更加坚定有力。

3.5 中国高铁"走出去"面临挑战分析

3.5.1 技术壁垒

3.5.1.1 技术专利

中国高铁的技术一向以"吸收、借鉴、转化、创新"为宗旨,在引进国外先进技术的基础上,逐步掌握机车技术及轨道技术等,真正将核心铁路技术完全为中国所用,成为核心技术掌握国之一。在列车控制运行系统及铁路建设等方面,中国的自主知识产权级别已经不可同日而语,高性能安全计算机平台和CTCS-3级列控系统设备等完全自主知识产物的应用便说明了一切(刘春雨,2017)。这不仅使中国在高铁核心硬实力方面有话语权,更能推动中国高铁总体技术水平向前迈进一大步。

尽管如此,由于此前对国外技术的吸收借鉴,比如借鉴德国的无碴轨道技术事件,使中国在高铁"走出去"时面临着技术知识产权侵权的风险,并易对中国高铁的声誉造成不良影响。伴随着中国高铁技术的井喷式发展,中国一直以来的低价质优的海外输出策略已经使部分技术强国的商业与国家利益受到撼动,为寻求各国利益的平衡点,各国对中国高铁技术专利侵权的诉讼与日俱增①。日本和法国曾就不满于中国将引进的高铁技术进行专利申请,以此抨击中国;高铁输入国可能会怀疑中国高铁技术的可靠性与技术来源的正当性,从而选择与别国合作。另外,中国高铁技术的国际专利布局不够完善。日本、法国、德国、加拿大等老牌高铁建设国采用多国家高数量的专利申请,于早期构成了世界范围的专利布局。中国凭借自身现有条件摸索、实践得出的高铁九大核心技术以及相关周边应用技术,因为没有及时做好核心技术的知识产权保护,一方面陷入了发达国家的"专利陷阱";另一方面,许多发展中国家复制中国的专利技术,发展自身的高铁产业,窥探、窃取中国的核心技术,使中国蒙受了巨大的损失。

由 2016 年 6 月发布的由国家知识产权局专利局专利分析普及推广项目"高速动车组和高铁安全监控"课题组中的数据可知,中国高铁"出口"的主要海外市场中,俄罗斯和印度分别是"一带一路"倡议规划的北线和南线上的重要代表国家,其拥有的高铁技术专利数量较多(刘春雨,2017)。俄罗斯与高铁技术相关的专利申请共计 14531 件,中国的专利申请仅 12 件,不及总数的 0.1%;印度与高铁技术相关的专利申请共计 894 件,中国的专利申请仅 3 件,占比 0.3%(见表 3-3)。由此可见,中国对技术专利尚谈不上布局,且很容易触及他国的技术专利保护范围,进而容易因为侵权而被竞争对手发起专利诉讼。对中国自身而言,技术专利申请数量少,容易被竞争对手利用漏洞抢占申请,不利于对自身技术的保护,给一直窥探中国高铁技术的国家以绝佳机会,获取中国相关技术,大大削弱了中国高铁在海外的竞争力。

企业方面,德国的西门子在俄罗斯和印度方面的专利申请和授权量都很大,(见表 3-4),加拿大的庞巴迪和法国的阿尔斯通紧随其后。中国高铁的许多核心技术一般只在国内申请专利,忽略了在国外申请专利,加之传统高铁大国密集的技术专利申请与授权数,让中国企业蒙受巨大损失的同时,无形中阻挡了中国高铁"走出去"的步伐。

---

① 资料来源:中国经济网,http://www.ce.cn/xwzx/gnsz/gdxw/201708/17/t20170817_25066108.shtml。

表 3-3　俄罗斯和印度高铁技术专利申请情况

国家	专利申请总数（件）	专利申请国家	排名	占比（%）
俄罗斯	14531	俄罗斯	1	45.0
		德国	2	2.4
		美国	3	1.3
		中国	15	<0.1
印度	894	美国	1	23.5
		德国	2	12.9
		印度	3	5.9
		中国	17	0.3

资料来源：产业专利分析报告（第48册）—高速动车组和高铁安全监控技术。

表 3-4　相关企业在俄罗斯和印度的技术专利申请和授权的情况

国家	企业	专利申请数（件）	获得授权数
俄罗斯	西门子	70	40
	庞巴迪	14	14
印度	西门子	68	9
	阿尔斯通	17	6
	庞巴迪	15	2

资料来源：产业专利分析报告（第48册）—高速动车组和高铁安全监控技术。

3.5.1.2　技术标准

技术标准一直是牵制中国高铁"走出去"的一个原因，主要分为国内技术面向国外市场的适应情况以及国际上对中国高铁技术和标准的认可程度（许佑顶，2016）。因为中国高速铁路起步较晚，世界高速铁路技术长期被日本和欧洲国家垄断，其所主导的技术标准已经成为国际标准，形成"技术壁垒"。一方面，中国需要在一定程度上向国际标准靠拢，来防止一些市场准入壁垒；另一方面，中国主要是依据国内高铁建设得来的经验建立中国高铁技术标准，"走出去"就难免会遇到各种问题。

（1）中国技术标准国际认可度低。经过半个多世纪的发展，中国已经逐步形成较为完整的中国铁路标准体系。中国高铁"走出去"，在一定程度上即是中国标准"走出去"。输入国高铁的建设需要根据当地的地势地貌和本国的要求等来选择性采用中国标准(见表3-5),不能完全照搬照抄,这就意味着中国在海外建设高铁时,为满足当地的技术标准,要兼容多个技术标准,面临再设计、技术指标认证等一系列费时费力的烦琐工作。采用与自身不同的标准体系,可能需要重新规划设计,投入更多的时间和资金,这样不但使成本提高,更将原本的建设效率降低。国际市场上的高铁建设项目多采用 UIC、国际电工委员会(IEC)等制定的国际标准和由德国、法国等主导的欧洲标准(刘强,2017)。一方面,一些国家通过设置技术标准壁垒以保护本土竞争力;另一方面,中国在相关国家设计与建设高铁时会因技术标准不同而增加难度。没能掌握设计主动权是中国在麦加轻轨项目巨额亏损的重要原因,该项目的土建以及系统都是采用并非中国熟悉的标准执行,致使建造成本大大提高(张晓通等,2014)。

表3-5 海外铁路工程建设标准应用环境和案例

标准应用环境	代表性工程案例
项目完全采用中国标准,中方公司进行项目咨询	埃塞俄比亚 SEBET 至 MIESO 铁路 EPC 总承包
项目采用中国标准,建设方委托欧洲公司全程咨询管理	尼日利亚 Abuja 至 Kaduna 铁路,EPC 总承包
项目标准双方协商确定	俄罗斯 Moscow 至 Kazan 高速铁路,设计承包
项目采用建设方提供的技术标准和审查后的中国标准,实质为"混合标准"	委内瑞拉 Tinaco – Anaco 铁路,EPC 总承包
项目完全采用建设方提供的技术标准	孟加拉国 Bhairab Bazar 至 Tongi 铁路,施工承包

资料来源:许佑顶等. 中国铁路工程建设技术标准"走出去"战略研究[J]. 铁道工程学报,2016(5).

(2)中国技术标准实施存在困难。首先,海外项目在建设过程中,大量存在与国外技术标准兼容互通的问题。一是技术标准兼容性的问题;二是设备兼容性的问题;三是设计理念与技术方法联系并存的问题。例如,按照中国标准修建的尼日利亚铁路车站项目,车站站台高度以及站台边缘到股道中心的距离等与中国车辆标准尺寸一致。但是尼日利亚采用国际招标方式采购车辆,全球有多家供应商待定,若两者不匹配,将会存在安全隐患(许佑顶,2016)。其次,中国的技术标准多为在实践中总结出来的经验性理论,很少有定义及原理的说明。而国外的标准更多是明确地对功能和性能进行说明,因此导致中国标准很难被外方技术人员理解。最后,技术标准对接工作量很大。在进行海外项目时,一般都要求中方详细阐述所采用的标准,辅以文字、计算及图片,但是中国承办项目的企业很多是不制定标准的企业,因此在提供材料并进行翻译上存在极大困难,影响工期的同时增加了建设成本。

(3) 项目收益性受损。目前,多数海外项目采用EPC模式,但是由于建设国与中国国情等方面差异较大,费用估算不能面面俱到,加之项目实施过程中不可控因素过多,导致经济性问题突出,中国经济收益受损严重。

3.5.1.3 技术合同

2002年,中国花费1.4亿元人民币研发了动车组列车"中华之星",是完全利用自主知识产权研发成功的,在秦沈客运专线创造了每小时321.5公里的最快速度纪录。但是由于当时中国的高铁技术设计要求低于国外高速铁路标准,整体核心技术不成熟,一些核心关键技术和设备的可靠性以及稳定性不足,列车的工艺水平相对较差。所以中国政府从2004年起,改从外国企业引进高速列车。2004年10月,与日本川崎重工签订了转让技术合同;2005年,与西门子签订了技术转让方案。2011年,川崎重工的总裁大桥忠晴作为日本新干线技术的开发者表示,若中国高铁在海外申请专利的内容与川崎重工关于新干线技术对中国出口的合同相违背,将会对中国高铁"侵权"行为提起诉讼。因为契约明确规定,技术只能在中国国内使用。因此,与日本等国签订的技术转让合同,在某种程度上成为了其打压中国高铁的武器,中国在进行高铁技术知识产权输出时,要时刻注意,规避输出未经全面改革的、有可能触及技术合同的技术,在一定程度上对中国高铁"走出去"形成了阻碍。

3.5.1.4 技术安全

中国高速铁路的技术事关高铁的安全性问题,安全是所有东道国首要考虑的因素。截至目前,已知中国共发生了5起动车事故,都绕不开技术缺陷的问题。其中,"7·23"甬温线特大铁路交通事故最为严重,因为列车控制中心设备有严重的技术设计缺陷和重大安全隐患。原国家铁道部没有严格控制技术审查,加上遭受雷击引起的设备故障和紧急处置不足等其他因素造成事故。中国的高铁技术不会因为几次事故而被全盘否认,但是事故的发生确实说明中国的高铁技术仍不尽完善。在国际竞标时,日本多次以新干线号称全世界最安全的铁道系统,拥有运营50年20公里0死亡的纪录为筹码，对中方施压。海外"高铁市场"有限，因此竞争非常激烈，加之外媒对中国高铁技术的质疑声不绝于耳，造成中国高铁"走出去"存在技术安全障碍（张晓通等，2014）。

3.5.1.5 技术装备

高铁的技术含量很高，对应的技术装备，尤其是一些核心技术装备具有很强的垄断性。中国高铁"走出去"，同时也将推动中国高技术含量、资本密集型高端装备制造业出口，推动中国技术贸易（厉无畏，2013）。同时，中国高铁技术也面临着诸多新的挑战，以"一带一路"沿线国家为例，这些国家的气候地质以及国情和社会条件存在很大不同，中国高铁"走出去"必定要做多方面考虑，不仅要面对恶劣环境气候，不同规格、不同标准和基础设施设备的兼容互通，也要做好在各种地质结构及地震带的建设、运营和防灾减灾，更要协调好不同的宗教文化影响下的各种运输组织。中国高铁技术装备面临更大的挑战。

3.5.2 资金壁垒

高铁作为一项国际层面的战略性项目，其进入壁垒必然是多种多样的，除上文阐述的技术壁垒之外，还面临着另一个难关——资金壁垒，它是高铁成功进入目标国并在目标国驻地实施之前需要迈过的一道很高的门槛，对于承建国和项目国来说都是巨大的挑战。

3.5.2.1 运营过程参与程度低

高速铁路行业具有明显的特征，如大规模的资本、预投资高、建设周期长、投资回报率低、投资收益缓慢等。资金从何而来？如何公平分配？风险由谁承担？项目收益如何保证？这些都是不得不考虑的问题。总结发达国家的经验来看，日本、法国、德国的铁路"走出去"的一般模式是输出技术和装备，也进行工程承包。但是为了避免风险或将铁路运营的商业及市场风险最小化，一般较少参与运营。中国运营也在逐步发展阶段，可尝试在"走出去"时一并将运营模式"走出去"。

针对中国"一带一路"的高铁"走出去"项目，修建高铁是大资金工程，必须要有强有力的财政做支撑。但是作为项目的东道国，中国也面临着筹集建设高速铁路全部资金的困难，尤其"一带一路"沿线国多为发展中国家，这些国家经济发展普遍滞后，无法靠自己的力量承担工程所需资金，承建商带资建造项目已经成为一种常态，这给承建商的融资渠道提出一定的挑战。举例来说，中铁中土集团作为安伊高铁二期的主要承建商，在12.7亿美元的合同中需向中国进出口银行借贷7.2亿美元的高额款项，而装备制造商和建设施工商在资金方面具有较强的一致性，均需要获取银行这一外援的资金支撑。中国进出口银行在中国许多海外项目的进展中都扮演着重要角色，中国北车为得到中国进出口银行的资金支持以顺利将高铁出口海外，于2014年4月20日与其签署300亿元人民币（或按比例兑换美元）的3年期战略协议，将进出口银行的资金转贷于海外购买方，以获取较大的利润和效益。这只是进出口银行众多支持型项目的其中一个，其余成功案例不胜枚举。

3.5.2.2 目标国差异性大

"带资"虽然面临着多方面的风险，但站在竞争博弈的角度上，也不失为一种策略，在这个阶段内是非常必要的。但是，众多的"走出去"项目，目标国情况不同。中国在每个高铁"走出去"项目上均采用带资建设的方式并不现实，即使中标概率大，对中方的隐藏风险将十分不可控。总报价高达180亿美元的"莫斯科—喀山"高铁项目是中国与俄罗斯的共建合作项目，仅技术论证一项普通的环节便需要1亿美元。即使暂且不考虑资金的来源，按照俄罗斯的人口数，高铁后期运量要如何满足，资金何时才能回笼，这些都尚不可知。俄罗斯是与中国合作开发高铁项目的国家中资金实力的佼佼者之一，尚且面临众多不可预估的风险，若给地缘政治更为复杂的发展中国家提供大笔融资，风险之大更加不容小觑。用物质资源来抵还资金或物质资源的交易方式便由此诞生，只要交易合作的双方能够同时接受交换条件，交换物形态不做具体限制，中泰的"大米换高铁"、中俄的"石油天然气换高铁"均为"以物易物"的成功典范。然而，看似平等的交易实则存在巨大潜在风险。若项目国因为天气灾害丧失了若干可交换资源，或因为政治层面等原因换不成该如何，在一切无法预知的情况下，只能先做好充足的防范措施和应急预案，在无任何参考物的情况下只得依靠双方的信任与信物。

3.5.2.3 承建模式选择

要打破资金壁垒的局限就要从根源抓起，从承建模式开始步步为营，全面考量。我们经常用到的承建国外高铁的模式有BOT模式和BOOT模式。作为长期盈利的模式代表，高铁与其他交通运输方式的竞争优势在于流动用户数量与后期经营维修成本，以上两点也决定高铁是否能够实现长期盈利。双方在前期建设经营亏损时都会承受较大的压力，但经过长期运营后，高铁的盈利模式便会初见成效。其他承建高铁的模式还有诸如无经营环节、建成后直接转让的 BT 模式，集前期设计、建造中采买施工"一条龙"服务、试运营阶段维护的"交钥匙"的 EPC 模式，在"交钥匙"基础上解决融资难题的 F + EPC 模式，以及"公私合作伙伴关系"的 PPP 模式等。

实际操作中，无论采取何种承建模式，都需要根据目标国不同的国情和政治、经济现状具体分析，不同的国家所面临的资金壁垒程度也有所差别。基本原则便是创新，不仅要将常规投融资模式结合项目实际情况进行创新，更要保证高铁"走出去"经济合作模式的创新，项目资金链才会有盘活的可能性。与此同时，加强项目风险评估和风险防范机制，从而保证高铁商业性和社会性共融的本质特征。举例说明，当项目前期可行性分析时对东道国国内政治形势给予乐观评估，且国内对基建需求旺盛、收益有保障时，BOT、PPP 等方式为首选；当项目对两国产生意义已大过经济效益时，对于其经济回报率等指标的考量便可从宽定性，此时应以国家倡议和政策战略为首要参考依据，"中外合资"、EPC、F + EPC 等方式比较有实际操作性。在注重承建模式的选择外，中国也要积极在项目东道国建立合作研发基地，以培养当地劳工投身高铁及相关行业，拓宽产业链进行集群式发展，不仅能打破资金壁垒，还能促进地区经济发展和社会和谐。

3.5.3 经验及制度壁垒

3.5.3.1 海外建设经验不足

中国高铁要走进目标国，尚缺乏一定的经验。日本、法国、德国等老牌的高铁建设强国为中国的主要竞争对手，在高铁建设层面都有自身的筹码。日本高铁不仅具有成熟的商业运营经验及高安全标准，也是最先建设高铁的国家；法国高铁则以高速度著称；德国以舒适、安全作为建设优势。老牌高铁建设国，在建设经验、项目完成度上都要优于中国。虽然中国当前的高铁建设量与运营里程为世界第一位，但都是基于本国国情而建，高铁输入国的国情千差万别，在建设经验上中国不具有太多优势（刘强，2017）。

3.5.3.2 国家制度的差异性

社会主义国家的基本属性是中国特色社会主义发展模式的标志性成果，更是中国与外界之间市场贸易交流的一个屏障，不同国别、不同社会属性之间的差异、宗教习俗、民族文化之间的差异等都是限制中国与"一带一路"沿线各国共建高铁之路的因素。因此,如何跨越制度层面的壁垒成为中国高铁"走出去"的重中之重。

3.5.3.3 国际政局遭受来自恶势力的威胁

面对现在复杂多变的国际形势,中国高铁"走出去"项目的认可度尚未达到普及的程度,随之而来的"阴谋论"便对中国高铁的项目拓展造成不可估量的损失。各国邪教等恶势力利用此"说法"肆意扭曲事实,造成中国高铁项目对外影响的负面作用不断放大,引发社会动乱,成为国际动荡局势推波助澜的"帮凶"。不法分子对于破坏有益于世界发展的造福性工程永远保有高度的"热情",此类组织借此从中获利,达到夺取政权的目的。

3.6 小 结

根据以上部分对中国高铁"走出去"四方面的分析,利用现有 SWOT 分析的数据和产出,结合世界各国现阶段对高铁需求的程度,本书对中国高铁"走出去"进行总结性整理,将其各方面影响因素比重较大的内容提取出来进行整合重组(见表3-6),得出 SO/ST/WO/WT 四个未来发展的方向与整改建议。

经过不同组合分析,本书给出以下四点战略性建议:

(1)在"优势—机遇"战略下,中国应在保持住现有高铁"走出去"雄厚政策的基础上,利用国家领导人战略会晤等外事性活动不断打造中国"高铁外交",从国家顶层对高铁给予充分肯定,为"一带一路"政策发展造势;发挥除亚投行之外的国际性金融机构的作用,补齐金融短板,让"一带一路"的商机惠及全世界;同时,还要凭借中国独有的经验与成本优势对高铁的优势性条件进行发扬,利用已有优势带动相关其他条件协同发展,例如信息资源、技术、验定标准等;最后,通过对优势和机遇的客观分析,找准中国高铁战略定位,将高铁"走出去"项目进行全方位评估,找出项目短板后实行补充,从中得到项目国的国家级民众的好评,通过国家舆论导向和民间舆论两层传播途径宣传中国高铁,打造中国高铁名片。

3 中国高铁"走出去"的SWOT分析

表3-6 SWOT分析

优势—劣势 机遇—挑战	优势（S） 1. 国家扶持，外汇储备丰富 2. 铁路建造成本低廉、国内建造经验丰富 3. 装备制造全球领先 4. 承接多项国际性项目	劣势（W） 1. 自主研发核心技术能力欠缺 2. 国际化认知度不高 3. 高端人才紧缺
机遇（O） 1. 亚投行等金融机构给予大力支持 2. 国际市场需求旺盛 3. "一带一路"政策下各国积极响应	SO战略 1. 发挥国家顶层优势宣传"一带一路"发展 2. 联合各多边组织加强"走出去"资金流通 3. 发挥成本、经验优势带动技术协同发展 4. 全面规划品牌建设，打造中国高铁品牌	WO战略 1. 加大自主核心研发投入 2. 完善中国高铁国际化标准体系
挑战（T） 1. 技术、资金等壁垒问题突出. 2. 国家制度的差异性 3. 国际政局遭受来自恶势力的威胁	ST战略 1. 出台相应政策应对风险防控 2. 人才"走出去"和"请进来"实行培养两步走	WT战略 1. 加强高端核心人才培育力度 2. 安排专业人才梯次提升能力

（2）在"劣势—机遇"战略下，鉴于中国高铁"走出去"项目的重点技术难关，要进行比以往投资力度更大的资金性支持，不断完善中国标准，努力将中国标准应用到项目国当中，将多次合作的项目国作为突破口，向其证明中国技术的独特性和优势性；同时，不断加快中国标准世界化的步伐，加大标准进入门槛的投入力度，推进中欧标准的无缝衔接，是中国未来几年着力攻关的难点之一；最后，不能放松对于高铁高端人才的培育与挖掘，建立相关渠道，加强对核心人才的配置力度。

（3）在"优势—挑战"战略下，看似双方冲突的经验、资金领域其实在本质上有着千差万别，中国在本国高铁里程世界第一的前提下，拥有世界上不同气候条件的建设经验，但由于地理位置的特异性，对于目标项目国的实际情况仍需细致勘察。因此，中国应联合项目国当地专家进行联合性考察，保证建造前期的准备工作完备性，针对不同情况的风险做出有效性防控，降低风险成本，提高项目相关成熟度；同时，中国作为世界上性价比最高的高铁建造国，应发挥中国经济扶持政策的强大力量，带动相应技术的长远性发展，也要利用中国在世界贸易组织中的成员国地位，帮助各国认识到"一带一路"倡议下全球经济格局的变化，不断与中国合作进行前瞻性的贸易往来与基础性合作。

（4）在"劣势—挑战"战略下，面对中国高铁"走出去"的诸多困难，中国应在项目选择上避免急于求成，对目标项目国进行深层次了解后做出合作意愿的确定，从而减少中国因"烂尾工程"而造成的各项经济、外交、政治性负面效应；明确技术的提高要从根本入手，建立国内交通领域高端学府，在现有学校基础上，增加对应专业学生对外交流学习项目，不断保证知识的进阶性和递增性，从而为中国未来高铁"走出去"做出巨大贡献；在中国市场经济的背景下，中国非公有制企业的发展已经进入饱和阶段，结合国家战略导向和自身前景展望，推动企业转型升级，紧跟国家脚步，借助国际性平台实现资源整合、投资方向的多元化发展，实现发展的全面性。

面对中国如此高速的"走出去"步伐，中国应不断明确高铁行业的现状及缺陷，利用中国的国际地位和中国特色社会主义市场经济的发展模式，不断深化高铁"走出去"战略格局，实现全球范围内"一带一路"发展的可持续。

4 中国高铁"走出去"的市场分析

4.1 全球市场概况分析

截至2018年12月,全球已有16个国家正在修建高速铁路,在建里程达21943公里。中国高铁在建里程达16155公里,为高铁在建第一大国。表4-1按国家或地区对运行中的或在建的高速铁路进行了概述,并按服务数量进行了排序。它显示了所有在使用和正在建设中的高速线路(时速200公里/时速120英里或以上)。

表4-1 全球高铁情况概述

排名	国家/地区	大洲	运营里程(km)	在建里程(km)	总里程(km)	网络密度(m/km²)	最大时速(km/h)	电气化	轨距(mm)
1	中国	亚洲	25000	16155	41155	2.61	350	25kV50Hz	1435
2	西班牙	欧洲	3100	1800	4900	6.13	310	25kV50Hz	1435
3	法国	欧洲	3220.2	125	3345.2	5.84	320	25kV50Hz	1435
4	德国	欧洲	3038	330	3368	8.51	300	15kV16.7Hz	1435
5	日本	亚洲	2765	681	3446	8.18	320	25kV50Hz 25kV60Hz	1435
6	瑞典	欧洲	1706	0	1706	3.79	205	15kV16.7Hz	1435
7	英国	欧洲	1377	230	1607	5.67	300	25kV50Hz	1435
8	韩国	亚洲	1104.5	376	1480.5	10.46	305	25kV60Hz	1435
9	意大利	欧洲	999	116	1115	4.48	300	3KVDC, 25kV50HzAC	1435

续表

排名	国家/地区	大洲	运营里程（km）	在建里程（km）	总里程（km）	网络密度（m/km²）	最大时速（km/h）	电气化	轨距（mm）
10	土耳其	亚洲	802	1208	2010	0.95	300	25kV50Hz	1435
11	俄罗斯	欧洲	845	0	845	0.04	250	3KVDC	1520
12	芬兰	欧洲	609.5	95	704.5	1.8	220	25kV50Hz	1524
13	乌兹别克斯坦	亚洲	600	0	600	0.77	250	25kV50Hz	1520
14	奥地利	欧洲	352	208	560	3.48	250	15kV16.7Hz	1435
15	比利时	欧洲	326	0	326	5.29	300	25kV50Hz	1435
16	荷兰	欧洲	175	0	175	4.18	300	15KVDC, 25kV50Hz	1435
17	波兰	欧洲	143	322	465	0.43	200	3KVDC	1435
18	瑞士	欧洲	92	23	115	1.94	250	15kV16.7Hz	1435
19	挪威	欧洲	64	54	118	0.2	210	15kV16.7Hz	1435
20	美国	美洲	54.6	160	214.6	0.01	240	12KV25HZ, 12KV60HZ, 25KV60HZ	1435
21	丹麦	欧洲	5	60	65	0.12	200	25kV50Hz	1435

资料来源：维基百科。

到目前为止，全球已有超过20个国家投入到高铁远期规划，远期里程达到5万公里以上，"金砖国家"等新兴经济体高速铁路市场发展空间较大。尽管全球高速铁路已稳步发展超过50年，但未来全球高速铁路的市场需求仍然是有增无减。根据来自世界铁路联盟的《世界高速铁路报告》（2017），全球未来高铁需求容量达5.08万公里。不含中国高铁市场容量在内，全球高铁市场未来容量将增长到3.28万公里。其中，中国高铁市场的增长空间依然占据世界首位。

根据世界铁路联盟报告预期，高铁的远期规划的最大市场在亚洲，其次是欧洲（见图4-1），未来高铁里程主要增量分别会达到1.51万公里和1.16万公里。报告同时指出，非洲和北美洲未来高铁市场增量分别会达到2870公里和

4 中国高铁"走出去"的市场分析

2619公里。因此,非洲和北美洲市场也不容忽视。其中,俄罗斯高速铁路未来规划里程达2978公里,超过欧洲老牌高速铁路大国法国(1786公里)和西班牙(1327公里),排名欧洲国家首位(见图4-2)。亚洲有两条线路,分别是马新高速铁路及越南高速铁路,欧洲有13条线路在规划中。

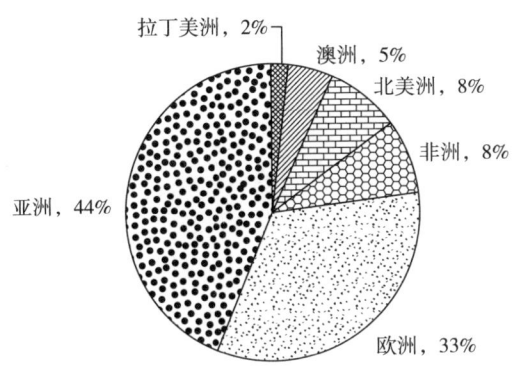

图4-1 全球高速铁路远期规划里程占比

资料来源:世界铁路联盟、广发证券发展中心。

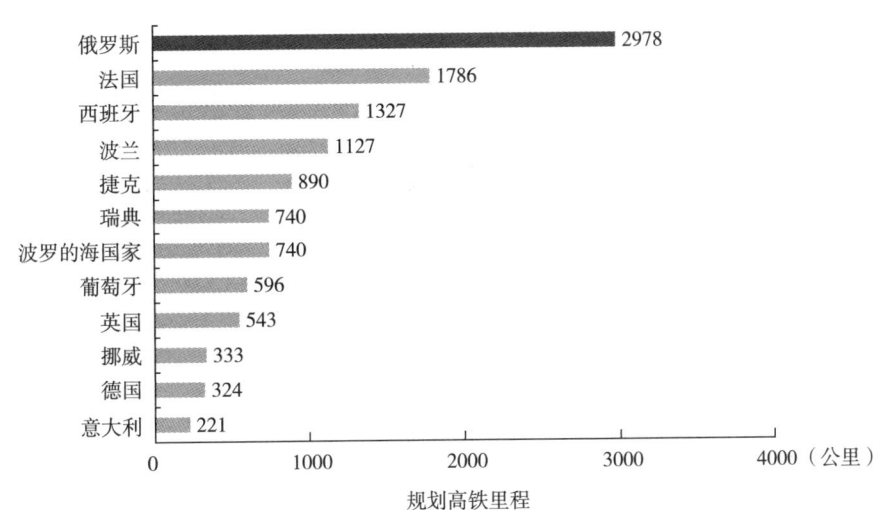

图4-2 欧洲高速铁路远期规划里程排名

4.2 中国高铁"走出去"市场机遇及需求差异性

4.2.1 中国高铁"走出去"市场机遇

总体而言,中国高铁适逢国家实施"一带一路"倡议的难得机遇。近年来,随着中国综合国力的显著提升,大国外交形象的不断增强,和平发展的态势不断趋好,铁路装备国际化程度持续提高,以及在国际舞台屡屡得到国家领导人的强力推荐,驱动着中国高铁国际化经营战略的大力实施以及海外经营业务的积极拓展。这些不仅使中国高铁"走出去"形成了良好的局面,而且获取了中国政府对高铁"走出去"战略的支撑与推动。

自 2013 年开始,中国国务院总理李克强在国事访问中,数次扮演高铁"推销员",向国际社会推销中国的高铁,不仅如此,还在国外元首访问中国时,将乘坐高铁安排为国事访问的主要组成部分。

从外部宏观环境分析来看,世界经济在波动中平衡增长,北美高铁市场正在建设之中,欧亚大陆高铁建设作用正在凸显,非洲内陆铁路需求力高涨。

欧洲:既有铁路里程 42.6 万公里,规划铁路里程 3 万公里,其中:高铁规划里程 2.4 万公里。

北美洲:既有铁路里程 30.1 万公里,规划铁路里程 0.6 万公里,其中:高铁规划里程 0.4 万公里。

亚洲:既有铁路里程 19.5 万公里,规划铁路里程 7.8 万公里,其中:高铁规划里程 2.4 万公里。

非洲:既有铁路里程 10.7 万公里,规划铁路里程 1.7 万公里,其中:高铁规划里程 0.3 万公里。

大洋洲:既有铁路里程 4.8 万公里,规划铁路里程 0.3 万公里,其中:高铁规划里程 0.2 万公里。

南美洲:既有铁路里程 8.9 万公里,规划铁路里程 2.4 万公里,其中:高铁规划里程 0.1 万公里。

4 中国高铁"走出去"的市场分析

与之相对应的是,轨道交通装备市场前景良好。据德国 SCI 咨询公司发布的相关报告,并同时综合世界各国高铁建设需求和铁路技术升级等情况,未来全球高铁市场总体上仍然呈现平衡增长趋势。未来五年,轨道交通装备市场预计将呈现年均复合增长率 2.2% 的增长,其中新造市场复合增长率为 0.8%,维修市场复合增长率为 3.7%;到 2020 年,轨道交通装备总容量约为 1327.77 亿美元(见表 4-2)。

表 4-2　2020 年各地区轨道交通装备市场容量　　　单位：亿美元

市场区域	新造市场	维修市场	各区域总量
欧洲市场	161.32	222.69	384.21
东南亚市场	172.71	145.46	318.17
北美洲市场	114.02	129.06	243.08
独联体市场	71.52	81.87	153.39
南亚市场	57.51	21.78	79.29
西亚市场	19.14	13.08	32.22
拉丁美洲市场	17.24	17.27	34.51
北部非洲市场	6.01	7.91	13.92
大洋洲市场	11.99	12.30	24.29
南部非洲市场	11.54	10.12	21.66
中亚市场	11.63	11.40	23.03
合计	654.64	673.14	1327.77

注：不含中国数据。
资料来源：笔者整理。

就自身条件来看,中国产业结构转型升级步伐明显加快,正好与"一带一路"多数沿线国家对产业结构快速发展的互补性增强,尤其是经过跨越式自主创新与发展,中国高铁已取得了有目共睹的成就,已经建设并运营着世界最大的高铁网络,积累了应对复杂多样地质条件和气候环境以及长距离、高密度、不同速度等级共线跨线运行的高铁建设与运营技术,建立了完备的中国高铁技术体系(李彬彬,2017)。

中国高铁"走出去"的实践表明,中国高铁不仅具有安全可靠、技术先进、兼容性好、性价比高、运营经验丰富等优势,而且在建设与装备方面还具备有机结合的独特优势，以及高铁建设在投融资政策方面的支持优势。所以，中国高铁在国际市场竞争中赢得了良好声誉以及产业链综合性竞争优势。

4.2.2 中国高铁"走出去"需求差异性

高铁"走出去"唯有精准把脉项目东道主国家的多样性，尤其要精准识别不同国家之间存在的巨大差异，既要把握东道主国家国情的差异性，又要判断不同国家对高铁建设需求的差异性，方能真正走进目标需求市场与国家。

项目东道主国家的经济基础、政治风险、偿债能力、社会弹性（主要包括内部冲突、社会安全、教育水平、商业管制和环境政策）、对华关系（政府稳定性、军事干预政治、法律制度和外部冲突）等存在差异。不仅如此，宗教信仰、地理环境、文化风俗和铁路轨制式也存在显著差异。

从宗教信仰的层面来看，"一带一路"沿线大部分国家宗教信仰差异非常显著，伊斯兰教主要分布于中亚和西亚以及北非；基督教主要分布于中东欧，在东南亚也有一定的信徒；佛教主要分布于东南亚；印度教主要分布于南亚。同时，基督教和儒释道在南亚也并存，佛教、伊斯兰教和儒教在南亚也并存。

从工业化发展阶段的层面来看，"一带一路"沿线国家的工业化可以说涵盖了工业化发展不同阶段的各个时期。东南亚和南亚大部分国家尚处在工业化初期阶段；尼泊尔、孟加拉国、柬埔寨、老挝和缅甸还被联合国列入最不发达国家之列；西亚、中东、中东欧的大部分国家处在工业化发展的后期；而中亚大部分国家则还处于工业化发展的两头，即工业化初期和后期。

"一带一路"倡议下沿线国家高铁需求存在的显著差异，在客观上要求中国高铁走进目标国时根据不同市场的具体需求采取差异化的提供方案与对策。要对项目东道主国家的国情及详细市场有精准的判断，在此基础上，提出聚集目标国高铁一揽子解决方案，包括铁路规划—勘探—建设、投资—建设—运营—维护等整体规划方案。

此外，投资、载客量、运营、成本与收益等相关的详细数据亦有必要提供给项目东道主国家供其决定对策。中国可以发挥自身的优势，向项目东道主国家分享高铁建设的数据，减少它们对高铁建设的担忧及疑虑，认识并理顺高铁建设投入与经济效益产出之间的合理关系，以助它们做出建设高铁的明智决策。

4.3 中国高铁"走出去"的有效市场需求

4.3.1 全球高铁市场容量需求

高铁起源于日本,兴盛于亚洲。时至今日,高铁的发展已走向全球。世界铁路联盟数据统计显示,历经50年的发展,全球高铁呈现稳速增长态势。目前,高铁迎来了第三次发展浪潮,据不完全统计,到2017年4月,全球在建高铁里程已有1.59万公里,投入运营和维护的高铁里程已有3.73万公里,投入运营和在建的高铁总里程已达5.32万公里,比2016年增长1.932万公里。其中,亚洲和欧洲的高铁里程占据了全球高铁的98%以上,成为高铁市场的垄断者。从世界铁路联盟的分析来看,未来全球高铁市场容量将增长至5.08万公里,而市场增量空间最大国就是中国,占据全球市场的35.4%。相对于已经发展成熟的市场而言,日本、欧洲已趋于饱和。高铁市场的增量市场主要集中于新兴经济体。

从全球的角度来看,未来高铁主要增量市场仍然在亚洲和欧洲,高铁容量将分别增长至1.51万公里和1.16万公里;其次是非洲和北美洲,高铁容量将分别增长至2870公里和2619公里;最后是澳洲和拉丁美洲市场,高铁容量共占据剩余的7.5%。其中,亚洲和欧洲高铁远期规划里程占比达77%。因此,亚洲和欧洲国家是未来高铁远期规划的主要市场,非洲国家高铁远期规划市场不大,但从"一带一路"倡议及全球价值链的视角来看,其高铁修建仍需引起足够的重视。

根据国际铁路联盟发布的《全球高铁发展状况报告(2016)》,全球高铁运营里程已经达到35000公里(见图4-3),在建里程已经达到15452公里,现有规划里程达到4264公里,远期规划里程将达到32065公里(见图4-4)。从区域视角来看,世界各地高铁建设市场主要分布在欧亚地区,未来市场容量将达21760公里。其中,美洲的美国、巴西、墨西哥、加拿大高铁市场容量将达2829公里,非洲的南非、埃及和摩洛哥将达到4080公里。

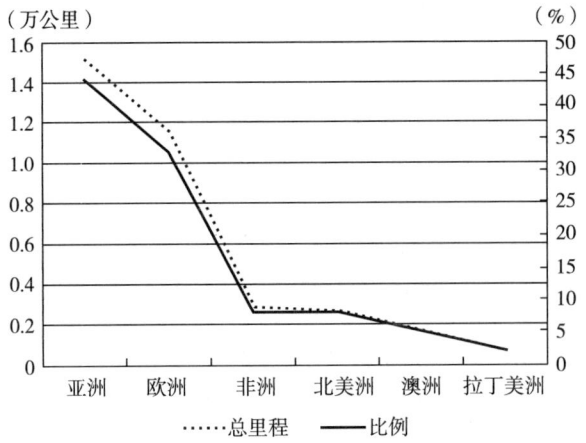

图 4-3 全球高铁已投入运营总里程

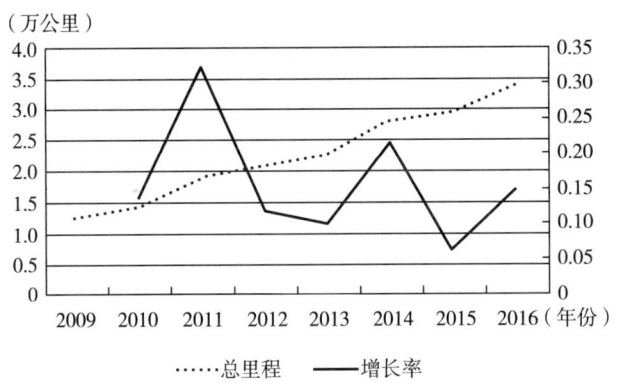

图 4-4 全球高铁远期规划总里程

世界各国铁路网远期规划显示，在 2040 年前，全球铁路的市场需求总量将达 12 万~15 万公里，这其中包括 1.5 万公里的高速铁路需求量（不含中国）。可见，高铁未来市场增量空间较大，发展迅速。从短期市场增长情况来看，亚洲高铁市场规模远大于欧洲；但从长期市场增量来看，欧洲市场将与亚洲持平。由以上分析可知，全球高铁未来市场仍有较大需求。由此可知，"一带一路"倡议下中国高铁"走出去"恰逢较大的市场增长趋势与机遇（见表 4-3）。

表 4-3 世界各区域铁路规划里程及投资预期（不含中国）

市场区域	规划里程（公里）		预计投资（亿美元）	
	合计	其中：高铁	合计	其中：高铁
东南亚	4862	680	689	97
南亚	23194	500	129	129
东北亚	3570	1033	103	103
中亚	18761	0	19	0
西亚	16183	2000	1174	150
非洲	16363	3096	615	202
欧洲	21894	6370	1433	860
北美	2863	1232	988	878
拉美	16679	0	529	0
大洋洲	3448	1748	814	804
合计	127815	16653	6492	3222

资料来源：笔者整理。

4.3.2 "一带一路"沿线高铁市场有效需求

"一带一路"沿线高铁市场的庞大需求和有效需求含有很多不可控因素，具有落差和不确定因素，必须考虑沿线国家的政治形势、社会因素、文化传统、国防军事等方面的具体情况。例如，沿线的部分亚洲国家虽然有庞大的发展高铁的现实需求，但是由于修建高铁所需要的高昂的建设成本，即使伊朗计划建设870公里的高铁里程、越南计划建设1600公里的高铁里程、泰国计划建设2877公里的高铁里程，但由于现实因素，其实际能负担的建设成本远远低于预期。不同国家的政治因素、宗教因素、文化因素等方面的摩擦，以及发达国家间和国际组织间的冲突与摩擦，也会影响高铁市场的发展。

在欧洲区域，捷克计划建设890公里的高铁里程、波兰计划建设112公里的高铁里程、西班牙计划建设2208公里的高铁里程，但由于欧洲的高铁市场中的竞争主体实力雄厚，中国高铁的市场准入门槛高。例如，欧洲高铁市场由于竞争对手早已占据较大的市场份额，中国高铁要想在欧洲市场占据一席之地，必须使中国高铁的标准得到国际认可，同时要提升中国高铁的竞争实力，在未来与德国、法国、西班牙等国家的竞争者抢夺市场份额，跻身欧洲市场。

由此可见，在庞大需求和有效需求中，为了平衡两个不同需求层次间的差异化，我国在实施"一带一路"沿线高铁市场发展战略时，必须从以下三个层面入手：一是宏观层面，着眼于新的科技和产业革命，分析不同国家在可持续发展战略、现代化和城市化的进程、区域市场和共同市场、综合运输系统的建设以及国际通道建设多个方面的战略要求，分析各国对高铁的需求现状。二是中观层面，纵览各国的现实状况，综合考虑不同国家的政治体制、经济发展状况、社会现状、宗教信仰、人口和安全状况多个方面的具体情况。三是微观层面，在建设高铁的具体实施方面，要准确谨慎调查与分析目标国家的建设资金、沿线人口分布密度、电力供应情况以及区域经济发展现状，准确识别高铁建设上"用不起"和"建不起"两种需求间的矛盾，准确把握有效需求。

除考虑到上述两种需求间的矛盾外，还必须考虑到高铁运营中的盈利与亏损问题。高铁是一种公共产品，其社会效应要放在首位。但由于我国高铁"走出去"战略需要从战略全局进行长远的规划，因此注重高铁"走出去"后的社会性和经济性相统一，注重战略性与营利性之间的协调。

以正处于建设期的印度尼西亚的雅万高铁项目为例，该项目采用的是"由中方提供资金且不需要主权信用担保"的模式，这种模式的潜在风险、预期盈利估算以及项目的推广价值和移植价值，都必须进行深入剖析，因为可营利性是建设项目最本质的要求。在雅万高铁项目的建设初期，很多现实因素使建设进度减慢。原预计2015年开工，但直到2016年9月才达成征地项目的60%。项目工程的总造价也由预定的55亿美元降至51.35亿美元。建设资金的缩减使这个被称作"中国高铁第一单"的项目在基建期的利润微薄，直至2018年6月，雅万高铁项目才进入全面实施建设的新阶段。

从全球范围看，目前只有北京—上海的高铁线、东京—大阪的高铁线、巴黎—里昂的高铁线处于盈利期。从世界银行的研究可以看出，只有高铁线路沿线城市的人口数量达到2000万人，高铁的运营才能够获得盈利。从上述线路的特征入手，特别是高铁沿线城市的经济发展水平、高铁站点间的距离和人口密集程度等方面的原因，将其与中国高铁的实践经验相结合，可以看出在海外拓展高铁项目的高风险与高难度，不仅项目的盈利水平低，甚至会对建设方造成巨大的建设资金压力与财务危机。在"一带一路"倡议下，中国高铁想要"走出去"就必须承担高难度的融资挑战。非洲国家和"一带一路"高铁项目沿线国家的经济普遍落后,发展高铁的压力大,难以承担建设高铁的高昂的建设成本和资金压力,只有通过承建商提供项目融资来缓解建设压力。

因此,国外高铁市场有限,除非政府高额补贴。此外,互联互通是"一带一路"沿线国家亟待解决的重大问题,但高铁不是互联互通的唯一途径,这是因为沿线国家在考量高铁修建时面临地缘政治、社会安全、经济基础、偿债能力、社会弹性、政治风险、对华关系等,需要对投资高铁做出风险评估及应对策略。基于此,大部分发展中国家及非洲国家或者因为经济力量无力承担高铁的建设或者因为人口稀少不需要建设。相比之下,对于欧美发达国家而言,其本身已经拥有完善的基础设施建设,少数对高铁有需求的国家又因为经济乏力,对高铁的需求并不强烈。因此,中国高铁"走出去"面临国际市场有限的危机(徐飞,2017)。

4.3.3 中国高铁"走出去"的"有限市场"

"一带一路"沿线国家道路联通普遍薄弱,亟须加强高铁的优先修建。目前,"一带一路"沿线国家中只有日本、德国、法国、西班牙和英国的高铁建设还比较完善;发展中国家中除中国外,几乎每个国家的基础设施都非常差,尤其是高铁,是增长的瓶颈,不管是拉丁美洲、东亚、南亚、东南亚,还是非洲。目前,中国高铁"走出去"市场主要分布于俄罗斯、沙特阿拉伯、美国、波兰、摩洛哥和土耳其。

基于道路联通的角度而言,马来西亚、泰国和印度是有较大潜力的互联互通市场。基于高铁修建的角度而言,投资大、收益期长、人口稠密则是未来有较大增长空间的市场。基于目前的经济发展情况而言,可预测在10年间,"一带一路"沿线国家的出口总量会占据世界总出口量的1/3,成为新的第三极。但是因为沿线国家与中国相比人均生产总值不高,发展的落差较大,存在着广阔的市场,具有发展潜力。当然,"一带一路"也包括非洲,非洲亦是"一带一路"倡议下中国高铁海外建设的主要目标与重要市场。

中国高铁"走出去"市场布局,不仅要考虑投资效益,而且还要综合考虑正外部性(高柏,2014)。以"一带一路"互联互通的战略价值为基础,中国高铁"走出去"线路基本涵盖了大部分人口密集程度低、经济发展水平低的国家和地区，例如中巴、孟中印缅、中蒙俄新亚欧大陆桥等线路都涵盖了经济发展水平低的国家及地区。由于这些国家的经济发展水平低，建设高铁的资金不足、高铁预期运营的经济回报低等问题亟待解决。中国高铁"走出去"战略的主旨意义在于推动我国贸易线路从海运到陆运的转型，加强国际的产能合作，以转变世界经济贸易的现状与格局，该战略的规划布局意义十分深远。所以，我国不但要从经济层面上规划好中国高铁"走出去"项目的具体实施方针和规划，以争取更好的财务目标，而且要从"一带一路"倡议的整体构思和打造人类命运共同体、价值共同体以及利益共同体的战略高地，规划好高铁在国家进行外交、经济发展、国防与军事、文化等多个领域的溢出效应。

"一带一路"倡议显然得到了沿线国家的积极认同与响应，经贸频繁往来无疑是最好的印证。但不断加深的经贸合作对贸易便利化与道路畅通的要求也越来越高。高铁项目作为互联互通的"先行官"的属性，给当地的高铁建设企业带来了巨大的市场机会。不仅如此，全球视野下的中国高铁向东有亚太经济圈，向西则有欧洲经济圈，是世界上最长、最具影响力的经济走廊，这个战略的市场规模巨大、发展潜力大。不同国家间的贸易、投资等多个领域的合作潜力十分巨大。

"一带一路"倡议下高铁通道覆盖了多个国家，将亚洲、欧洲的南部以及非洲的东部修建为一个连接全球视野的高铁，这个高铁网络涵盖了60多个国家，区域内的总人口数超40亿，区域经济总量超过了20万亿美元。从比较优势的角度分析，该沿线的国家多是处于不同的社会和经济发展阶段的发展中国家，这些发展中国家的优势各异、发展潜力不同，在多个领域的经济、技术合作的空间巨大，如农业、能源产业、纺织业、化工业、交通业、金融和科技领域、信息通信领域的发展潜力大。"一带一路"倡议下的高铁沿线的国家和地区，尤其是发展中国家，它们渴望借助"一带一路"倡议的东风，凭借建设高铁来改善当地的基础设施条件，以此实现沿线各国的繁荣和富庶。

中国高铁"走出去"是在"一带一路"倡议下的道路联通的推行，显然具有高度公共物品的性质，对政治、经济、社会、文化有深远影响，它不再是单一用途的产品或服务，因此不适合以债务利息与运营收益来评估高铁，中国高铁"走出去"为沿线国家带来的综合正外部性远远超过其投资价值本身。因此，中国高铁"走出去"市场容量潜力巨大。

4.4 中国高铁"走出去"空间区域分析

中国高铁"走出去"战略方向包括：西向欧洲并行两线到达巴黎，东向绕过大洋抵达美国，北面横贯莫斯科、柏林、伦敦，南面经达泰国延伸到新加坡（徐飞，2015）。简言之，横跨俄罗斯到达欧洲的欧亚高铁、通过中亚直抵德国的中亚高铁、连接东南亚国家进入新加坡的泛亚铁路，组成了中国高铁"走出去"空间区域（见表4-4）。

表4-4 高铁"走出去"主要战略通道

战略方向	规划线路通道	博弈国
欧亚方向	从中国东北满洲里出发，途经（远东的）哈巴罗夫斯克，进入莫斯科后分成两支，一支进入哈萨克斯坦，另一支进入基辅，经过华沙、柏林、巴黎，最终到达伦敦	俄罗斯
中亚方向	从中国乌鲁木齐出发，横贯哈萨克斯坦、乌兹别克斯坦、土库曼斯坦，经过伊朗之后进入土耳其等国家，最后到达德国	美国、俄罗斯
泛亚方向	从中国昆明出发，依次途经缅甸、老挝、泰国、越南、柬埔寨、马来西亚，最后抵达新加坡	美国

资料来源：笔者整理。

4.4.1 欧亚高铁

欧亚高铁从中国东北满洲里出发，途经远东的哈巴罗夫斯克，进入莫斯科后分成两支，一支进入哈萨克斯坦，另一支进入基辅，经过华沙、柏林、巴黎，最终到达伦敦。欧亚高铁横跨俄罗斯、东欧、西欧，极大地促进了亚欧市场的融合。目前，在欧亚高铁方向上，中俄已就铺设横跨西伯利亚的高铁路线达成一致，国内部分正在向边境线推进。欧亚高铁的战略举措能否顺利执行的关键点在于能否通过俄罗斯进入欧洲，由此俄罗斯成为连接欧亚经济体亟待突破的瓶颈。按照目前的发展态势，俄罗斯的担忧及矛盾主要在于三方面：

4.4.1.1 国家战略利益诉求

中国发起的"一带一路"倡议所主导的道路联通,在互联互通的国际标准与俄罗斯境内高铁标准存在差异,同时俄罗斯版本的欧亚高铁在欧亚方向的具体线路也存在差异,直接导致俄罗斯版本的"一带一路"倡议设想落空,使其原本计划通过欧亚高铁实现苏联加盟共和国的经济贸易联盟主张无法实现。

4.4.1.2 俄罗斯内部的矛盾

建设横跨俄罗斯的欧亚高铁,至今仍在磋商之中。欧亚高铁让俄罗斯满怀戒心的根本原因在于俄罗斯内部政治的干扰。俄罗斯认为,中国修建欧亚高铁的主要原因还是为了中国制造更好地进入欧洲市场。当中国低成本的产品通过欧亚高铁运送到俄欧市场时,就会严重损害俄罗斯的经济利益。除此之外,俄罗斯还担心欧亚高铁一旦打通,就会导致大量移民涌入俄罗斯。尽管如此,俄罗斯对中国的高铁技术持有不可否认的积极态度。

4.4.1.3 欧俄和解的机遇与挑战

尽管欧俄关系和谐是欧洲稳定的基础,然而一直以来,欧盟和俄罗斯的关系极为紧张。北约对待俄罗斯的态度一直是"Keep Russia out"(赶出俄罗斯)。同时,由于欧盟和俄罗斯受到环太平洋地理位置的影响,双方之间的经贸合作大大受限。"一带一路"倡议下高铁"走出去"为实现欧亚大陆一体化提供了基础,超越古代丝绸之路,充分考虑俄罗斯的战略利益。"一带一路"倡议特别注重将俄罗斯的远东大开发项目等包容进来,取道莫斯科,与欧亚经济联盟、独联体集体安全组织、上海合作组织等地区架构兼容,目的在于将联盟、独联体等集体安全组织吸纳进俄罗斯。邻居是无法选择的,将欧亚经济联盟与欧盟对接是化解乌克兰危机,求得欧洲长治久安的明智之举。因此,欧盟和俄罗斯的关系有望将因欧亚高铁一体化全部盘活,如此一来,俄罗斯将成为直接受益者。

4.4.2 中亚高铁

中亚高铁是从中国乌鲁木齐出发,横贯哈萨克斯坦,再从乌兹别克斯坦延伸到土库曼斯坦,经过伊朗之后进入土耳其等国家,最后到达德国。中亚高铁国内部分正在向边境线推进,国外部分还在磋商与谈判中。"一带一路"倡议下高铁"走出去"中亚线的瓶颈集中在中美之间的博弈以及中俄之间的博弈。

4.4.2.1 中国与美国在伊朗的博弈

(1)美国重返亚太战略,迫使其转移原本布局于中东的战略资源。美国重返亚太不仅仅是在经济上对亚太进行部署,更需要在武力上进行配合。受战略资源有限的限制,美国无暇同时顾及中东及亚太。在这种情况下,美国就不得不从中东将部分战略资源迁移到亚太地区,以期保障亚太战略的顺利重返。然而,美国只有解决伊朗核问题和巴以冲突,才能够迁移中东的战略资源。不然,中东一旦发生冲突,美国就会面临两头不能兼顾的情况。

(2) 中巴铁路一旦打通,势必就要进入伊朗境内,然后经过土耳其抵达欧洲。中巴铁路进入伊朗境内,伊朗周围的邻国都希望过境伊朗的铁路,在这种情况下,伊朗将成为"一带一路"倡议下中亚方向的最大受惠国。到那时,美国如果还没有解决伊朗核问题,想要再制裁伊朗就只能想想而已了。对此,美国十分清楚,如果中国将高铁修到伊朗境内时,美国还没有完成在伊朗对冲中国的布局,那时再想在中东对冲中国为时已晚。因此,美国必须先下手为强,解决伊朗核问题,抢在中国前面在伊朗进行布局,才能获取在中东的最大利益。

然而,由于地缘政治的因素,美国通过和谈解决伊朗核问题,必然引起以色列和沙特阿拉伯的不满。以色列和沙特阿拉伯认为美国背信弃义,直接导致以色列对待巴以问题时忽略美国的存在,以及沙特阿拉伯对待石油问题时忽略美国的利益。

4.4.2.2 中国与俄罗斯在中亚的博弈

"一带一路"倡议下中国高铁"走出去",通过中亚地区打开国际市场的新通道,驱动亚欧大陆经济整合,并带动我国西部大开发与产业转型升级,塑造和平稳定的中亚环境以及寻求战略性资源供给的多元化,是中国"一带一路"倡议的根本思路与主旨内容,既有利于能源安全的供给,也有利于反恐布置的需要。

然而,中国在中亚的布局却妨碍了俄罗斯的战略构想,中国通过中亚向西开辟新市场受到了来自俄罗斯的阻碍。尽管苏联已经解体,但是俄罗斯一直以来没有忘记在原苏联范围内重构新的欧亚经济一体化战略,并试图推动"俄白哈"关税同盟等次区域经济合作组织的整合,从而带动其与中亚经济一体化的进程。但是,俄罗斯试图倡议的"欧亚联盟"面临严重的外部挑战。"欧亚联盟"所主导的亚太能源市场的开拓与非资源类经济体系战略构想的重建,都需要中国在市场上进行稳定而巨大的支持,且在资金和技术上也给予有力的帮助。故此,俄罗斯版本的"欧亚联盟"为中国通过上合组织以及利用和搭建其他次区域经济合作组织扩大在中亚的影响力以及中俄合作共同推动亚欧大陆经济整合提供了契机。

4.4.3 泛亚高铁

泛亚高铁是从中国昆明出发，依次途经缅甸、老挝、泰国、越南、柬埔寨、马来西亚，最后抵达新加坡。中国在东南亚的线路有三个选择：东线是越南，中线是老挝、泰国，西线是缅甸一直到新加坡。目前，泛亚高铁仍然在磋商之中，但其战略意义极为重要。只要打通泛亚高铁，中国就可以摆脱马六甲海峡的威胁。

建设泛亚高铁的规划提出至今已有 10 年，但至今仍在谈判中，主要原因是直接面临美国重返亚太的挑战。美国政府自奥巴马执政以来，为了应对中国的崛起，尤其是为了遏制中国在亚太地区对东亚、东南亚国家发挥的经济影响力，白宫通过启动重返亚太战略，不仅在军事上将 60% 的海军力量部署到亚太地区，而且在经济上组建跨太平洋伙伴关系协定（TPP），企图以此将中国在亚太地区的经济影响力削弱甚至排除在外。不言而喻，美国一手主导的 TPP 战略主旨就是为了对冲中国的区域全面经济伙伴关系（RCEP）战略。

中国在亚太地区的经济部署，源于 20 世纪 90 年代的 "10 + 1"（东盟 10 国 + 中国）的经济合作组织，历经 "10 + 3"（东盟 + 中日韩）经济合作组织，现已发展为 "10 + 6"（东盟 + 中日韩，以及澳大利亚、新西兰和印度）经济合作组织。在美国尚未在亚太推行 TPP 战略时，东亚、东南亚国家在处理与中国的关系时，在权衡地缘政治与地缘经济的利益时，不得不考虑地缘经济带来的好处而弱化地缘政治矛盾，从而有利于中国推行 RCEP（区域全面经济伙伴关系协定，即 "10 + 6"）。结果，由于有了美国 TPP 的搅动，东亚、东南亚国家就会伺机而动，借助美国重返亚太的战略，增加与中国谈判的筹码，为获取更大的经济利益，使中国面临地缘经济与地缘政治的双重压力与挑战，从而导致中国的 RCEP 的推行受阻，影响泛亚高铁的谈判与进程。

尽管特朗普执政以来，一改奥巴马政治主张而退出 TPP，但 TPP 发展与走势不论美国退出与否，都会继续向前发展。2018 年 3 月 8 日，TPP11 国代表在智利圣地亚哥签署的《跨太平洋伙伴全面进展协定》明确表示推动 TPP 在 2019 年生效，而且还将就协定生效后的 TPP 扩容谈判达成一致。耐人寻味的是，除泰国、韩国、印度尼西亚的国家均对加入该11国TPP协议表示出兴趣,不在该亚太区域之内的英国也表示出加入的意愿。

从对冲战略来看,在日本的倡议下,TPP现已更名为"全面与进步跨太平洋伙伴关系协定"(CPTPP),成员国包括日本、澳大利亚、加拿大、文莱、马来西亚、智利、墨西哥、秘鲁、新西兰、越南和新加坡。目前,RCEP现已进行了22轮对话与谈判,谈判节奏不断加快。RCEP若能达成,将有力推进区域内成员的相互开放,激发市场潜力,促进区域经济一体化,以实际行动反对贸易保护主义。TPP和RCEP都在谈判中提到,如果RCEP能先比TPP达成协定,中国就会在东南亚占据主动;如果亚太地区是在RCEP的主导之下而不是TPP,中国就拥有了话语权。因此,中国若能在亚太地区顺利推行RCEP,泛亚高铁的谈判与推进将会更加顺利。

4.5 中国高铁"走出去"道路联通分析

AH(Asian Highway)公路网最早由日本于1959年提出,其后经过各国的谈判及联合国亚洲及太平洋经济社会委员会(ESCAP)的协调,在2003年政府间会议上通过《亚洲公路政府间协定》,2005年生效。AH的目标是在32个亚洲国家间建立更紧密的公路联系。《亚洲公路政府间协定》附件一覆盖32个成员国,包括55条路线和155条跨境公路,线路总长14万公里。亚洲公路网AH1线、AH2线、AH4线、AH5线、AH14线涉及丝绸之路经济带干线通道,地区线中的AH41线、AH60线、AH61线、AH65线等线路联通区域重要中心城市。

ESCAP于20世纪60年代倡议泛亚铁路网(TAR),构想建立一个联通欧亚的铁路网,该网络涉及28个成员国,覆盖4个次区域(东南亚、北亚、东北亚、高加索地区、中亚、伊朗和土耳其、南亚)。2006年促使成员国签署了《泛亚铁路网路政府间协定》,2009年协定正式生效,目前已经有15个成员国签署该协议。ESCAP研究提出了三大通道系统,分别为北部通道体系、南部通道体系以及南北通道体系,其中北部通道体系和南部通道体系与丝绸之路密切相关。

北部通道:北部通道西起德国柏林,经波兰、白俄罗斯明斯克、俄罗斯莫斯科至叶卡捷琳堡,继续向东分为南北两支,分别沿西伯利亚大铁路的北线和沿新亚欧大桥的南线。南线经哈萨克斯坦阿斯塔纳、阿克斗卡后进入中国境内,经乌鲁木齐、兰州、西安、郑州,并延伸至连云港。

南部通道:南部通道主通道西起土耳其伊斯坦布尔,经伊朗德黑兰、巴基斯坦拉合尔、印度新德里、孟加拉国达卡、缅甸曼德勒,终点至中国昆明,或继续向南至缅甸仰光。

跨境运输通道:跨境运输通道是经济社会联系(人流、物流、信息流)转化而成的设施密集、方向一致的轴形物质空间廊道。基于历史源流和现实基础,综合通道的大能力,人流、物流、信息流协同特征决定了铁路主通道是构想综合通道空间走向的核心依据。根据国际组织及区域(次区域)经济体对丝绸之路经济带内基础设施综合通道的研究,结合丝绸之路经济带空间分布格局,分两大区域提出通道布局构想,构建六大通道,其中北丝绸之路的核心通道包括新亚欧大陆桥、中国—中亚—西亚—欧盟、中蒙俄通道,南丝绸之路的核心包括中巴通道、孟中印缅通道、中国—中南半岛等。

4.6 中国高铁"走出去"市场部署

4.6.1 市场布局思路

4.6.1.1 市场布局的原则

"一带一路"倡议下中国高铁"走出去"战略主旨是打通亚欧大陆桥的中线和南线。中国高铁"走出去",在中亚方向贯通欧亚大陆桥的中线,在西亚方向及南亚方向连接欧亚大陆桥的南线。欧亚大陆桥的中线和南线,在战略上实现了对冲,连贯哈萨克斯坦和俄罗斯的北线,通过中国高铁"走出去"配合陆权战略对冲海权战略。一方面,通过对冲战略化解俄罗斯在欧亚大陆经济整合中的敌对态势。欧亚大陆桥中线和南线的打通,不仅使俄罗斯失去对冲中国的地缘政治资本,而且会推动俄罗斯基于地缘经济的考量成为欧亚大陆经济整合的推动者。另一方面,对冲战略构建的地缘经济将化解东亚、东南亚国家在泛亚方向经济整合中的敌对态势。欧亚大陆经济整合，不仅可以推动东亚及东南亚国家失去中国的地缘政治资本，而且会推动东亚、东南亚国家基于地缘经济的考量而加速与中国的经济整合。倘若中国将战略资源迁移到欧亚大陆，东亚及东南亚国家将失去地缘经济的利益。因此，欧亚大陆桥中线和南线的打通，不仅在南线消除了俄罗斯的戒心，而且在中线增加了中亚国家与中国合作的愿望，更为重要的是成功化解了美国重返亚太制衡中国的压力。

4.6.1.2 市场布局的步骤

"一带一路"倡议下中国高铁"走出去"市场布局步骤为：一是南向通道快速打通；二是西向通道渐次打通，适时考虑参与中俄加美铁建设等。在南向道路联通方向，布局西南通道，对接非洲大陆，加快泛亚铁路建设，推进中巴铁路进展并积极参与非洲铁路修建。在西向道路联通方向，布局西向通道，横跨欧亚大陆；途经中亚方向和欧亚方向到达欧洲。西向战略有利于欧亚大陆通道的修建与打通，作为国家战略的核心组成部分，对于欧亚大陆经济融合与发展以及中国西部大开发都极为重要（徐飞，2015）。

4.6.2 市场进入方式

4.6.2.1 欧美市场

欧美市场由于竞争力一般，在壁垒较高的地区，可以通过兼并重组、战略联盟等多种灵活方式，获得技术、品牌、销售渠道或资质条件，有效规避贸易、技术等壁垒，以点带面渐渐深入，由产品走向市场，争取用"硬实力"（hard power）突破欧洲和北美市场，同时加大对重点项目的跟踪，如美国加州高铁项目。

4.6.2.2 澳洲市场

澳洲市场因为竞争实力较强，壁垒适中，较适合采取在当地建设生产及研发中心，中外合资或属地化策略，渐次打开市场，依靠金融与合并等方式走进去，充分发挥整体优势，强化统一品牌，统筹贸易出口，以"软实力"（soft power）巩固澳洲市场。重点关注西澳MRL信号系统项目、Sperry探伤车项目等。

4.6.2.3 东南亚市场

东南亚由于竞争实力强，壁垒较低，成为本地化企业，完全融入当地的文化社会和经济环境，以国际大企业、高端品牌的方式，充分发挥全产业链价值优势。积极开展海外业务本地化经营，建立经济安全稳定的境外产品制造、供应商基地，用"巧实力"（smart power）进入东南亚市场，不断提升项目总承包能力，培育其向集技术研究、项目总包与制造服务于一体化的集成方向迈进，逐步成为轨道交通全面解决方案供应商。重点跟踪马新高铁、印度尼西亚高铁、泰国廊开快速铁路、中老高铁等项目。

4.6.2.4 潜力市场

非洲、南亚、拉美、俄罗斯及独联体等，因为竞争实力强，政治壁垒较高，而且它们是中国高铁装备出口的潜力市场，不仅需要了解当地的政治态势与经济发展情况，更应研究当地的政策法规等经商环境。对于成熟度较高的项目而言，应配合国家的地缘政治和外交战略，加强资源投入，通过兼并重组、战略合作、外包等方式，满足客户的不同需求，用"锐实力"（discriminate power）突破各种壁垒，培育这些极具深度和广度的潜力市场。重点关注印度KOCHI屏蔽门和ICF152套电气系统等投标项目、印度加尔各答地铁、ICF40套牵引系统、俄罗斯捣固车、南非TFC公司无线信号系统LCMS等项目。除上述四类市场外，对于竞争实力较强、安全壁垒较高的地区，如中亚、西亚，应长期跟踪做好储备，审慎进入。

4.7 总结与展望

欧亚大陆上内部交通联通性比较差，虽然东侧中国的东部和中部，以及西侧的欧洲拥有较高密度的交通网络，但在大陆内部、南亚以及东南亚地区因其极为贫弱的道路基础设施条件，在一定程度上影响了"一带一路"沿线国家的贸易便利性，其进一步发展受到严重制约。以中国为例，向西开放的通道，目前只有从霍尔果斯或阿拉山口出境的欧亚大陆桥通道，以及向北绕行俄罗斯西伯利亚铁路通往欧洲的中蒙俄通道。

第一，中国高铁"走出去"的"有限市场"潜力巨大。"一带一路"倡议下的高铁"走出去"，给当地的基础设施建设企业带来了庞大的市场机会。与此同时，推动欧亚大陆内部的互联互通不仅仅是"一带一路"建设的重要目标，也是亚洲开发银行、ESCAP、欧洲复兴开发银行等国际组织和机构着力推动的工作，具有广泛的基础和良好的利益契合点。

　　第二，中国高铁"走出去"市场推进要兼顾战略主旨、战略布局及市场进入方式。"一带一路"建设在跨境运输通道上的愿景主要是六大经济走廊所涉及的交通运输通道。率先打通南向通道，渐次打通西南通道。通过高铁"走出去"打造陆权战略，以陆权为掩护建设海权，从而推动欧亚大陆经济整合，通过陆权地缘经济化解中国海权地缘政治压力，为中国建立一个全球战略的对冲态势。

5 中国高铁"走出去"的运作模式分析

5.1 全球高铁行业发展概况分析

随着高速铁路在全球的不断延伸,高速铁路技术也在不断发展,逐渐形成了以日本(新干线)、法国(TGV)、德国(ICE)三个高铁技术原创国为代表的铁路技术。中国在逐步发展中,成功研制出属于本国的高铁列车国产芯片,目前在技术层面可与日、法、德三国比肩。目前,具有高铁建设能力的国家主要有中国、法国、德国及日本等技术领先国,以及英国、俄罗斯、芬兰、乌兹别克斯坦和美国。世界高铁建设总里程已超过3.7万公里。其中,中国高铁以运营27684公里、在建10026公里的高铁里程数,居世界首位。全球高铁建设里程及载客人数与日俱增,全球高铁载客量为20亿人次,其中中国12亿人次,日本3.5亿人次,法国1.3亿人次,其他3.2亿人次。

5.1.1 全球高速铁路发展阶段及特征

5.1.1.1 发展阶段
全球高速铁路的发展历程可以划分为三个阶段,形成三次建设高潮(见图5-1)。

(1) 高速铁路建设的第一次高潮如表5-1所示。
(2) 高速铁路建设的第二次高潮如表5-2所示。
(3) 高速铁路建设的第三次高潮如表5-3所示。

5 中国高铁"走出去"的运作模式分析

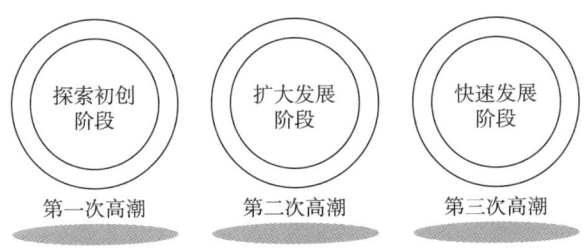

图 5-1 全球高速铁路发展阶段简图

表 5-1 全球高铁建设第一次高潮

第一次建设高潮	
时间	1964 年至 20 世纪 80 年代末期
主要国家	日本、法国、意大利、德国
标志性线路	1. 日本：东海道、山阳、东北和上越新干线 2. 德国：汉诺威—维尔茨堡高速新线
主要成就	1. 高速线里程达 3198 公里 2. 日本建成了遍布全国的新干线网的主体结构

表 5-2 全球高铁建设第二次高潮

第二次建设高潮	
时间	20 世纪 80 年代末至 90 年代中期
主要国家	法国、德国、西班牙、瑞典、英国等
标志性线路	1. 瑞典：1991 年瑞典开通了 2000 摆式列车 2. 西班牙：1992 年建成了 471 公里长的马德里—塞维利亚高速铁路 3. 1994 年，英国—法国英吉利海峡隧道开创了第一条高速铁路国际连接线 4. 1997 年，欧洲之星连接了法国、比利时、荷兰与德国
主要成就	日本、法国、德国以及意大利在技术发展的基础上对原有铁路进行新建及扩建，对未来铁路建设有了较为详尽的规划

表 5-3 全球高铁建设第三次高潮

第三次建设高潮	
时间	20 世纪 90 年代中期至今
主要地区	亚洲、北美洲、大洋洲以及整个欧洲
主要国家	俄罗斯、韩国、中国、澳大利亚、英国、荷兰等
主要成就	形成了世界交通运输业的一场革命性升级转型

5.1.1.2 发展特征

（1）连接人口密集的大城市。世界各国高速铁路的发展都是以稠密人口城市为建设基点，便于地域之间人口的流通与往来。例如韩国的KTX（首尔至釜山京釜高速线）、中国大陆的北京至上海（京沪高速铁路）、德国的ICE（科隆—法兰克福高速铁路）、西班牙的AVE（马德里—塞维利亚高速铁路）。连接人口稠密的大城市。一方面，密集的人口保证后期运营客流量的稳定，促进地区之间人员的商业贸易等，盘活经济发展，拉动和溢出效益明显；另一方面，容易促进经济圈的形成，会极大地辐射带动周边地区的发展，旅游业、餐饮业等服务产业的集聚会产生极大的规模经济效益，从而吸引更多的人员向该地或周边地区集聚，高铁的建设资金更容易回笼。与此同时，利用大城市之间既有线路，能够大幅减少工程量，降本增效。

（2）顾客对象以商务旅客为主。高铁最初建设运营的主要服务对象是商务旅客，旅游游客是第二主要客户。商务旅客因自身工作需要，乘坐高铁的频次、时长比普通旅客要高，具有周期性、长效性、高频次的特点，且自身具有一定的经济实力。高铁的舒适度、便捷程度与高速度使得高铁足以与飞机抗衡。

5.1.2 全球高铁的发展模式分析

高铁建设运营系统不仅方便了我们的出行方式，在一个国家的战略考量上也是占有相当大的分量。各国在建设管理体制和运营管理体制以及二者的结合方面形成了不同的发展轨迹，就建设机构与运营主体的关系方面各国的处理方式有所不同（朱军，2014）。

5.1.2.1 建设模式

全球高铁都有基于自身国情的建设模式，较为典型的代表有日本、法国及德国。

（1）日本：新建与客车相互独立。1958年底，日本批准建设东海道新干线高速铁路，为保证更快的运行速度及更大的旅客承受度，该铁路线经调查会研究宣布，将采用国际上先进的铁路技术，以保证城市格局完整性，同时降低成本。日本建设客运专线，并与其他线路相对独立。新干线上运行的高速列车，昼间运营、夜间养护，行车时间安排紧凑。因此，旅客换乘设施成为乘坐高铁是否便利的关键，受到极大重视（周君等，2013）。

(2) 法国：新建与既有线路接轨。1970年，法国开始高速铁路的研究，并提议在巴黎与里昂之间修建专用于客运与既有线路接轨的铁路。1990年，新建高速铁路达到746.4公里，起到了逐渐完善铁路网的作用。法国高铁新建与既有线路接轨，并对原有线路进行提速改造的模式，达到了降本增效的效果，对法国骨干线路的搭建及原铁路网的延伸起到了极大的推动作用（周君等，2013）。

(3) 德国：改良为主，客货混线。德国高速铁路采取两种建设模式：新建与改造（朱军，2014）。德国新建的高铁采取客货混线模式，昼间运行客车，夜间运行货车。德式建设模式在保证一定运行速度的基础上，降低施工量，节省人力、物力、财力，有效提升线路运营能力，使资源得到最大限度的利用。

(4) 中国：新建客运为主。中国国情决定了中国铁路在较长时间内难以满足人民日益增长的客货运输需求。根据国家批准的《中长期铁路网规划（2008年调整）》，要以新建客运专线、城际客运系统为主。到2020年，要在提速扩规模的同时，突出客运专线、区际干线和煤运系统的建设，提高路网质量，扩大运输能力，形成功能完善、点线协调的客货运输网络（周君等，2013）。

5.1.2.2 运营模式

目前，世界上已有多个国家开展高铁建设及运营，各国体制的差异衍生出诸多建设及管理运营模式。目前，高速铁路建设和运营模式主要分为工程建设指挥部、建设与运营合一、建设与运营分离三种模式。

工程建设指挥部模式需要三个主体：工程建设与管理主体、试运营管理主体、最终进行运营管理主体。该模式以铁路部门组建的工程建设指挥部为主体建设单位，后交由临时成立的管理运营机构试运营，最后由管辖区内的相关铁路局接手运营。

"建运合一"模式是一个系统两个主体：铁路建设主体及运营主体。从属于一个系统的两个部门，建设及运营分别由两个主体开展实施，更具有明确性与完整性。

"建运分离"模式是从属于不同系统的两个主体。前期建设与后期运营各自分离，前期工程建设法人负责铁路项目的筹备与建设工作，后期运营管理部门负责铁路的运维工作，各司其职。

5.1.3 主要国家高铁技术发展分析

5.1.3.1 日本高铁特点分析

（1）动力分散的运行方式。日本新干线通过采用给每节车厢车轮安装驱动系统的方式，实现列车动力分散。这种运行方式使列车行驶更具有稳定性，也降低了噪声和振动，提升了乘坐的舒适性①。

（2）与传统线路分离。新干线与传统铁路线完全分离（除了小型新干线与传统铁路线）。因此，新干线不会受到当地较慢的列车或货运列车的影响（北海道新干线通过西馆隧道时除外），而且有能力准时运行许多高速列车。这些线路是在没有十字路口的情况下修建的，它使用隧道、高架桥通过障碍而不是从周围绕行。

（3）自动列车控制（ATC）系统。新干线采用ATC系统，无须轨道测信号，它采用了一套完整的列车自动保护系统。中央交通控制管理所有列车运行，所有与列车运行、轨道、车站和时间表有关的任务都是联网的，并由计算机控制。

（4）轨道全面采用立体交叉。为保证新干线列车运行的安全性，新干线平交道数量为零（迷你新干线除外），新干线与一般线路均采用立体交叉设计，完全隔断汽车、行人与不相干人士的进入。

5.1.3.2 德国高铁特点分析

（1）舒适度高。德国ICE高铁舒适度极高，车厢宽度相比当时最先进的IC车厢增加了约20厘米，从而成为德国联邦铁路有史以来投入服务最宽的铁路客车。另外，座位间距也提高了约8厘米，二等车厢（横排座椅）的座位间距为1025毫米。座位靠背则可以调节达40度。其他的舒适性特点还包括一个特别宽敞的乘降区、宽敞的过道、自动开启的内部门和通过按钮开启的乘降门。此外，还有间接通风的空调、衣帽间、储物柜和电话亭，所有座位都配备了八频道音频系统以及配备在两舱内部分地方的视频显示器，首创了纯粹的吸烟车厢和无烟车厢。

（2）摆式技术。采用摆式技术的ICE列车专门被设计用于那些不具备高速

---

① 资料来源：https://mp.weixin.qq.com/s/egs_f_qNaWep_g4OKc9QNw。

运输能力的线路。在某些有弯道的线路上，列车可以像摩托车手一样最高倾斜至8度，并允许以最高速度的30%快速通过。

(3) 无砟轨道比例增加。有砟轨道因列车高速运行等不可抗原因，会导致道砟粉化，需要长期维修，堆高成本。无砟轨道具有六大优点：利于养护、寿命周期长、对运输工具兼容度高、整体成本较低、性能稳定、列车运行稳定性强（朱军，2014）。

5.1.3.3 法国高铁特点分析

(1) 动力集中的运行方式。法国采用动力集中的运行方式主要从两个方面考虑：一方面，动力集中便于后期维修，同时利于降低噪声；另一方面，计算机网络技术的成熟度无法支撑动力分散式的发展（吴国栋等，2007）。

(2) 高速铁路线。法国高速铁路系统（TGV）为提高速度特别设计了法国高速铁路线（LGV）。相比传统的铁路线，LGV具有四个特点：线路不设急转弯、内置机车信号、使用高功率电动机和铰接车架、轮轴度不高。运行在LGV上的TGV列车可以获得与磁悬浮列车相同的速度，这使性价比较高的TGV彻底挤掉了造价高昂的磁悬浮列车①。

(3) 差异化刹车系统。TGV列车组的刹车系统在动力车采用电气刹车与踏面刹车系统，拖车则于车轴上设置刹车碟片并起压缩空气驱动之，使列车有着稳定性高、平缓的特点，TGV也以此而闻名。

(4) 铰链式。法国列车除两端动车与拖车之间的连接外，均采用铰链式连接各拖车。铰链式具有四个突出特点：整体性强、稳定性高、运行阻力小、破坏性小。首先，整体性强。铰链式可以有效避免列车脱节无序运行的危险，列车呈现柔软整体状态。其次，稳定性。车体之间的纵向油压减振器有效抑制了车体点头、摇头等振动。位于活动架与车体上部之间的横向油压减振器发挥了抗侧滚作用。再加上转向架上的各类减振器，列车整体运行的稳定性得到极大提高。再次，铰链式有助于降低车体高度，减小运行阻力及噪声。最后，铰链式由于较少轴数的采用，对线路的损坏度低（吴国栋等，2007）。

---

① 资料来源：中国经济网，http://intl.ce.cn/zhuanti/gt/ggzl/201007/16/t20100716_21623809.shtml。

5.2 全球主要地区高铁运营现状分析

5.2.1 中国高铁建设运营状况分析

5.2.1.1 中国高铁建设运营概况

中国高铁（HSR）是中国的客运专用铁路网络，设计速度为每小时250～350公里（155～217英里）。截至2018年12月，高铁在全国33个省级行政区中扩展至29个，总长度超过2.9万公里，约占全球商业运营高铁线路的2/3，是世界上最长的HSR网络，也是使用最广泛的。随着高速铁路网络的不断扩张，客运量也在不断增长。2017年的出行总量为17.13亿人次，累计出行总量达到70亿人次。因为票价保持稳定，乘坐高速铁路也变得相对经济。中国高铁目前已将外来技术内化吸收并形成自身技术优势及整车和系统输出能力，在全球高铁建设浪潮里独树一帜。中国的高速列车已经销往102个国家和地区。到2020年，中国高铁智能化水平和创新能力将达到世界领先水平，运营总里程不少于1.5万公里，动车组的保有量将达到3800组左右，其中时速最快的复兴号高铁将不少于900辆。上海官方平台发布消息称，中国复兴号自2018年4月10日起，由原来的7组扩容到15组，且在原票价的基础上实现了350公里时速运行，这意味着从北京到上海只需要4个多小时，中国将成为世界高铁商业运营时速最高的国家。中国京沪高铁建设总指挥、中国工程院院士表示，到2025年高铁运营总里程将超过3.8万公里，成为世界上高铁运营里程最长、科技最先进的国家。此外，令人惊喜的是，中国高铁在英国铁路模拟实验室跑出了677公里的最高时速，一举超过日本的新干线和法国的TGV高铁，再次问鼎世界第一宝座。这为实现"中国制造2025"向全球递出了一张闪亮的名片[①]。

中国高铁自2003年在世界各国高铁里程排名榜上占有一席之地后，便更加迅猛地发展，逐步成为全球高铁建设的头号强国。虽然中国的高铁运营周期并不

---

① 资料来源：https://mp.weixin.qq.com/s/eZ5YqrYLjssFo4ID6_fSsA。

长,但"高铁经济效应"已明显显现。"同城效应""一小时经济圈"等以大城市为中心的圈层经济的兴起,带动了周边地区经济的发展。在高铁规模快速扩张的时期,高铁的空间效应将进一步显现,也成为推动国家经济社会发展的强大引擎。具体体现在以下几方面:

一是通过提升铁路的运输能力,与就业市场实现无缝对接,以提高区域经济生产力和长期竞争力。在经济衰退时期,由于高铁建设创造就业机会,也推动了对建筑、钢铁和水泥行业的需求,短期刺激经济,其中京沪高铁共聘用了11万工人施工,解决了大量的就业问题,缓解了社会基层矛盾,一定程度上推动了城乡的协调发展。由于中国国情导致人流、物流在较长一段时间内处于紧张态势,高铁既有线路的开通,虽然不能从源头解决问题,但在相当程度上释放了运能,拉大了货运能力,有效推动全社会运转,降低成本。

二是促进跨城市经济一体化及城镇化进程。高铁的引入,使二线城市的市场潜力增加59%,楼价也比预期平均实际增长4.5%。"同城效应"在高铁开通之后凸显。区域资源共享、经济结构互补,有效推动区域合力发展;产业梯度转移加快,分工结构更加优化,围绕构建高铁沿线产业链条,形成比较优势,促进沿线地区的产业协调互补发展。例如,随着高速铁路的开通深入到长三角地区,以铁路沿线周边为带动带,实现了梯度分工及错位发展,相关产业逐步体系化、规范化,有效支撑并在很大程度上引导了各城市不同产业体系的发展。高铁在带动区域经济发展的同时,延展了中国人的生活圈及工作圈,生活方式及工作节奏随之发生了巨大的变化,住房与工作可以在不同的区域,新职业也随之出现。除了对年轻人生活的渗透,对于老年人异地养老问题也有了极大的改善,使一线城市的老人可以到二、三线城市,以更低的成本换取更为舒适的养老。特色小镇、绿色生态园区也随着高铁线路客流的增长逐步发展,成为城市居民追捧的热点,拉动旅游产业的发展。高铁的运营极大地促进了旅游业及其相关产业的发展,拉动了沿线城市旅游、餐饮、商贸等第三产业的发展。高铁大大缩短了旅途时间,在为出行带来便捷的同时,使城市群内以中心旅游城市为核心节点,以圈层结构形式向外辐射带动旅游经济的发展(李学伟等,2018)。

三是中国高铁建设成本远低于西方企业。公开资料显示,中国的高铁建设成本不超过其他国家的2/3。中国高铁每公里基础设施单位建设成本通常为1700万~2100万美元,而欧洲这一数字为2500万~3800万美元。2018年10月,英国政府主张修建一条2号高铁以完善当地铁路网，全长350公里，首期投资高达1040亿英镑，折合人民币约9000亿元。因此，目前就建设成本来看，中国高铁服务的成本远远低于其他发达国家的同类系统（见表5-4）。

表5-4 世界主要地区高铁服务成本对比

旅程	距离	价格	价格/公里	时间
北京—济南	419km	CNY185（USMYM30）	0.07	1h~22min
巴黎—里昂	428km	CNY240（USMYM39）	0.1	2h
马德里—西班牙瓦伦西亚	391km	33~58（USMYM41~72）	0.11~0.18	1h40min
东京—吉福岛	396km	CNY270（USMYM43）	0.11	1h56min

除去既有成就，目前中国在运营管理方面，已经掌握了复杂路网条件下的高铁运营调度技术，建立了适应大客流、高密度的客运服务系统，构建了高铁安全风险防控体系，为高铁安全运营提供了可靠技术保障（徐飞，2016）。

5.2.1.2 中国高铁运营的模式分析

中国铁路系统常年政企不分，基于国情，竞争机制将被引入高速铁路建设和运营管理中。目前，中国建设运营模式主要有三种，分别是"网运分离""网运合一""混合型"（周君等，2013）。

（1）"网运分离"模式。"网运分离"是将路网与货运分离开。路网建设具有垄断性，客货运营具有竞争性。在该模式下，路网建设由一家全国性的工程建设公司全部承担，实行严格管理。路网建成后引入相应的竞争机制，运营和管理由多家公司进行。

（2）"网运合一"模式。"网运合一"指路网建设与客货运营隶属于同一公司，公司对两者进行统一管理的模式。主体公司可组建分公司分别对区域的路网建设及客货运营进行一体化管理，以在扩大管理范围的同时保证质量。

（3）"混合型"模式。"混合型"模式指"网运分离"及"网运合一"因地制宜进行抉择。不同区域情况不一，适应的方式也不同。"混合型"充分考虑了区域的特殊性，是较为灵活的模式类型。

5.2.2 日本高铁建设运营状况分析

5.2.2.1 日本高铁建设运营概况

1964年10月1日，世界上第一条商业运营的高速铁路东海道新干线开通运营，连接了东京—新大阪。1987 年，日本铁路进行了民营化改革，形成"网运分离、区域分割"模式。国铁运输被切为两部分：6 家客运公司及 1 家货运公司。客运公司拥有线路权，货运需向客运租借线路使用。日本铁路的运营调度职能由各运营公司承担，未设有全国统一的调度平台。旅客列车涉及多个铁路公司线路运营问题，由相关公司统一协商确定运营路线。

公司制是日本传统的经营管理体制，沿用至 2015 年。沿线车站由不同公司负责商业开发事宜，总体管理呈现出明显的垂直一体化特征（宋丹丹，2015）。根据日本铁道发展经验，多个运营主体可以同时提供铁路运输服务，基础设施网路与运输服务是可分离状态。如遇突发紧急事故，各铁道公司可在国家相关法规的统一调配下，对人员及物资进行高效的配送。

5.2.2.2 日本高铁运营的模式分析

（1）多元化经营发展模式。人员密集的车站具有利用现有人员需求及挖掘潜在需求的巨大优势。车站的主要功能是输送旅客，围绕车站主体业务，创造相关需求；渗透铁路行业，向相关产业延伸，扩大收益半径及经营领域；发掘旅客的消费需求，挖掘消费能力，重点开发具有消费潜力的车站，充分利用人流价值，使效益达到最大化；转化车站功能，将人员转乘、换乘频次较高的通过型车站，逐步转变为人员密集型车站，尽可能在车站满足人员对出行必需品、餐饮、购物等各方面的需求，多元化经营。

（2）以车站为核心的城市商贸圈。日本的交通枢纽城市是打造商贸圈的关键。联合开发是日本研究学者极为重视的一种开发模式，联合开发模式使日本研究员甚至对站内的商业开发模式有专门针对性的研究，以期通过车站的商业化发展带动城市贸易圈的形成与发展。

5.2.3 法国高铁建设运营状况分析

法国高铁是由阿尔斯通公司与法国国家铁路公司（SNCF，法铁）设计建造，并由后者负责运营的高速铁路系统。

5.2.3.1 法国高铁运营模式分析

（1）网运分离。法铁成立于 1938 年，1983 年正式注册为法国国有工商企业，负责法国国有铁路的经营。法铁在全球 120 个国家有营业，员工超过 16 万人，拥有 3.2 万公里的铁路线，其中包括 1850 公里的高速铁路线、1.48 万公里的电气化铁路网络，每天约 1.4 万次列车在营运。1997 年，法国国家铁路实行了根本性的改组，采用了"网运分离"模式，成立了国家路网公司。目前，路网公司与法铁各司其职。路网公司拥有线路权，法铁需每年支付线路使用费；法铁承担路网维修养护工作，路网公司需向法铁支付养护维修费用。另外，法铁的收入来源较为广泛，除市场运营及商业收入外，还可收获公众服务补贴。

（2）"圈层"经营发展模式。TOD（Transit - Oriented Development）圈层发展理论是被广泛认可的一种可用于车站开发的理论。圈层发展理论以综合交通枢纽为圈层核心，具备多种功能，按照核心对外围的影响呈圈层布局（见图 5-2）。法国的里尔车站就是根据"圈层理论"来进行经营和开发的，各功能区相互黏合，相互补充，互为辅助，体现了车站生态圈层的属性，进而也打造了城市的商贸中心。

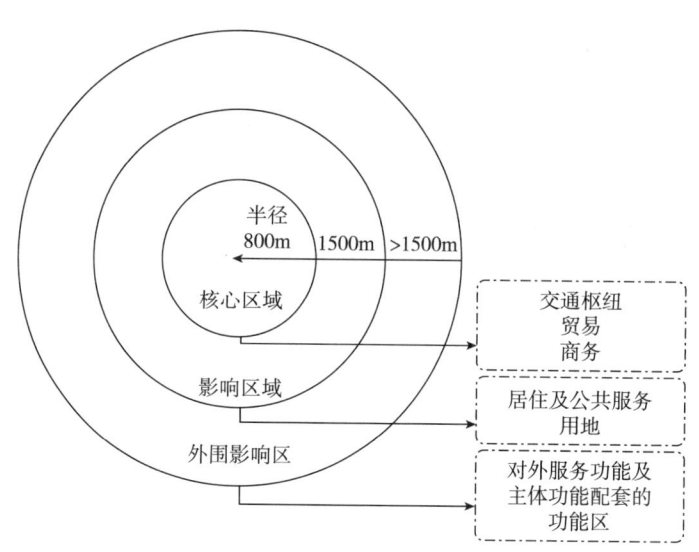

图 5-2　圈层功能

5.2.3.2　法国高铁运营存在的问题

（1）技术及成本价格过高。法国高铁仅用 10 年时间就抵偿了营建成本，成为法国高技术的象征之一。法国的高铁列车拥有量目前欧洲第一，并向外出口高铁技术。法国曾积极参与海外高铁招标项目，但成功率都不高，价格过高可能就是法国高铁出海的绊脚石。

(2) TGV 服务的站点设立过多。法国高铁网运营的另一个重要问题就是过多的 TGV 服务的站点。法国国家铁路公司目前在 230 个站点每周为高速铁路网络提供接近 5500 次运营服务。而由于常规铁路网络所覆盖的目的地范围大，大概 40% 的旅行时间是在常规网络。高速网络只运送了法国铁路 7% 的旅客，但占到了总周转量（人公里）的 61%。

5.2.4 德国高铁建设运营状况分析

德国 1991 年建成并开通了高速铁路，经营模式采取新建与既有铁路联网经营，客货混运，高中速混跑。1993 年德国铁路实施网运分离改革，成立了德国铁路股份有限公司（DBAG，简称德铁），开始市场化运营（梁晓红等，2014）。德国政府负责财政支持，基建公司负责新建、扩建、改造线路，并承担线路建成后期的运营及养护。德国铁路公司曾非常骄傲地宣称，德国高铁的运营里程相当于从地球到太阳往返了 3 次。目前运营的已是第三代 ICE3 列车，也是德国唯一能够应付 2002 年建成的科隆—莱茵/美因路段中最高坡度达 40 度的高速列车。德国基础设施股份公司、长途客运股份公司、地区客运股份公司和货运股份公司之间采用"财务分离"模式，独立运营、财务清算（郭大为，2004）。

5.3 中国高铁全产业链"走出去"方式分析

产业价值链条每个节点的利润并不相同，有的利润高，有的利润低甚至微利。产业价值链分析常用的方法是"微笑曲线"，如图 5-3 所示，产业链中的附加值更多体现在两端——设计和销售，处于中间环节的制造附加值最低。目前，中国承建海外高铁项目，大多是以工程总承包的模式，对接东道国战略和规划，主要是中国的建设和技术"走出去"。随着中国运营管理体系的逐渐成熟、标准体系的日益完善，制造设备不断实现重大突破，中国高铁在国际上的影响越来越大，因此不能再拘泥于单一方式的"走出去"，要逐步向设计引领、技术带动、施工建设、装备制造、运营维护的全产业链输出转变，在"一带一路"倡议和基础设施互联互通的大背景下，打破中国企业在海外投资建设的传统方式，实现声誉和盈利的双向提升，对满足条件的铁路项目实现以设计为龙头的全产业链工程承包（贺正楚，2018）。

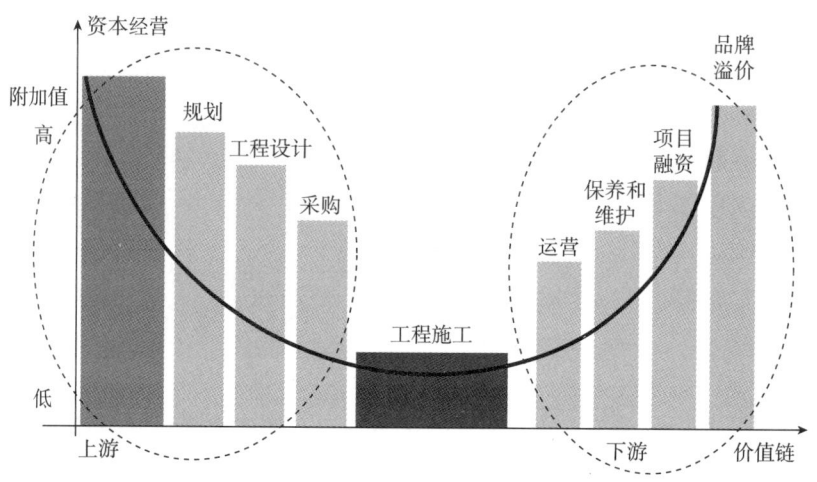

图5-3 中国建筑施工企业的"微笑曲线"

5.3.1 项目"走出去"方式分析

5.3.1.1 投融资来源分析

高铁建设投融资是指各类投融资主体向高铁建设领域投入资产、融入资金，以期将经济效益与社会效益兼获的行为过程。其有两个含义：一是社会各界金融机构为获取预期收益而将资金投入高铁设施建设中，将现有货币资本通过特定方式转化为有形或无形资本；二是高铁承建企业内部建造过程中，为弥补高铁资金空缺现状，借助一定金融工具、手段，实现资金盘活、融通的过程。两者内外呼应，缺一不可，保证高铁施工项目的顺利开展。高铁整体建造过程的资金充足是保证高铁项目按期完成、运营流畅的根本。以中国高铁海外项目为例，高铁资金来源主要由以下四部分构成：

（1）政策性金融机构。中国进出口银行作为政策性金融载体，以国家政策为导向，从最高层面以提供优质性福利贷款政策为海外投资项目提供资金支持，主要以"两优"贷款、出口买方信贷、出口卖方信贷、互惠合作贷款等形式进行贷款发放。比如蒙内铁路,该铁路投资由三部分组成,肯尼亚政府通过铁路发展基金提供10%的融资,向中国进出口银行借贷90%。中国进出口银行作为中国政策性金融机构,对于基础设施走出国门的项目十分关注和支持。基础设施建设具有社会性和营利性双重特点,获利能力持续性久,潜力巨大,因信用评级高、战略性强而受到各类政府及非政府金融机构的青睐。肯尼亚蒙内铁路作为中国继坦赞铁路后的又一"援非"计划,中方尽可能给予其更多优惠贷款和政策扶持。

(2) 开发性金融机构支持。以国家开发银行为代表,提供商业投融资,成为中国对外投融资的主力银行。

(3) 非政府性金融机构支持。当今社会充斥着各类信托公司、证券公司、保险公司,这些机构通过相应的途径和方式为企业直接或者间接提供部分资金,或以融资形式提供服务。

(4) 海外投资风险机构。以中国出口信用保险公司为代表,以正当机构维护海外企业项目合法权益,保证各项业务不受国际贸易保护主义影响,承担融资风险。本着"政府主导、多元化投资、市场化运作"的铁路投融资体制思路,我们应鼓励非政府性金融机构加入到国家基础设施建设的高端项目体系中,缓解政府资金压力,实现投融资主体多元化,促进政企合作常态化、合规化发展。

调查可知,中国政府对于"一带一路"倡议下基础设施、能源开采合作等战略的支持力度远高于其他发展中国家,政策性、开发性银行、金融机构层出不穷,只为提供一个强大后盾供出口企业施展拳脚,但国内投融资承担风险较大,得不到长短期经济效益的预测结果,金融机构自然不会继续进行优惠性政策支持,这也是中国签订海外项目时重点考察的。

5.3.1.2 融资渠道分析

(1) 股权融资。一是公开市场发售。高铁海外项目经中国铁路总公司批准,拿到融资许可,将高铁进行股份制改造,便可与其他待融资企业一同挂牌交易市场,等待融资者提供相应资金。但高铁项目与其他企业不同的是,高铁作为国家重点基础设施出口项目,凭借政策优势会吸引众多投资人,即便高铁具有施工周期长、投资回报慢等缺点,政策性导向的效益远高于市场涨幅波动。二是私募市场发售。对于高铁行业来说,在中国政府优惠性政策贷款和目标国筹集贷款的剩余部分,私募是一种较为灵活的融资渠道,不仅可以以民间非政府渠道踏进新高端产业,更可以兼顾社会性与效益性,满足社会需求,追求正式运营后资本增值最大化。

(2)债券融资。发行铁路建设债券进行融资是直接融资的另外一种形式。长期债券作为被认证的铁路建设最佳融资方式之一,这种模式在国外铁路企业当中广泛施行,通常占长期负债的80%以上,而在国内市场项目的债券占比才不到20%。因此,国内高铁相关企业发行债券融资的发展空间巨大。债券融资对项目和企业均无实际控制权,中国高铁承建企业可利用债券融资所得资金回购公司股票,不仅增加承建方实际控制权,更能以高效率、低成本、低风险赢得负责公司一致认可,为公司降低风险,综合运用融资工具,保证高铁项目在海外的实际操控性不断增强,真正做到"政府推动、企业主导、市场运行、社会支持"。

5.3.1.3 投融资模式分析

(1)资本证券化(ABS)模式。资本证券化是指各种有价证券在资本总量中不断扩大和增强的过程。该模式的优点包括:一是风险有限性。ABS融资方式最大的特点是将原始权益人的自身及企业风险与该融资手段进行隔断。在高铁出口项目中,中国部分企业海外项目多为与目标国企业合作承建,而中方通过政策性扶持、汇率浮动等手段争取项目中标权,ABS融资模式能够将政府职能和优惠政策抽离出来,凭借市场化经济手段进行融资,避免承建企业的风险连带性,既保证高铁项目可用资金充足、分散相关风险,又能维持原始权益企业的正常发展。二是便于国家控制。与PPP模式不同的是,ABS融资模式并不需要政府让渡部分特许经营权,只是将海外高铁项目的预期收益进行结构化重组,形成具有商业价值的证券形式后在国际流通市场上出售给相应投资者。

(2)PPP+EPC模式。EPC总承包商通过承包商投融资的方式介入项目,承包方既是社会投资人,又是EPC总承包商。该方式丰富了投资主体,实现融资多元化。以前海外高铁项目的投标过程十分复杂,最难解决的部分便是资金链,全盘依赖政府"双优"政策、海外项目补贴等相关协定,使政府面临巨大压力的同时提高了海外项目的风险程度和国内通货膨胀的危机。进入私营企业的资金,不仅能够缓解资金链紧张的问题,更能向更多民营企业释放政府扶持产业的信号,让更多嗅觉灵敏的民间营利性机构抓住市场主动脉,寻求企业新的经济刺激增长点,拓宽企业发展路径,将国内市场转向国外市场,向高端产业链进军。

(3)F(Finance)+EPC/I+EPC。在EPC的基础上,需要为业主提供项目融资，根据融资的顺序，可以分为项目过程前融资（FEPC）和过程中融资（EPCF）。大规模对海外进行投资建设，尤其是对于"一带一路"周边的国家以及其他第三世界的国家，这些国家的资金实力通常不强，存在巨大的融资需求，因此F+EPC模式必然是未来国际工程发展的一个极为重要的方向。

（4）BOT模式。BOT模式更偏向于向私人企业融资，是一种主要的项目融资方式，具有有限追索权的特性。在高铁BOT项目中，政府虽然通过特许协议将建设和经营特许权交给项目公司，但是高铁的最终归属权依旧属于政府，项目公司需在特许期满后将项目无偿转交政府。缺乏高铁建设技术或资金的意向国，可以以特许权方式将项目转交中国企业，中国通过"高铁换资源"等方式推动中国高铁"走出去"，进而实现中国高铁"走出去"（倪瑶，2010）。BOT模式曾是中国高铁"走出去"最常见的与国外合作的方式。例如，2011年，中国铁路工程总公司与缅甸铁道运输部签署缅甸皎漂—昆明铁路的项目，由中方承担大部分资金筹措工作，同时拥有年高铁运营权。由于BOT模式在铁路后期运营过程中项目风险难以控制，政府形势不稳定又加高了风险系数，加之项目工程位于海外，不便于长期的运营检测，导致前期的投入与后期的资金回流远不成正比。因此，中国目前海外高铁建设项目较少采用BOT模式。

5.3.1.4 建设模式分析

工程建设总承包模式（见图5-4）按照过程内容主要可分为以下五种：

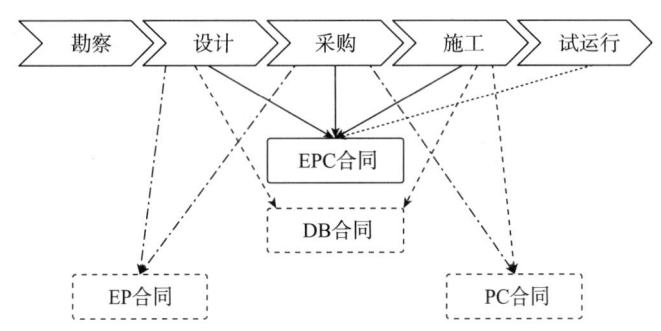

图5-4 工程总承包模式

资料来源：https://www.zhihu.com/question/20126530/answer/27261881。

（1）EPC模式。EPC模式又称交钥匙工程总承包。设计、采购、施工及试运行工作由总承包的工程企业依合同进行,并全面负责所承包工程的安全、质量、费用及工程进度。EPC 模式中涵盖的设计不仅包括具体的设计工作,还可能包括整个项目工程的内容总策划、组织实施管理策划及具体的工作。中国承建的几大海外高铁建设项目,比如安伊高铁、迪阿高铁都是采用的这种模式。蒙内铁路是 EPC 模式应用的典型案例,基本上覆盖了 EPC 建设的全过程。这种交钥匙总承包模式适用于中东欧、美洲以及西亚的部分国家,有一定的资金储备能承担起后期的运营和维护工作。

(2) DB 模式。DB 模式是设计—施工总承包的简称,即工程建设的设计及施工是由项目工程总承包企业按照合约规定进行。工程的安全、进度、质量等相关方面,也一并由总承包企业承担。

(3) PC/EP 模式。PC/EP 模式是采购—施工总承包(P-C)和设计—采购总承包(E-P)等方式。施工总承包中也含有材料的采购,但其主要采购的是建筑材料,如钢筋、混凝土等;PC 模式下的采购指的是大型设备的采购,通常还包含设备的安装和试运行,与施工总承包的采购有实质性的区别。

(4) BOT+EPC 建设管理模式。BOT+EPC 建设管理模式是集投融资、设计、施工、采购、运营于一体的项目管理模式,是 BOT 和 EPC 两种模式相结合的产物。该模式对于项目建设拓宽融资渠道,缩短建设周期,综合控制质量、进度和费用等方面具有明显的促进作用。

(5) 企业与企业合作建设模式。企业与企业合作建设模式是指在政府指导下,由政府搭台,两国企业进行合作建设管理的建设模式。雅万高铁就是中国中铁、中国电建等企业与印尼企业合资建设运营的合作方式,中方占股 40%,印尼方占股 60%。在海外建设国越来越看中特许经营权的趋势下,这种政府搭台、两国企业对企业的纯商业合作模式更有利于实现双方共赢,在保证属地国股份与利益的情况下,更愿意将项目承建给中方。

5.3.1.5 运营模式分析

(1) TOT 运营模式。TOT 运营模式即移交—经营—移交。该模式是指政府对已建成的基础设施进行资产评估,根据评估价值以公开招商的方式向社会投资者出让特许经营权或资产,投资者在合同规定期限内拥有对该基础设施的运营、养护、获利等权利。在合同期满后,投资者需无偿将运营后的基础设施交还于政府(见图 5-5)。TOT 模式一般都涉及公共基础设施,基础设施项目属于资本密集型行业,项目具有投资额大、回收周期长、投资风险大的特点。中国承接海外高铁项目也具有这样的特点,即中国将较为成熟的运营管理模式用于海外项目,在当地已经建成的高铁项目中运用,当地政府移交部分资产,且授予项目公司特许经营权,使项目得以开始运作;在后期的运营维护中,由中国承担运维部分,其间中国公司可以将中国的运营管理模式及运营经验,通过日常的运营渗透及培训当地人员的方式进行传递;一定年限后,再将高铁完全交由当地政府继续经营。

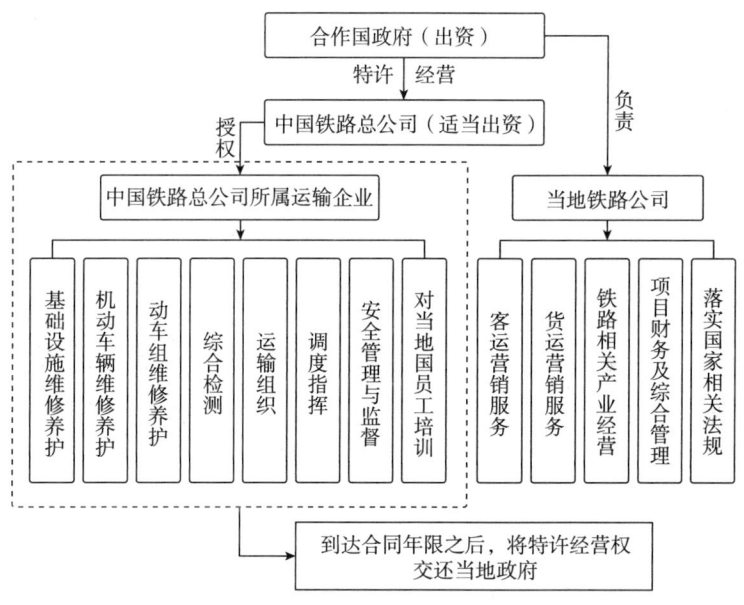

图 5-5 TOT 模式

(2) 受托承包运营模式。某些经济欠发达国家或地区,急需完善本国高铁网络,但缺乏必要的铁路技术与运营管理模式,不得不引进国外技术等。因此,受托承包运营模式是指该地区可委托具有高铁建设能力的国家进行建设及运营管理。

(3) 协议联合运营。协议联合运营是指具有一定经济实力及铁路建设需求的国家,在技术及运营管理方面缺乏一定的能力,在具有较为明确的近期及中长期发展规划的基础上,通过引进国外铁路技术及管理经验,协同当地铁路公司共同经营管理铁路的方式（孙群，2015）。

（4）EPC+O&M模式。EPC+O&M模式即在工程总承包的基础上糅合了O&M（Operation & Maintenance，运营维护）（见图5-6）。在合作国业主采用EPC模式完成铁路项目后，考虑到其国内缺乏相应的铁路运营管理人员和经验，通常需要由合作国铁路公司与中国铁路总公司或所属运营企业洽谈并签署单独的运营合同，采用委托承包运营方式，将客货运组织、调度指挥等委托中方进行，当地国铁路公司负责项目经营，包括客货运营、营销服务等。EPC+O&M模式应用的典型案例是沙特阿拉伯麦加轻轨项目，虽然后期业主方提出的新要求致使我方的总成本增加，但是我方还是成功承担了四年的运营维护工作。这种模式适用于经济发展非常落后的非洲地区、中亚某些国家等。

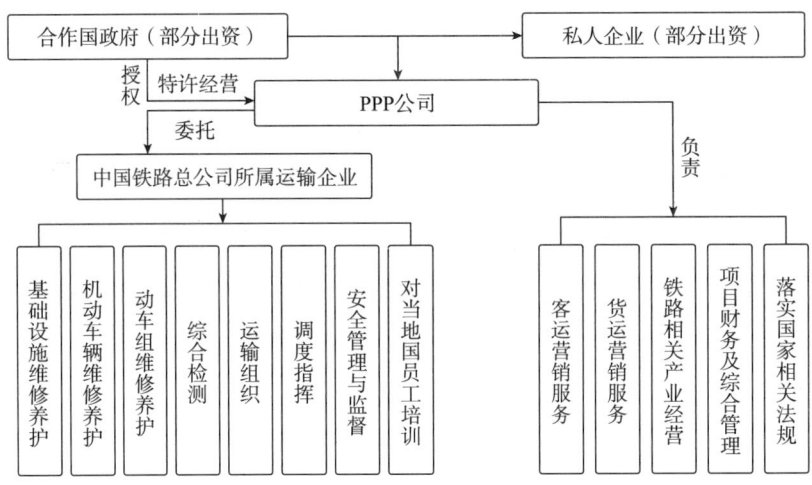

图5-6　EPC+O&M模式

5.3.1.6　融资、建设、运营"三商一体"

F+EPC+O，即融资+EPC+运营。承包商融资建设完毕后，还需要对整个工程负责运营。从项目建设前期融资开始介入，选择适当的融资方式进入目标建设国；以项目建设为核心，负责规划、勘测、设计、施工等，根据属地国不同的情况，采取不同的建设方式；运营是最后一环，通过采取适当的运营模式，拉动当地经济增长，加速不同区域之间人员、资源、资金的流动，带动周边地区经济的发展,维持高铁正常运营。F+EPC+O/M 就是将 F+EPC 及 EPC+O/M 两者做了整合,该模式适用于项目投资规模大、业主缺少建设资金、缺乏对项目的运营管理能力及很强的综合集成能力的大型基础设施项目。同时,该模式要求承包商要有很强的项目融资能力和运营管理能力,也需要及时培养和输送所需人才。承包商需要承担大部分风险,是一个巨大的挑战。F+EPC+O/M 的典型案例是非洲的亚吉铁路。我们在选择该模式匹配的地区时,可以参考世界经济论坛发布的《全球竞争力报告》,察看沿线国家的基础设施的竞争力指数,远低于平均水平的大部分中亚、南亚和部分东南亚国家都存在基础设施水平和资金水平的巨大缺口。

在国际市场,非洲及"一带一路"沿线国家是中国高铁"走出去"的主要市场。但非洲及"一带一路"沿线国家经济发展水平普遍落后,通常要求承建商提供项目融资。因此,中国高铁"带资""走出去",集融资、建设为一体,成为相对于竞争对手的比较优势。目前,承建国外高铁的常用模式有 BOT 和 BOOT。这两种方式的收入都取决于高铁项目建成后的收益,要实现短期赢利很困难,高铁运营和维护成本、客流量大小以及来自其他运输方式的竞争都可能影响赢利状况,拖累赢利进度。高铁运营从亏损到平衡再到赢利,通常需要较长时期。因此,中国适时加入自身的运营管理体系,可以尽快帮助属地国将高铁运营起来,有助于使高铁运营尽快走入正轨,实现资金的回流。

项目"走出去"是一个整体打包的形式,在投融资及运营模式日渐成熟的形势下,动态地组合(见图 5-7),选择投资与建设、建设与运营、投资与运营或者单个运营模块"走出去",都是可取的方式。

5.3.2 装备"走出去"分析

高铁设备输出是中国高铁输出过程中最直观的体现,随着中国高铁的不断发展,世界上大部分国家都希望得到中国高铁方面的支持。中国传统的高铁输出模式是单纯的货物贸易,即向国外出口高铁轨道交通装备,设备种类包括机车(电力机车、内燃机车)、动车组、各种配件等高铁产业的几乎所有产品。高铁设备输出拥有较多的成功经验。中国高速铁路及相关设备制造业的输出优势主要体现在成本低廉这一方面,据估计,中国每公里高速铁路造价约为 1.5 亿元,远小于其他高铁领先国家。例如,德国曼海姆—斯图加特高速铁路的造价约为每公里

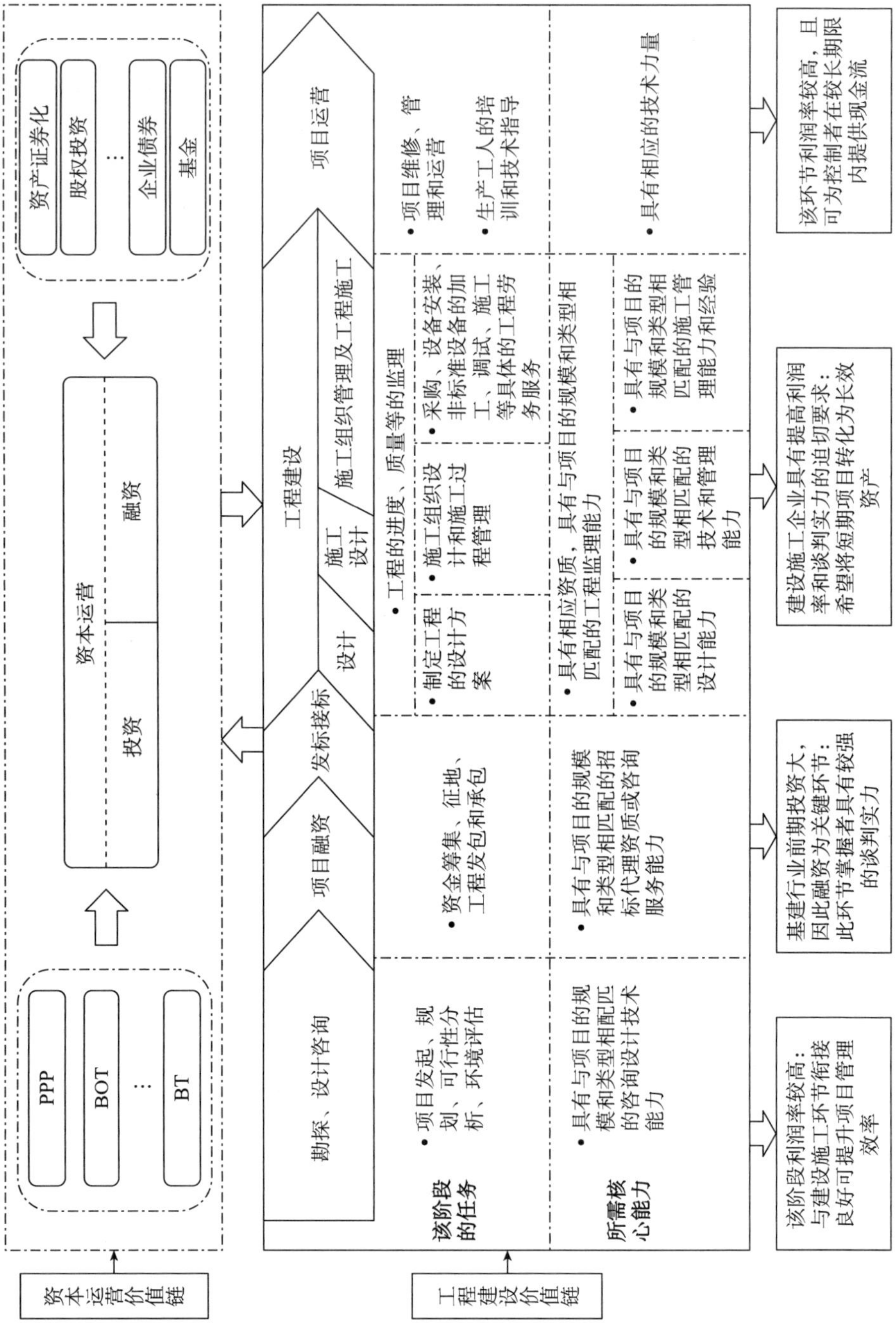

图 5-7 投资、建设、运营"三商一体"价值链

3亿元,是中国高铁造价的两倍多。低廉的建设成本为中国高铁的输出带来了较高的竞争优势,例如,在2010年越南国会否决了河内—胡志明市高铁建设方案采用日本新干线技术的提议,其主要原因就是无力承受高达560亿美元的巨额费用,而中国修建这条铁路的造价仅为日本预算的一半。

在世界上的一些国家,中国轨道交通装备已经获得了较大的市场份额,取得了可观的市场利润。以中亚国家土库曼斯坦为例,早在2012年中国企业出口的机车和客车就成功地承载了该国90%的客运量和70%的货运量,大量的输出设备为中国设备制造积累下了优秀的口碑。在其他国家,中国的设备出口也取得了优异的成绩,例如,在中亚国家乌兹别克斯坦,中国出口的机车和客车等设备成功运载了该国40%的客运量和30%的货运量;在南亚国家马来西亚的首都吉隆坡,中国出口的228辆动车组列车已经成为该城市中心城际线的运营主力,大大缩短了城际列车的发车时间间隔,提升了客运能力。中国高铁设备出口经验丰富,获得了海外国家的信任与支持。即使是在"7·23"甬温线特别重大铁路交通事故后中国面临前所未有的高铁产业国际舆论压力时,中国还是顺利地突破并成功打开了中国制造机车出口欧盟国家的大门。在全球化的大背景下,中国高铁设备的出口有着更加广阔的市场,仅中国南车企业的出口市场就达到了60多个国家,覆盖了亚洲、拉丁美洲、非洲、欧洲、北美洲、大洋洲等。但是截至目前,中国的高铁设备还没能完全实现动车组的成套设备出口,也没能将中国自主设计的CRTSⅢ型无砟轨道等线路工程建设方式成功有效地输出。如何进一步提升高铁设备输出能力,将中国成熟的高铁产业推向国外,向外国展示中国强大的高铁建设实力,是中国在高铁输出的过程中首先需要考虑的问题。

中国现阶段的高铁输出不应再仅仅局限于像劳务输出、初级产品或半成品等低端输出,而是应该争取更高层面的合作。高铁设备的输出不仅是中国发展的需要,同时也是让更多国家和地区尽快获得高铁优质服务的现实要求。一方面,高铁设备的输出可以加快中国制造业走向国际市场的步伐,推动中国制造业的发展。随着中国高铁产业逐步成熟,高铁设备的输出方式也发生了相应转变,不再仅是机车等设备的输出,而是高铁产业链的完整输出,是货物与服务的成功结合,是整条高速铁路的建设。另一方面,高铁设备更高层面的输出引领着中国高铁相关企业全产业链尽快"走出去",能够带动包括基础建设、机车生产、整套车辆以及相对应的配件等多个关联产业的发展,还能够为其他产业的发展提供可靠的基础保障。

中国高铁在不断开拓国际市场的过程中，通过资源整合、合理融资，为有需要的国家提供高铁工程设计咨询、施工建设、装备供应和运营维护等全方位的服务，并不断加强高铁领域的国际合作。设计咨询是高铁输出的前提条件，是中国高铁输出的指明灯，包括咨询、规划、勘察与测量以及设计。高铁建设之前与东道国做好设计咨询是必不可少的，在进行设备输出时应当关注设备的需求方向，通过提前咨询了解当地的风俗习惯与法律法规，与当地合作公司针对高铁输出的地理位置来考虑高铁在当地需要注意的事项，了解高铁地域性不同所造成的性能差异，更好地考虑设计高铁设备的抗寒、抗热、抗潮湿等性能。建设施工包括工程设备总承包、土建施工、机电安装、新材料以及节能等方面，涉及许多环节与技术。高铁走出国门，在建设施工方面一定要有所创新、有所进步。中国高铁在输出过程中通过与高铁技术领先国家交流经验或购买专利技术，提升中国建筑施工方面的技术，不仅可以加快高铁输出的步伐，而且以提升建筑施工作为目标，也可以推动中国其他技术的发展。高铁装备制造的输出有利于中国外贸出口现状的改善，中国之前的出口结构不尽合理，主要集中在低附加价值的产品中。但近些年来，高铁、核电等高端装备制造业凭借着其成本低廉、品质优良的优势成为了中国打开其他国家大门的新名片。高铁运营是中国高铁输出的另一环节，中国铁路系统之前一直处于高度集中、政企不分的管理体制下，这种管理体制既无法适应铁路运输市场化改革的需要，又与中国高速铁路输出的目标相背离。因此，在高铁输出的过程中应考虑实行网运分离的经营模式，将路网基础设施建设和运输经营独立开来，分别由负责高速铁路基础设施建设和维护的路网公司和负责列车运营管理、市场开发等旅客运输业务的客运公司进行承担。

目前，中国高铁设备产能已经能够满足中国本土的市场需求，国外高铁市场对中国高铁产业有着极大的吸引力，高铁产能的进一步释放尤其依赖于高铁设备的输出。以中国与俄罗斯合作建设的莫斯科—喀山高速铁路项目为例，铁路建设需要花费的金额在1.5万亿元左右，以高铁车辆设备采购占比16%~20%来进行分析，可知将有2400亿~3000亿元的资金被用于高铁车辆设备的购置，设备输出涉及的规模和资金数量庞大，能够有效实现中国高铁设备产能的海外转移和释放。高铁产业的高速发展，高铁输出涉及的巨大资金，必将带动一整条相关产业链条的发展，使中国的钢铁产业、机车企业、材料行业等加快发展，催生出完整的高铁产业链条。中国高速铁路设备输出应找准发展方向，从单纯高铁设备出口逐步提升到高铁产业链条的输出，促进中国高铁系统和标准的进一步出口。

5.3.2.1 中国铁路装备"走出去"必要性分析

轨道交通装备行业是国家确定的战略性新兴产业，党和国家领导人对其高度关注和重视，在多种场合向全球大力推介中国高铁技术和装备，轨道交通装备特别是高铁装备作为高铁的最主要组成部分，也越来越受到世界各国的青睐①。中国高铁开拓国际市场，不仅仅是高铁基建企业承建海外高铁基建工程，将高铁机车等装备推向国际市场也是中国高铁开拓国际市场的战略目标之一。

5.3.2.2 中国铁路装备"走出去"能力分析

中国中车是中国轨道交通装备行业的龙头企业，也是全球规模最大、品种最全、技术领先的轨道交通装备供应商，是世界轨道交通装备制造行业的领军企业，在经营规模、核心技术研发、产业化能力、生产制造工艺等方面处于国际领先地位。目前，公司主要的铁路装备业务包括机车业务、动车组和客车业务、货车业务、铁道工程机械业务。2015年，动车组产品首次进入欧洲市场；获得以色列120列轻轨车订单，实现以色列市场整车订单的突破。2016年，海外经营业绩成效显著，相继获得肯尼亚内燃机车、巴基斯坦货车、捷克动车组等订单②。2017年，印度尼西亚雅万高铁项目成为中国高铁标准"走出去"第一单③。在国际业务上取得突破性成绩外，铁路装备行业的毛利率也在逐年上涨（见表5-5）。

表5-5 2015~2017年中国中车铁路装备业务收入与成本分析

单位：千元人民币

年份	分业务	营业收入	营业成本	毛利率（%）	营业收入比上年增减（%）	营业成本比上年增减（%）	毛利率比上年增减
2015	铁路装备	130198537	99276097	23.8	2.99	3.84	减少0.6个百分点
2016	铁路装备	106896516	79811392	25.34	-17.90	-19.61	增加1.54个百分点
2017	铁路装备	108171762	80261961	25.80	1.19	0.56	增加0.46个百分点

---

① 《2015年中国中车年度财务报告》。
② 《2016年中国中车年度财务报告》。
③ 《2017年中国中车年度财务报告》。

除了逐年上升的毛利率与下降到基本稳定数值的营业成本，在其他方面中国中车也有能力推动铁路装备"走出去"（见图5-8）。

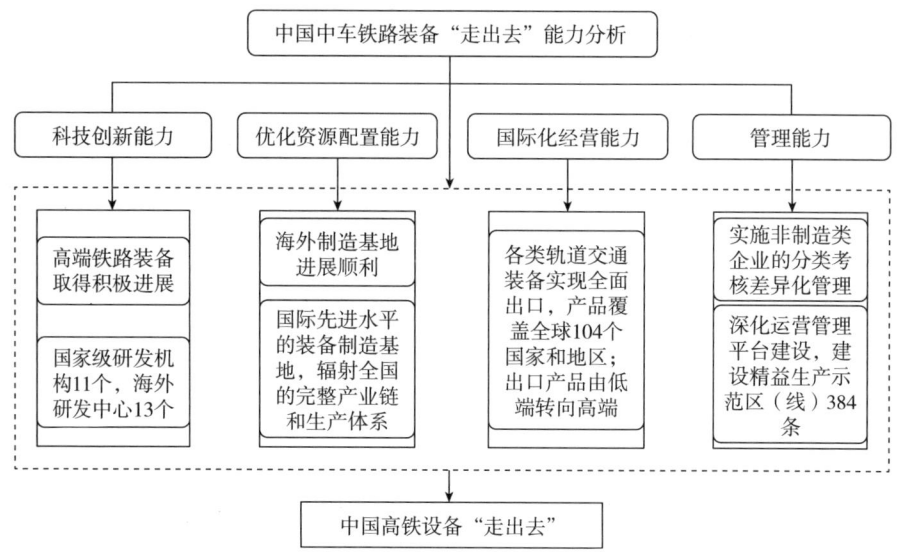

图 5-8　中国中车铁路装备"走出去"能力分析

5.3.2.3　中国铁路装备"走出去"模式分析

（1）"产品、资本、技术、服务、管理"组合模式。中国高铁在建设施工过程中覆盖基建、铺轨、车辆及后期维护的耗材设备等，中国装备"走出去"，要转变现有的出口方式，从产业链的角度出发。出口产品要突破单一套式，打"组合拳"。首先，产品要实现从中低端到高端的升级，突出产品的差异化特性，提升附加值。其次，出口市场要实现从亚非拉到欧美市场的飞跃，加速海外业务布局。例如，中国中车在北美、拉美正式设立区域公司，设立区域公司或中外合资企业的优势在于可以提高适应能力，降低异国经营交易成本，有针对性地开展项目合作；设在德国、英国、美国等发达国家的海外研发中心，可以利用海外研发资源，培养技术与管理人才，增强海外布局，实现中国铁路设备产品的不断更新与完善，赢得老牌高铁建设国的青睐；或者将工程分包给当地的公司，充分考虑当地经济利益的需求，实现双方利益最大化；实现产品出口到"服务、管理、资本"的出口。

(2)"海外制造基地+本地化"模式。"海外制造基地+本地化"模式有助于设备的推广、运输成本的降低以及对进口国个性化需求的满足。在海外建造制造基地,不仅对中国设备"走出去"具有极大的推动作用,更便于同周边国家协同,打造平台示范基地。中国在马来西亚建立的首个海外基地已经投入生产,已成为东盟地区经贸合作的亮点和"一带一路"倡议示范基地。与属地国的合作,能够在规划、设计和勘测的基础上,生产更契合施工策略的零部件等产品。目前,中国与美国合资成立的货车公司开始生产首批样车,北美市场本地化翻开新的一页。"以销定产",以本地及海外制造基地周边国家的订货合同进行设备生产的组织安排,同时可以满足客户的个性化定制需要。在安伊高铁的建设过程中,中土双方由于在设备采购上没有达成一致,导致后期为了避免违约,中方被迫改变原有施工策略,从德国等原材料生产国购进零部件。最后,安伊二期中土公司仅采用5%的中国设备,堆高了成本,拖慢了工程进度。"海外制造基地+本地化"模式一方面可以以产品展示、产量高、运输成本低、个性化定制为优势进行推广,另一方面可以便于借鉴学习他国设备制造技术,改进工艺等,提高中国铁路设备的普及度。

5.3.3 技术"走出去"分析

高速铁路系统不仅庞大而且相当复杂,每个系统模块都是多种高新技术的复杂集成。中国高速铁路技术通过坚持原始创新、集成创新、引进消化吸收再创新的方法模式,在较短时间内就形成了具有中国特色的高铁发展之路。目前,中国已经成为了世界上高铁规模最大、发展速度最快的国家(刘云,2016)。高铁产业涉及多个系统与方面,是一项高技术含量的产业,技术发展与升级是产业发展中至关重要的部分,技术水平的高低是影响中国高速铁路"走出去"的重要因素,技术自主性很大程度上影响着中国高铁产业输出的未来发展。中国高铁的技术先进性主要体现在列车运行速度快、工程建设环境多样和技术兼容性高等多个方面。

5.3.3.1 国际高铁技术

自1967年高速铁路领域公开第一项专利开始,国际上高速铁路技术的发展历程大致可以分为三个阶段。第一阶段开始于20世纪60年代中期。在这一时期日本建成了世界上第一条高速铁路——"东海道"新干线,拉开了世界范围内高铁建设的序幕。在此之后的 20 多年，国际高速铁路技术迎来了第一次发展高潮，日本、法国、德国和意大利等国家纷纷参与到高铁建设的浪潮中，成为高铁建设的先驱。在这一时期，日本上越、东北、北陆和九州新干线等陆续建成并顺利通车，法国第一条高速铁路巴黎—里昂线 TGV 成功完成，德国汉诺威—维尔茨堡、曼海姆—斯图加特段高速城际特快列车试运营，意大利也顺利建成了由罗马到佛罗伦萨线的高速铁路。以日本新干线为代表的第一批高铁的建成有效地促进了铁路沿线经济的发展，对房地产、工业机械、钢铁等相关产业发展起到了带动作用，铁路市场份额大幅度回升。在这一阶段，高铁技术方面的专利申请数量不断增加，在 1987 年达到了 70 件的专利申请数量峰值。第二个阶段是 20 世纪 90 年代中后期。世界高速铁路技术继续发展，日本高速铁路技术不断成熟，英国、法国、德国等欧洲发达国家也相继修建高速铁路，欧洲高铁网络逐渐形成并不断完善。如 1994 年世界上第一条高速铁路国际连接线英法海底隧道顺利建成，大大缩短了从欧洲往返英国的时间；1997 年从英国伦敦至法国巴黎的欧洲之星高速铁路建设成功，顺利地将英国、法国和比利时连接到一起。这一阶段的高速铁路的建设高潮，不仅促进了高铁相关企业效益的提高，同时也为建设国家环境、能源或交通问题带来了改善。这一阶段，日本、法国、德国等国家对高速铁路网进行了大规模扩建，高铁技术逐步完善。高铁技术有关专利数量不断增加，在 1997 年高铁相关专利数量达到了 179 件。第三发展阶段是 20 世纪 90 年代中后期到现在，这一时期高铁的快速发展使世界交通运输行业产生了一场革命性的转折，高铁技术发展更为快速和普遍，越来越多的国家投入大量的精力到高铁技术的发展中，世界上高铁技术专利以多于 50 件/年的速度持续快速增加。

5.3.3.2 中国高铁技术

中国的高铁技术便起步于第三阶段，国外高铁技术发展 40 多年后，中国才于 2003 年正式建成运营了国内首条高铁——秦沈客运专线，之后进入高速铁路技术迅猛发展的时代。虽然起步较晚，但中国高铁技术发展迅速，仅用了 6 年左右的时间便走完了其他高铁发达国家大约 30 年的发展之路，研制并形成了具有完整自主知识产权的高速铁路技术体系（卢春房，2015）。目前，中国已成功研制出了属于本国的高铁列车国产芯片，并研发了中国标准动车组，这标志着中国高铁技术真正迈入自成一家的时代，主体上和日本、德国、法国三国在技术上实现了相对独立，拥有了真正独立自主的高铁技术。高铁技术种类多样，涉及范围广，主要包括动车组技术、高速列车技术、列车控制技术、工程建造技术等多个方面。

（1）动车组技术。中国高速列车技术大概可以分为三个发展阶段。第一阶段开始于2006年左右，此时中国动车组技术发展刚刚起步，这一时期的动车组主要是通过大规模引进日本、法国、德国等国的高速动车组技术，进行消化吸收再创新后生产出来的，主要包括青岛四方庞巴迪（BST）公司的CRH1系列、四方股份的CRH2系列、唐车公司的CRH3系列和长客股份的CRH5系列等。这一时期生产的动车组的知识产权主要是外方技术，通过技术引进，中国与高铁强国进行合资生产。这一时期动车组的最高时速为250km/h。消化吸收引进的外国技术后，结合中国的铁路运营特点，中国的动车组技术进入了第二阶段，这一时期的动车组编号都以CRH380开头，主要包括四方股份研制的CRH380A（L）系列、唐车公司研制的CRH380（L/G）系列、长客股份研制的CRH380CL系列和青岛四方庞巴迪（BST）公司的CRH380D系列。这一时期中国的动车组技术主要靠自主研发，列车组最高时速可达350km/h。目前，中国已经进入了高铁动车组技术的第三阶段——中国标准动车组阶段。此时，中国动车组是由中国铁路总公司主导，中国铁道科学研究院进行牵头，中国中车旗下相关企业负责制造，北京交通大学和中国科学院等高校科研单位给予技术支持，按运营需求制定中国标准，自主正向研发的具有完全知识产权的标准化动车组，主要包括CR400AF、CR400BF系列。目前，中国正在研发中或即将进入运营的动车组系列技术更加趋于完善，包括了具有高寒防风沙功能的CRH2H动车组、功能更加智能化的高速列车组和永磁传动的高速列车动车组等，中国高铁动车组技术不断向更高端迈进。

（2）高速列车技术。高速列车是机车车辆现代化的有效载体，高速列车技术是高速铁路核心技术之一，目前中国在高速列车核心技术方面已经取得了令人瞩目的成绩。例如，中国是第一个实现了高铁实验速度达每小时600公里的国家，复兴号的通车标志着中国突破了时速380公里的技术限制，有效克服了列车高速行驶带来的安全隐患，是高速列车技术在基础理论和生产技艺方面的创新。

在系统集成方面，一列动车组大约由8000个零部件组合而成，这些零部件涉及电子、计算机、网络、通信、非金属等多个方面，目前中国已经完全掌握了系统集成技术，在中国高速铁路第六次大提速的动车组中全部使用了国产化生产。在牵引技术方面，中国采用的交流传统技术是目前世界上较为先进的列车核心技术之一。牵引供电系统是列车组的动力来源，能够为列车组上的其他系统进行供电，是高速铁路安全运行必不可少的支撑系统，中国牵引力技术发展较为成熟，高铁运行时速可达 605 公里，攻克了高时速下的供电等多个技术难题。目前，中国动车组列车交流传动的功率可以达到 8800 千瓦，并且采用了世界上最先进的电流 IPG 技术。在制动技术方面，中国高速列车目前采用的制动技术是再生制动技术，通过把列车制动过程中的动能转化为电能进行储存或通过电网送走，大幅度降低了机械损耗，还具有能源再生循环使用的环保优点。目前，中国以时速 200 公里行驶的高速列车进行制动时距离不超过 2 公里，小于大多数国家的高铁制动距离，达到了世界先进水平。在车体技术方面，列车运行的过程中，开始时每牵引一吨的重量会造成 12 千瓦的消耗，之后随着列车的提速消耗不断增加，达到时速 300 公里时就会变为 16 千瓦，消耗的增加会导致很多问题的产生，因此列车轻量化是每个高铁国家都着重考虑的问题。中国成功地掌握了动车轻量化技术，生产出来的动车组车体重量约为传统客车的 1/2，通过利用流线型设计有效地减小了列车运行过程中受到的阻力，带来了运行速度的提升，更好地节省了能源。在专项化技术方面，专项化要求动车组在时速 200 公里或 250 公里运行的时候，要具有较好的稳定技术和平稳性，还要有比较好的曲线通过能力，中国转向架技术最高时速可以达到 350 公里，达到了世界先进水平。目前，中国动车组的国产化率大于 3/4，动车组核心技术的不断突破与发展赋予了中国高速列车速度快、客运量大、安全环保的优点，为中国高铁输出提供了技术方面的支撑与保障。

（3）列车控制技术。高速列车控制技术是中国高铁技术的核心之一，高速列车控制系统是整个高铁系统的中枢部分，具有技术含量高、系统复杂、掌握难度大等特点。列车控制系统是保证列车安全、快速运行的系统，其主要作用是完成列车的间隔和速度控制。在中国高铁技术刚刚起步的时候，中国铁路通信信号公司就开始研发具有中国完全自主知识产权的 CTCS-3 级列控系统，该系统的成功研发是中国高铁列控技术发展中的一大突破。目前，中国列车控制系统 CTCS 包括地面设备和车载设备两个方面，按功能可以划分为 CTCS-0、CTCS-1、CTCS-2、CTCS-3、CTCS-4 五级，有效提升了中国列控装备的国际竞争力和信息安全等级，实现了安全可靠、技术先进、自主可控的目标。列车控制系统的关键是通信技术，中国铁路的通信系统具有其特殊性，是专门的通信系统，经历了从有线到有线与无线结合的过程，目前采用的是先进的 GSM-R 无线通信。在列车控制网络系统技术方面，中国采用两级网络的技术对高速列车上的所有机器设备进行监督与控制。世界上设计里程最长、设计运行时速最高的京沪高速铁路的成功应用，表明中国高速列车控制技术已经达到了国际前沿水平。中国基于通信的 CBTC 列车自动控制系统，是一种有效集合了先进的通信技术、计算机技术、监测列车运行技术和连续控制技术的信号系统，可以完成列车与地面设备双向通信，提高线路通过能力并缩短行车间隔。之前中国并没有成熟的自主城市轨道交通 CBTC 信号系统，2009 年中车通号公司开始进行自主研发，并通过不断创新，克服了 CBTC 技术复杂性、可靠性和安全性极高且研发难度极大等难题，在 2016 年成功研制出整套 CBTC 信号系统。目前，中国 CBTC 列车通信自动控制系统已经成功适应了不同种类、车速、运量下的高速列车，大大减少了列车通过区间的电缆铺设数量和列车维护工作，有效节省了高铁建设过程中的一次性投资，降低了中国高铁建设成本。

（4）工程建设技术。在工程建设技术方面，中国高速铁路在桥梁建造、隧道设计、特殊岩土地基处理和路基沉降控制及轨道技术等多个方面都取得了较高成就。中国国土面积大，地形复杂多样，气候差异较大，自然环境的现存问题迫使中国在高速铁路的建设过程中针对不同地形和气候不断地进行研究与探索。在高速铁路的工程建设过程中，中国从开始的线路选择到客运站的建设，从不同土质的地基处理到隧道桥梁的建设等多个方面都积累了丰富的经验，在气候适应、地形处理、地基路基建造工程技术等方面不断完善。在中国已经开通运营的高铁中，除了平原地区的高铁建设，如京沪高铁、京津高铁等，还攻克了不少地形气候方面的难题。例如建设在地形陡峭艰险地区的石太高铁，全长 225 公里，具有多桥梁、多隧道、长隧道的突出特点。石太高铁全线中有一半以上的线路是以隧道形式建造的，其中建造在河南省内的太行山隧道全长 27.8 公里，是目前中国建成通车最长的铁路山岭隧道。建设在高寒地区的哈齐高铁，是中国首条建在最寒冷地区的高速铁路，部分线路最低温度甚至会达到零下 40 摄氏度。建设在风沙地区的兰新高铁，每年将近 3/4 的时间沿线风力会达到 8 级以上，新疆段要途经四大风区，部分区段最大时速达可 60 米/秒，相当于十七级风。建设在沿海地区的厦深高铁，沿途地质复杂多样，隧道下穿上跨水库和多条高速公路，还面对地下能源管道、人防工程等各种复杂地质条件，线路中的梁山隧道途经十几条规模大小不一的断层或软弱带，梅林隧道周围地质围岩复杂，下穿12处重大安全风险源，建设难度极大。在不同地形条件和气候下进行的高速铁路工程建设，使中国积累了应对软土、冻土等多种复杂地质条件和不同气候环境的建设维护经验，促进中国不断开发研究出新的工程建造技术。在轨道技术方面，中国采用了全线高架桥、无砟轨道、高速道和超常无缝钢轨等技术。高架桥技术又称以桥带路，能够更充分地进行空间利用，节约土地资源，例如武广高铁线路中高架桥比例达到了2/3，促进了土地资源的节约，同时也有效避免了与公路交叉情况的发生。无砟轨道是采用混凝土、沥青混合料等整体基础取代散粒碎石道床的轨道结构，是世界先进的轨道技术。这种轨道具有较高的稳定性，不容易受到气候变化的影响，列车行驶时受力均匀，行驶更为平稳。无砟轨道不需要耗费大量的人力频繁维护，能够有效地降低建设运营成本。中国高铁已经具备了工程建设技术输出的硬实力，在高速铁路输出过程中可以利用国内工程建设经验，及时对因不同地质条件、不同气候类型产生的工程建设难题进行处理，提高中国工程建设技术，更好地应对复杂多样的建造环境。

5.3.3.3 高速铁路技术专利

高速铁路技术发展水平还可以通过专利体现出来，目前中国高速铁路技术已经拥有了完全自主的知识产权，根据黄鲁成等学者的研究可知，中国高铁相关专利出现较晚，起始于2007年，但中国高铁技术发展速度极快，截至2012年，中国高铁领域技术专利数量占比已经达到了48%，超越了日本等高铁老牌国家（黄鲁成，2014）。但通过与其他高铁强国对比可知，中国还存在着核心专利数量较少的严峻问题。虽然中国高铁相关企业与研发机构很多，却没有高水平的竞争实力，在技术研发热点的核心领域涉及较少。研究发现，在高铁发展的前20年中涉及的高铁核心技术较多，其中美国核心专利数量最多，日本、法国和德国的核心专利被引次数较高，承载的核心技术具有较大的经济价值。中国由于起步较晚，在核心专利的申请与掌握方面还存在不足，在"一带一路"高铁输出过程中应该扬长避短，在充分利用中国高铁核心技术优势走向国际市场的过程中，尽可能地研发申请到自己的核心专利，构建出一套完整的高速铁路专利体系，占领高速铁路技术的制高点。

5.3.3.4 高铁技术实例

复兴号高铁是中国先进高铁技术的体现，时速可达350公里。复兴号构建了结构合理、水平先进的完整技术标准体系，涵盖动车组、高速列车、牵引制动等多个方面，达到了国际先进水平。复兴号高铁建设过程中主要采用了中国高铁标准，同时也涉及一些国外标准，具有较高的兼容性，中国具有完全自主知识产权。

其技术创新及成果主要体现在以下几个方面：一是列车采用了全新低阻力流线型头型和车体平顺化设计，阻力比既有 CRH380 系列降低 7.5% ~ 12.3%，350km/h 速度级人均百公里能耗下降 17% 左右，有效减少了持续运行能量消耗。在车体断面增加、空间增大的情况下，按时速 350 公里运行，列车运行阻力、人均百公里能耗和车内噪声明显下降，表现出了良好的节能环保性能。二是采用了先进的安全保障技术。增设了碰撞吸能装置，提高动车组被动防护能力。为适应中国地域广阔、环境复杂（-40℃ ~ +40℃）、长距离、高强度运行的需求，按最高等级（设计寿命 30 年或 1500 万公里）考核动车组主要结构部件，整车进行 60 万公里运用考核（欧洲一般为 40 万公里）。三是建立了智能化感知系统。采集各种车辆状态信息 1500 余项，全面监测列车运行状况，实时感知列车状态，包括安全性能、环境信息（如温度）等，并记录各部件运用工况，为全方位、多维度故障诊断、维修提供支持。列车出现异常时，可自动报警或预警，并能根据安全策略自动采取限速或停车措施。同时，车厢内还实现了 Wi - Fi 网络全覆盖，设置不间断的旅客用 220V 电源插座。

中国高铁技术从技术引进到消化吸收，再到科技输出，跨越非常迅速。目前，中国铁路总公司对高铁技术具有完全的自主知识产权。截至 2016 年，中国已获得 900 多项国际专利①。中国标准动车组整体设计及车体、转向架、牵引、制动、网络等关键技术都是自主研发。具有自主知识产权的核心技术，是企业的"命门"所在，也是中国技术"走出去"最有力的支撑。中国的技术走出国门有以下措施：

一是继续加大对高铁相关技术的研究。中国技术要走出国门，一方面要求以关键共性技术、前沿引领技术、现代工程技术、颠覆性技术创新为突破口，敢于走前人没走过的路，努力实现关键核心技术自主可控，把创新主动权、发展主动权牢牢掌握在自己手中。只有把关键领域核心技术掌握在自己手中，才能真正掌

---

① 资料来源：http://www.xinhuanet.com//science/2015-12/24/c_134946932.htm。

握竞争和发展的主动权,才能从根本上保障国家经济安全、国防安全和其他安全(周志亮,2018)。

二是在本土化过程中延伸中国技术生命线。中国技术是中国企业海外项目竞标的重要支撑,海外项目的施工同时能够使中国的高铁修建技术不断完善。中国高速铁路在国内的安全运行,已经向世界展现了高铁的安全性、平稳性,证明了中国高铁过硬的质量,但是海外国情社情千差万别,中国承建的海外高铁项目在施工时,需要将技术及标准进行本土化,需要适时的调整能力、创新能力与深厚的专业技术知识储备。比如施工建设的雅万高铁,路线中瓦利尼车站最难修建,50米高的膨胀土路堑边坡需要特殊地质处理;1号隧道全长约1.9公里,穿越雅加达闹市区,既有轻轨桥梁,又有高速公路及其互通桥梁匝道,施工场地狭窄,环境风险极高,它将是中国铁路大直径盾构隧道设计技术首次走出国门,具有示范意义①。在迪阿高铁建设过程中,中铁提出"设计八优化"的概念,适时调整技术观念,优化技术,反复实地考察,筛选最优技术,结合专家意见,降低施工风险,既省钱又省力。中国的技术只有本土化之后才更加具有生命力,更适应海外建设国国情,也更有利于中国技术变通性"走出去",而不是一味地生搬硬套。

三是注重企业与技术的整合度。中国与其他国家进行高铁合作时,要制定好中国高铁技术战略,注意整合好中国企业。目前中国高速铁路建造过程中,不同环节分属于不同企业负责管理,在项目建造过程中缺乏统筹管理,协调过程复杂。在高铁输出过程中,中国要加强国家企业合作,以企业为单位与输出国家当地企业进行交流。加强与高铁强国之间的技术交流与合作,扩宽中国高铁技术的研究广度,加深高铁技术的研究深度,提高中国高铁核心专利的研发数量,加强中国高铁技术的自主性与原创性。

四是加强中国高铁技术认可度,提高中国核心专利的数量。根据研究可知,中国高铁技术是在借鉴其他国家的经验基础上再度创新而来,尽管在一些技术方面有所提高,却仍受到来自国际上的争议。因而在高铁输出时,国际上最为关注的就是中国的技术创新。虽然中国高铁的性能已经处于世界领先水平,但是国际认可度却不高,国际上对中国高铁技术的产权问题还存在争议。在高铁输出过程中应注意与其他国家合作,在保护好自己的核心技术的同时,要不断开发新的高

---

① 资料来源:https://mp.weixin.qq.com/s/0hIciy7jN93_1pred8SV0Q。

铁技术,加强国际合作,推广中国高铁技术,提高中国高铁技术的影响力。虽然中国高铁技术已经跻身世界先进水平行列,但中国技术体系还不够健全,整体来看中国高铁核心技术水平不高,高铁核心技术专利较少,引进的核心专利在高铁输出过程中会存在知识产权约束的问题。因此,中国必须增强自主创新能力,加快实现引进技术自主化的进程,尽快找到可以替代的高铁核心技术,形成中国自己的标准,加大科技创新的资金和人力投入,提高中国核心专利的数量。

5.3.4 品牌"走出去"分析

国家品牌是体现国家核心竞争力的有力名片,是中国大国崛起的象征所在。习近平总书记关于品牌建设的重要论述,提出要实现"中国制造向中国创造转变、中国速度向中国质量转变、中国产品向中国品牌转变"的战略任务(周志亮,2018)①。中国高铁目前正朝着项目、装备、技术、标准等全产业链"走出去"迈进,正是塑造中国高铁品牌的重大机遇。高铁品牌有助于中国高铁除具有高铁建造技术等硬实力外,还形成自身软实力,塑造全面竞争优势,形成品牌效应和高信誉度。因此,中国高铁品牌如何"走出去"至关重要。

5.3.4.1 全面规划品牌建设

做好品牌规划建设,需要依靠市场需求,找准市场定位,分析品牌特色,创造品牌的核心竞争力。重点突出中国高铁品牌已经具备完全自主知识产权的标准体系,体现绿色环保、安全可靠、快速方便、经济实惠、共享共赢等特征,有利于中国高铁全产业链"走出去"被国际市场广泛认可;建立高铁品牌在有形或无形资产、质量保证、工程建设、服务管理等方面的评价标准体系;塑造中国高铁文化,加强品牌宣传,推向国际市场。

5.3.4.2 实施高铁精品工程

实施高铁精品工程战略是中国高铁技术硬实力的可视化体现。精品工程能够在海外形成良好的项目示范引领作用,展示中国高铁建设实力。实施高铁精品工程,要从工程融资、设计、勘测、装备制造等多方面加强建设,根据实际问题,动态调整方案,实时总结经验教训,不断查漏补缺,弥补短板,塑造中国高铁崭新的国际形象。

---

① 资料来源:https://mp.weixin.qq.com/s/4K3fQJ04_zC63j4z3CWUXg。

5.3.4.3 抓好项目履约能力

优化项目履约管理管控和督导能力,提升项目履约水平。优化资源组织形式,缩短管理链条,建立重点工程和重要工程关键线路管控清单,并派驻专人跟踪检查,坚持按照每周汇报、每月检查、每季度考核通报,不断提升项目履约能力。

通过管理标准的建立与实施,实现科学的计划管控与合理的资源组织,达到单个项目浪费最小化和利润最大化以及项目品质整体提升。以计划管理为主线,建立涵盖工期、质量、安全、资源、成本、项目六大要素的管理标准与评价体系,建立质量计划管理体系,加强缺陷预防管理,改进质量检验管理,完善质量考核管理,健全周期服务体系,加强质量创优管理,抓好项目履约能力。

5.3.4.4 构筑竞争壁垒

在品牌建设的指引下,包括设计、投资、总承包、运营等所有的业务都以品牌为聚合点,企业彻底消除了任意性的战术投入,而是转为一次次的有效投资,从而积聚起中国企业的品牌资产,积累到一定程度之后,将成为高铁在国际市场的强势品牌,使企业终将在品牌资产上得以回报。

确立了品牌,意味着中国海外市场的高铁项目、设备、技术等领域经营转向竞争导向,而不是去模仿法国、德国等强力竞争对手,以自身的品牌优势作为区别点,与传统高铁强国站在同一起跑线上共同竞争。随着品牌的逐渐树立与加强,投资、建设、运营一体化将在国际市场中代表着具有独特价值的产品,有不可替代的价值。最终,海外有高铁建设需求的国家将中国品牌视为高铁建设领域的代表性品牌,从而在该领域形成强势,在国际市场竞争中构筑竞争壁垒。

5.3.4.5 增强中国高铁的国际影响力

近年来,中国高铁被世界称为"中国奇迹",拥有自主知识产权的中国高铁不再只是依靠速度和价格惊艳世界。中国高铁在技术、设计外观、安全度、舒适度、营业里程、客运量及旅客周转量、投产新线数量、保有量及速度上都排在全球前列,已经在国际上拥有越来越大的影响力(贺正楚,2018)。

5.3.5 高铁建设经验"走出去"分析

随着中国高铁战略部署和建设的不断推进,中国国内外高速铁路建设项目不断增加,建设经验日益丰富。

5.3.5.1 国内建设经验

中国国内高速铁路建设开始于秦沈客运专线,这条铁路全长 404 公里,于 2003 年开通运营,从此拉开了中国高铁建设的帷幕。2004 年在广州和深圳之间开通的广深铁路是中国高速铁路发展的试验田,是中国高速铁路的开端。2005 年中国企业先后从加拿大、日本、法国和德国引进高速铁路技术,中国北车长春客车股份、唐山客车公司与南车青岛四方等企业开始联合进行高速动车组的设计与生产。2007 年中国发布了新的列车运行图,具有中国自主知识产权的动车组产品"和谐号"出现。2008 年京津城际铁路运营通车,成为中国第一条具有完全自主知识产权的高速铁路。2009 年京港高铁武广段建成,这代表着中国成功完成了世界上运营速度最快、线路里程最长的高速铁路,该铁路最高运营时速可达 394 公里,大大缩短了由武汉到广州的乘车时间。2010 年郑西高速铁路建成,代表着中国完成了世界上第一条在湿陷性黄土地区修建的高速铁路。2012 年线长 921 公里的哈大高铁建成,将中国东北地区的主要城市连接到了一起。2014 年世界上首条穿越沙漠大风区的高速铁路兰新高铁建成,中国高速铁路营业里程超过 1.6 万公里,超越其他高铁强国,跃居世界第一。2015 年中国建成运营了世界上第一条环岛高铁运营线海南西环铁路。2017 年沪兰高速铁路开通运营,将中国的中部地区与西部地区连接起来,该铁路跨越湿陷性黄土地区与高原区等多个地形区,时速能够达到 350 公里。

中国按照中长期的铁路规划开始大规模地进行高速铁路建设,从 2008 年开始中国建成运营的高铁数量迅速增长,逐渐形成了完善而高效的高铁运营网络。从 2003 年到 2018 年这 16 年时间里,中国高铁建设速度一直呈上升趋势,高铁建设经验日益丰富。以 2009 年运营通车的代表性线路武广高铁为例,该铁路始于武汉站,途经 14 个城市到达广州南站,列车运行时速为 350 公里,最高试验时速达到了 394.2 公里。武广高铁具有桥隧多、低噪声和环保三个明显的特点。在设计过程中,武广铁路采用了桥隧代路的方式,有效缓解了高铁建设造成的土地资源的紧张感,通过搭建桥梁和开凿隧道,成功地节约了大约 3500 亩的土地资源。在低噪声方面,武广高铁利用了先进的减震型轨道结构,有效从声源环节降低噪声,同时武广高铁全线设置了大于 3 米的吸声式隔音窗,并通过在沿线地区种植绿化,大幅降低了列车行驶过程中的噪声干扰。在环保方面,武广高铁为了减少对耕地资源的开采,尽可能地选择地质构造简单、岩性较好的稳固地层进行隧道建设，降低对山林植被的破坏。武广高铁采用的无砟轨道技术，能够较好地避免粉尘，有效降低了后期维护的频率。武广高速铁路建设里程约为 1069 公里，途经地形复杂多样，针对不同地形设计出多种桥隧方案进行解决。中国在国内高铁建设的过程中不断克服遇到的各种困难和挑战，积累了应对不同地质条件和气候环境的宝贵经验。

5.3.5.2 对外建设经验

中国国内高铁发展迅速，建设水平突飞猛进，经过十几年的发展跻身世界前列，不仅能够满足中国国内基础设施建设的需要，还在"一带一路"大背景下紧跟国际建设步伐，在对外输出中扮演着不可或缺的重要角色。中国高铁输出战略早在 2009 年就被正式提出，战略方向初步设定为以俄罗斯为起点进入欧洲的欧亚高铁、从乌鲁木齐出发到达德国的中亚高铁，以及以昆明为起始，连接东南亚国家，最终抵达新加坡的泛亚铁路网三条线路。随着中国高铁建设水平的不断提升和中国高铁输出宣传的不断加大，世界各国开始关注中国的高铁技术，中国高铁逐渐走上国际舞台。中国高铁走出国门的第一单是于 2010 年开工的，从土耳其首都安卡拉出发，到达伊斯坦布尔的安伊高铁，该项目历时 4 年，在 2014年 7 月建成通车。伊安高铁的成功建成，极大地鼓舞了中国高铁在对外输出方面的发展，推动中国高铁输出进程不断加快。东南亚地区，连接中国与老挝之间的中老铁路、与印度尼西亚合作建设的雅万高铁等项目目前已经建设开工，同时连接马来西亚与新加坡的新马高铁、由俄罗斯出发途经哈萨克斯坦到达中国的莫斯科—喀山高铁、由美国拉斯维加斯到洛杉矶的美国西部快线高速铁路等多个高铁项目也在积极地筹备之中。

可以发现，中国在海外铁路输出方面已经承担了多个项目，也积累了一定经验。以中国在东非历时 4 年修建成功的亚吉铁路为例，该铁路由中国中铁和中国铁建组织施工，是中国铁路输出过程中首次全产业链输出的铁路。铁路从埃塞俄比亚出发到达吉布提，项目全程采用中国标准与装备设施进行建造。亚吉铁路全长约为 752 公里，项目投资资金达 40 亿美元左右，铁路的起点在埃塞俄比亚高原的亚的斯亚贝巴，而终点在地势低平的沿海城市吉布提，途经地区地势落差大，地形复杂，具有较大的铁路工程建设难度，2018 年该铁路的建设完成标志着东非首条电气化铁路顺利完成。连接沙特阿拉伯麦加、麦地那两大圣地，全长450 公里的沙特麦麦高铁项目于 2009 年开始启动。项目由中铁十八局承建，列车行驶设计时速最高可达 360 公里。沙特阿拉伯属于热带沙漠气候，工程项目建设中要面临气候炎热、地形沙漠化等中国国内高铁建设中没有遇到过的困难，工程建设中注意对当地生态环境的保护，铺设了 11 座铁路桥、2 座野生骆驼通道、3 座地下通道、135 座涵洞。麦麦高铁是中国高铁输出过程中参建的第一条穿越沙漠地带的高铁，同时也是沙特阿拉伯的首条双线电气化高速铁路。2018 年麦麦高铁成功建成，大大缩短了两城之间的乘车时间，极大地缓解了圣城之间的交通压力，为数以万计的朝圣者与游客提供了方便快捷的交通服务。中国高铁输出过程并不是一帆风顺的，有些国家由于国内政治因素或经济因素的原因毁约或者中断高铁建设，使中国高铁输出承受了较大的损失。因此，中国在高铁输出的过程中，也应该汲取其中的失败经验，吸取教训，更好地评估合作国家的国内情况，促进中国高铁有效输出。

5.4 结论及启示

5.4.1 结论

本章简要回顾世界高铁发展历史可知，高铁发端于日本，发展于欧洲，格局大变于中国。从全球范围看，中国高铁发展从"望尘莫及"到"望其项背"再到"并驾齐驱"再到"一骑绝尘"，实现了由"跟跑"到"并跑"再到"领跑"的转变。目前，中国的高铁输出已经不仅仅是单纯的设备输出，而是设备、技术、工程、服务相结合的完整产业链的共同输出，加快中国高铁产业链国际化步伐、加速高铁领域设备工程服务一体化、加强与其他国家高铁领域的全面合作，是中国高铁输出的必然发展趋势。虽然中国高铁建设经验丰富，技术发展迅速，已经进入世界先进国家水平的行列，但在高铁输出的过程中也要注意与其他国家的合作。高速铁路的输出是一个庞大的工程，涉及巨大的人力资源与资金，高速铁路项目建造的过程中会产生较大的辐射效应，能够有效带动东道国线路周边相关产业的发展。以中国与印度尼西亚合作建设的雅万高铁为例，该项目选取了中国企业与印度尼西亚企业合资建设、共同管理的合作模式，在项目建设过程中所需的原材料和设备等都由印度尼西亚当地企业提供，成功刺激了当地冶炼、制造、基建等配套产业的升级，同时也带动了印度尼西亚高铁沿线地区商贸、地产和旅游等产业发展。

中国高铁的发展具有自己的知识产权。专家表示，高铁是中国少数成系统领先的世界技术，无论是高速铁路线，还是高速铁路列车，我们均掌握了绝大多数的知识产权，已经向国外出口[①]。中国现在有实力，也有能力实施中国高铁"走出去"战略。高铁的"走出去"不仅仅是铁路工程建设项目、铁路技术装备的"走出去"，中国的运营组织管理系统也要在其中起到相当的辅助作用。在中国境外铁路的项目规划中，中国逐渐实现了从建设者到运营者的转变，运营作为产业链中的重要一环，成功与否直接影响到盈利和收入。项目建设是基础，运营是之后几十年甚至更长时间内，项目价值的体现。在工程项目交付之后，需要中国帮助其制定各类运输管理办法，并在一定时期内输送专业人员负责运营组织和管理维护。只有良好的高铁运营管理，才能为输入国带来积极的效益；忽视项目建成后的运营管理，不仅会导致项目安全和效益方面出现严重的问题，更有甚者将导致输入国高铁负债过高、企业破产，威胁到国家的稳定。在亚洲、非洲等多个国家，基础设施项目运营管理都扮演着极为重要的角色。所以，为了保证输入国高铁项目的顺利进行，中国一定要重视高铁"走出去"的运营研究。

5.4.2 启示

中国高铁"走出去"战略与"一带一路"倡议是密不可分的，"一带一路"沿线国家相当部分都是经济欠发达地区，高铁建设后续的大量运营难题都是中国高铁"走出去"不可避免的。通过对传统高铁建设国建设及运营情况的分析，中国高铁"走出去"运营研究得出以下几点启示。

5.4.2.1 建设与运营齐头并进

通过对全球主要高铁建设国高铁建设情况、发展模式及行业发展特征的了解和分析得知，高铁建设规划的路线、车站划分、设计的运行方式、车辆采购、车辆运行时速、线路全部重建或选择线路改良都与后期的运营有着密切的关系。因此，运营管理方案应该在高铁建设施工方案规划时就介入，与建设施工方案保持

---

① 资料来源：http://www.360doc.com/content/14/0112/10/14567236_344537623.shtml。

步调一致,以防资金、人力、装备等资源的浪费以及前期建设与规划的运营方式不符等情况。比如,日本高铁白天运营、夜间维护;德国高铁白天客运、夜间货运,昼夜不歇,所铺设的轨道、采用的设备决定了当地运行方式要与所要采用的运营方式吻合方能保证运营的顺利。另外,结合高铁输入国实际情况,选择适当的建设与运营模式。比如,日本、法国等都采用建设与运营分离模式。与此同时,运营时期的维修模式也应提前到建设施工时考虑,即可以采用多种维修方式。比如业务外包,项目运营方与相关的专业维修公司,包含机车装备、通信信号等企业签订运营期间的维修合同,促使合作项目在建设供货期开始就关注质量,把住运营质量的源头。当前,依托中国高铁运营大数据,能就进一步降低高铁运行的全生命周期成本、提高列车调度的效率、减缓机车零部件老化磨损等前沿问题展开研究,以不断优化高铁的整体性能(徐飞,2016),不断提升中国高铁在海外项目上的运营能力。

5.4.2.2 科学定位海外目标市场,完善高速铁路的运营管理模式

目前,根据"一带一路"倡议已经搭建起来的六大"经济走廊"骨架,其沿线国家是中国主要的高铁出口国。这些沿线国家显著的特点就是需要大量基础设施的建设,尤其像高铁,除了能极大地推动当地基础设施建设的进展,极大地提高运输效率和水平外,更能直接拉动当地相关产业的发展,盘活经济。由于一些国家自身交通设施非常落后,采用的是 EPC + O&M 运营管理模式。因为缺乏运营管理的基础、经验及专业的技术人员,需要中国在高铁建设完成后,在后期运营方面予以极大的支持。例如,目前已开通运营的蒙内铁路,中国与肯尼亚签订的合同有效期为 10 年。合同规定,蒙内铁路的后期维护及运营由中国路桥负责,主要包括铁路及机车的维护保养、机车车辆调度安排等,同时中国路桥需为肯方提供技术支持、人员培训等服务。蒙内运营公司负责审核,管理运输收入。同时,依据肯尼亚铁路局的有关规定和蒙内铁路运营公司规章维护各当事人合法权益①。因此,针对海外项目,要根据不同国家的情况选用不同的运营管理模式,同时结合属地国实际情况,进行完善。

5.4.2.3 运营管理实施属地化

目前,在坚持输出中国运营成熟和高质量的综合维修管理技术,实现铁路系

---

① 资料来源:http://www.chinainvestment.com.cn/type_fmgs_post/7285.html。

统安全可靠的运营管理之外，应逐步实现运营管理"属地化"。因此，在铁路建设期间，要积极融入当地，遵守当地的法规政策，了解并尊重当地文化习俗。通过招收当地施工工人和技术人员逐步参与到线路施工、设备安装、调试验交、运行维护等工作当中，选拔优秀的施工人员进行考核、面试及培训，之后进入运营维修和运营管理队伍，逐渐把铁路运营技术和能力逐步交给当地人员。带动或组织当地的铁路管理人员到中国铁路高校或职业技校接受相关培训，培训周期结束，回到本国进行理论基础与实操能力的考核，全方位培养属地国铁路人才成为优秀的运营管理者（周军生，2013）。在工程交付运营后，一般前5年委托中国技术人员负责全部运营工作，同时对当地国人员进行专业培训；5年后由中方技术骨干带领当地人员参与运营与设备维护，运营10年后可移交当地国人员管理，保证平稳过渡，实现当地技术人员主导全线运营（孙群，2015）。

5.4.2.4 充分开发高铁站的商业价值

通过对日本多元化经营模式的了解我们可以看出，日本充分利用了车站的价值，将人员流通地转化成了人员聚集地，打造城市的商业中心，扩大车站的商贸影响圈。中国在高铁输入国进行运营时，可以充分利用车站人流量巨大的优势，结合车站地理位置及当地特色的商业发展模式，满足客户现有需求、挖掘客户潜在需求，在旅行、餐饮、特产等各方面，前瞻性地创造客户需求，将车站打造成具有综合消费功能的商业中心。车站人流量巨大，因此交通配套设施的规划与运营也至关重要，可根据属地国实际情况修建地铁、地下公交专线及出租车专线；同时注重地下空间的合理开发，舒缓交通、缓解人流压力的同时能够合理利用空间、科学布局交通设施（宋丹丹，2015）。

5.4.2.5 圈层模式发展

通过对法国运营情况的分析，可以得出圈层模式对高铁运营大有裨益。根据"圈层理论"，以高铁站为核心，按照影响程度的不同分为三个区域。根据不同区域配置与区域关联程度最高的产业，以提供精准服务的同时充分利用有效资源。比如，在核心区要配备完善的交通服务设施及各类商业。圈层发展模式大体上有一定的发展的先后顺序，需要逐步地进行。初期，核心区域的交通等配套设施应率先完善，逐步发展到影响区，再到外围影响区，从而形成功能齐全、具有盈利能力的商业圈（宋丹丹，2015）。

5.4.2.6 合理制定运价和扩大业务范畴

通过对日本铁路运营概况的分析可知，日本铁路的价格是在政府的监管之下,提高了服务水平,能够合理控制车票价格,实现企业良性循环发展。在对属地国进行铁路运营管理业务时,中国可以结合当地的经济情况及项目的运营成本,与属地国相关铁路部门商议核定票价的上限,实际的定价权交由属地国铁路运营企业自行决定。这样,企业运营管理的灵活性得到有效的提高,同时保证了基本公共服务均等化的底线。蒙内铁路的当前实行的票价政策是:票价第一年实行优惠,优惠年限过后,单程二等座票价提高到900先令,但仍低于公交车1400先令的价格。在开发运输产品时,客运专线应从核心产品(开行时段、开行频次、停站次数、停站时间、开行速度等)与附加服务(售票、引导系统、进出站、餐饮、保洁、广播等)两个方面进行整体设计,从服务水平方面进行有效提升,如可以在到站服务的基础上增加接站服务、车辆租赁服务等,可以与一些打车公司进行联合合作提供便捷服务,具体可以参照旅客出行的各个阶段的消费需求。

6 中国高铁"走出去"的标准研究

随着"一带一路"倡议的不断推进,高铁输出成为中国对外进行友好交流的新名片。目前,中国高铁具有先进的设备、成熟的技术体系和丰富的建设经验,在全球高铁产业竞争中具有一定的竞争优势,但要想从高铁领域竞争者的地位转变为高铁领域主导者的地位,最关键在于高铁标准的输出。获得了高铁标准的掌握权,中国才能在高铁领域中立于不败之地。在高铁输出的过程中,高铁设备输出是载体,高铁技术输出是核心,高铁建设经验输出是基础,高铁标准输出是最终目标。

6.1 中国高铁标准国际认同度分析

中国高速铁路走出国门不应仅仅是设备或工程技术的输出,更应该是技术标准和经营方式的输出,中国高铁标准成功走向世界是中国高速铁路输出的最终目标。将中国高速铁路输出从设备输出转型到标准输出,占领国际高铁领域的制高点,是中国在"一带一路"过程中致力于完成的目标。高速铁路输出过程中鼓励东道国采用中国的技术标准和经营方式,能够为进一步的友好合作创造良好的条件。目前,中国高铁输出进程不断加速,高速铁路的大面积输出有助于中国标准从国家级走向世界级,有利于中国高铁行业由市场跟随者向规则制定者身份的转变。然而,目前中国国内高速铁路的标准是怎样的,中国高速铁路标准的国际认同度是高是低,这些问题都值得我们去研究探讨。

6.1.1 国际高铁标准分析

根据上述研究可以发现，中国在"一带一路"大背景下高铁设备输出、高铁技术输出和高铁建设经验都取得了成功。高速铁路作为高科技含量的基础设施工程，不同国家在不同时期发展过程中采用的标准有所不同，目前国际上还没有一个普遍公认的高铁标准，国际高铁建设过程中采用的高铁标准主要是欧洲标准，高铁标准设定组织主要有（UIC）、（ISO）、（IEC）等国际组织。

国际铁路联盟，简称铁盟（UIC），一开始主要是欧洲国家的铁路相关机构及铁路有关组织联合组成的非政府性铁路组织。之后随着铁路领域的发展，该组织不断扩大，逐步吸收了一些除欧洲外其他洲国家的铁路组织，成员国不断增加。20 世纪 50 年代，国际铁路联盟在荷兰组建了国际铁路联盟试验研究所（ORE），负责有关加强铁路基础建设、提升设备性能改善、加强技术创新、推广铁路技术成果等多方面的铁路相关事务。20 世纪 90 年代，国际铁路联盟试验研究所更名为欧洲铁道研究所（ERRI），主要负责铁路相关研究报告与技术成果，为国际铁路联盟提供技术支持。由于欧洲铁路发展较早，国际铁路联盟这一组织的标准在国际范围内具有一定的影响力，但是国际铁路联盟不是国际范围的组织，不属于联合国，存在一定的局限性，其标准主要影响范围为欧洲。

国际标准化组织（ISO）是由各国标准化团体组成的世界性联合会，其中涉及高速铁路标准制定方面的是 ISO/TC 204、ISO/TC 22 和 ISO/TC 269 三个组织，分别负责智能运输系统技术、公路车辆技术和铁路应用标准化技术相关标准的制定。铁路应用标准化技术委员会组织标准的制定涉及轨道交通工业大部分领域，其范围包括所有有关轨道交通工业的产品和服务，例如基础设施建设、各类设备操作、不同设备维护、特殊环境处理等各个方面，但是没有涉及国际电工委员会牵引电气设备与系统标准化技术委员会所涵盖的轨道交通电工电子产品及其服务。

国际电工委员会（IEC），是世界上成立最早的非政府性国际电工标准化机构，其中的 IEC/TC 9 组织主要负责轨道交通领域牵引电气设备、轨道交通电工电子领域或系统领域的国际标准化制定工作。IEC/TC 9 所制定的标准主要涵盖了通信和牵引供电、信号、机车车辆、基础标准及处理系统四个方面，每一个方面又可以被继续划分为更细的标准。但是 IEC/TC 9 在指定国际铁路相关标准时没有较为清晰的系统体系,在已经制定的标准中既有系统性的标准,也有针对功能方面的标准,还有产品标准,总体结构不够清晰。IEC 与上文提到的 ISO 之间存在着友好合作的关系,IEC 承担着有关轨道交通电工电子领域的国际标准化工作,ISO 承担其他领域的标准制定工作。

欧洲标准化委员会(CEN)是以西欧国家标准化机构为主体的国际标准化科学技术机构,不具有营利性。其下属的欧洲铁路应用标准化技术委员会(CEN/TC 256)承担着欧洲铁路工业服务和机械产品相关标准的制定、修订与监管工作。CENELEC/TC 9X 虽然是一个欧洲组织,但目前积极与非欧洲国家建立合作关系,希望通过更多非欧洲国家加盟能够在更大的范围内推行欧洲标准,扩大自己的市场(见表 6 - 1)。

表 6 - 1 主要高铁标准设立组织

名称	成立时间	标准内容
国际铁路联盟(UIC)	1922 年	其下属组织 ORE 负责有关加强铁路基础建设、提升设备性能改善、加强技术创新、推广铁路技术成果等多方面的铁路相关事务
国际电工委员会(IEC)	1906 年	主要负责轨道交通领域牵引电气设备、轨道交通电工电子产品服务或系统领域的国际标准化制定工作。标准主要涵盖了通信和牵引供电、信号、机车车辆、基础标准及处理系统四个方面
国际标准化组织(ISO)	1946 年	涉及轨道交通工业大部分领域,其范围包括所有有关轨道交通工业的产品和服务,例如基础设施建设、各类设备操作、不同设备维护、特殊环境处理等各个方面
欧洲标准化委员会(CEN)	1961 年	其下属 CEN/TC 256 组织直接负责欧洲铁路工业服务和机械产品相关标准的制定、修订及监管工作

另外,国际铁路行业标准(IRIS)这一铁路标准也需要中国重点关注一下,这套标准由国际标准 ISO 9001:2008 的体系发展而来,形成了一套完整的铁路行业的质量评估(管理)体系。该标准得到了四大系统集成商(西门子、阿尔斯通、庞巴迪、安萨尔多)的大力支持,它们在 IRIS 标准发布的同时发表了一份共同承诺:供应商如果已获得 IRIS 认证,承诺将不再进行企业管理系统的审查。2012 年 10 月 12 日,这四大系统集成商又连同一些主要的部件提供商,如克诺

尔、法维莱等,再次发表声明,要求其供应商开始推行 IRIS 体系。

6.1.2 中国高铁标准现状

中国铁路标准的制定可以追溯到 1988 年,国家原铁道部发表规定正式将产品认证证书制度作为铁路工业产品质量监督制度之一。2001 年《铁路工业产品质量监督管理办法》的发布,更深一步地巩固了产品认证在铁路领域的地位。随着中国高速铁路建设进程的不断推进,相关的标准体系也逐步发展并不断完善。截至目前,中国铁道相关标准已接近 2000 项,包含行业标准、国家标准和技术文件等多个层面,具有较大的涵盖范围。

目前,中国铁路技术标准体系主要分为普速铁路技术标准体系、高速铁路技术标准体系和重载铁路技术标准体系三个部分,形成了适合中国现状的较为完善的技术标准体系。对于普速铁路技术标准体系来说,这一体系是中国铁路技术体系中发展最早、最为完善的一部分,标准体系涉及铁路基础设施建设、铁路施工标准、铁路相关技术政策和铁路相关产品标准等多个方面。普速铁路技术标准体系随着中国铁路的发展良好运行并不断完善发展,然而高速铁路的出现,使铁路基础设施的各项参数与铁路产品的各项性能都随着列车速度的变化而发生较大改变,传统的普速铁路技术标准体系难以适用于高速铁路,因此高速铁路技术标准体系随之产生,相关高速铁路技术标准体系正在加紧建立和完善之中。高速铁路系统庞大复杂,涉及系统集成、牵引供电、动车组和路基建设等多个方面,高速铁路各系统功能的正常发挥离不开技术标准体系的支撑作用,依赖于各个系统技术标准的发挥及各相关技术标准的有机联系和相互作用。在近年来的高铁建设和运营实践中,中国从自身建设经验角度出发,通过不断试验创新制定出了一些具有先进性和实用性的高速铁路技术标准。例如,涉及列车运行控制的 CTCS-3 级列控系统技术规范、反映先进轨道技术的铁路无砟轨道技术条件、涉及列车组质量和运行的高速动车组试验规范等一批高速铁路相关技术标准已经被制定出来并得到了广泛应用,同时涉及高速铁路各个方面的其他技术标准也在制定或逐步完善中。不仅如此,中国还积极采用和充分借鉴了国际先进技术标准,将部分国际标准转化为中国标准,不断补充完善中国高铁技术标准体系。全面完善的高铁技术标准体系为中国高速铁路的成功建设和顺利运营提供了有力支撑。实践证明,中国高铁技术标准能够满足不同气候条件、地域地形和地质条件的要求,并且在环境适应性、安全可靠性、平稳舒适性及系统集成能力等方面不亚于甚至超过了国际标准和欧洲标准,完全具备根据目标国对高铁建设和运营的技术要求,按照不同标准要求为其建设高铁的能力。

6.1.3 中国高铁标准认可度

中国铁路总公司主动参与国际标准制定、修订工作,截至2017年底共主持参与国际标准化组织、国际铁路联盟重要国际标准55项,成为国际铁路标准制定、修订的重要力量。中国在"一带一路"沿线国家和地区基建领域不断复制中国标准的模式,中国企业对外承建的多条普通铁路、电气化铁路、轻轨也都将采用中国标准建造,中国高铁标准在印度尼西亚雅万、中泰铁路等项目得到积极应用。但是中国标准的出海并不是一帆风顺的,海外国家对中国标准及模式的认识与接受是一个缓慢的过程,印度尼西亚高速铁路建设可以接受中国标准,不代表别的国家和地区也能接受中国标准。

全球范围目前存在美国铁路工程协会标准、中国铁路标准、法国铁路标准、德国铁路标准等多个铁路建设标准,各国标准之间的竞争相当激烈。中国高速铁路输出过程中面临的最大问题就是高铁标准被外国垄断的问题。目前国际上高速铁路建设大部分采用欧洲标准,中国高速铁路技术标准的国际认可度较低。例如,中国与土耳其合作完成的安伊高铁项目采用的是欧洲标准;中国与东欧合作的匈塞铁路项目在已签署的政府间框架协议中明确规定双方保证在项目实施中承诺遵守欧盟或同等技术要求,要求中方的施工技术、工程质量必须符合或等同欧盟标准,另外工程机械和设备材料等产品在进场前也须通过欧盟产品质量认证;中国与英国合作修建的英国高铁2号线项目同样存在技术标准的问题,项目要求在工程设计、产品设备与项目施工等多个方面都必须通过欧盟产品认证;目前正在商谈推进的伊朗高铁项目也决定按照欧洲标准进行建设。

目前,中国高铁标准不被认可的原因主要集中在以下四点:第一,中国高铁发展起步较晚,之前高速铁路技术的标准主要由发达国家制定,中国在高铁技术方面缺乏发言权,高铁标准不被国际认可。虽然中国高速铁路具备良好的性能,但是国际社会上对中国仍然存在技术方面的疑虑。第二,例如欧美、日本等发达国家高速铁路起步较早,国内具有较为成熟的高铁建设和标准体系。中国高铁在进入这些国家的高铁市场时,会对这些国家原有的高速铁路行业产生一定的冲击和影响，因此从自我保护的角度出发，这些发达国家对中国高速铁路技术标准采取不予接受或者抵制的态度。第三，中国高铁技术标准制定主要是以中国国情为依据，具有较强的针对性，在一些共性问题上的阐述不够清晰具体，部分标准的表述不够完善。第四，虽然中国部分高铁技术标准已经达到了世界先进的水平，但中国标准在标准规范和详细规范方面与欧洲标准还存在着一定差距，严谨性和精准度较低，例如欧洲高铁标准中钢轨方面的标准涉及了化学成分多少和合金含量，而中国高铁标准并没有这些细节性的规定（张先军，2018）。

高速铁路技术标准的国际认可度较低对中国高铁输出进程产生了一定的逆向影响，高铁标准的不被认可导致中国高铁在输出过程中面临着严格的技术标准审核问题，这一问题已经成为中国高铁进入海外国家市场的一大障碍。以中国与俄罗斯高铁领域的合作为例，虽然俄罗斯的高速铁路发展相对中国来说较为落后，在高速铁路装备质量和技术等方面的发展不如中国，但出于对俄罗斯国内高铁相关产业保护的考虑，俄罗斯仍然决定对中国铁路产品进行批次认证的处理办法，且相关认证的有效期都较短。俄罗斯对中国高铁标准的不认可加大了中国高速铁路输出的成本消耗，不利于中国高铁相关企业在俄罗斯市场的长期开拓。

高速铁路技术标准的激烈竞争本质上是中国高速铁路企业与其他国家高速铁路企业之间的利益争夺。在激烈的市场竞争中，许多国家和地区往往以标准作为贸易壁垒，达到保护本国和地区利益的目的。例如，欧盟要求进入欧盟国家的所有外来产品不仅需要符合EN欧洲标准，也要符合各个国家的国家标准。欧洲标准的强制采用代表着中国高铁在输入欧洲的过程中涉及包括机车、钢轨、水泥等在内的所有产品装备都要经过欧洲认证，如果欧洲认证不成功就没有资格进入国际市场。中国高速铁路相关产品生产过程中需要经过中国质检部门的检测与检验，得到中国标准认证。在这一过程中，中国高铁产品的质量与性能安全都已经得到证明，如果在高铁输出的过程中再进行一遍欧洲标准的认证，将会导致中国高铁输出成本大大增加，同时产品认证也需要耗费较长的时间，这些问题会降低中国高速铁路低成本、高效率的竞争优势，增加中国高速铁路的输出风险。

虽然中国高铁标准的推广面临着较大的困难，但我们不能因为现存的困难就放弃坚守。在目前洽谈的20多个海外铁路项目中，中国积极主动地推广使用中国高铁标准体系，努力提高中国高铁技术和标准的国际认可度。尽管欧美发达国家对中国高铁标准持有抵制态度，但中国仍然在国际市场中找到了突破口。对于还未形成自己高铁产业的欠发达国家来说,无论是采用欧洲标准还是中国标准都不会影响到自身利益,通过向这些国家介绍和展示中国的高铁实力,使这些国家了解中国先进的高铁技术和高性价比,同时通过提供贷款融资等金融帮助,打开这些国家的大门,有效地提高了这些国家对中国高铁标准、技术和规范的认可度。标准问题是中国高铁企业进入海外市场必须面对的挑战,一方面,中国应尽力提高中国高铁技术和标准的国际认可度,另一方面,更为关键的是,中国应积极参与国际高铁标准系统的制定,从根本上解决问题。目前,中国高速铁路相关产业已经形成了较为完整的设计、建设、运营等标准体系,加强中国标准与国际标准的融合性,推动中国标准国际化是我们高铁输出的未来发展方向。中国标准一旦在国际上普遍使用,那么中国在国际高铁市场就有可能会出现一路高歌猛进的局面,从而带动中国车辆、轨道、电力系统等一系列子系统的大量出口,促进高速铁路全产业链的输出,带来中国高速铁路行业产能的释放。随着中国高速铁路在中国的普及以及标准的日益成熟,中国标准将更多地伴随中国高铁"走出去",中国高速铁路标准在国际高铁建设舞台上的权重和地位也会稳健提升。

6.2 高铁标准领域全面合作

高铁出海,标准先行。中国标准动车组"复兴号"大量采用中国国家标准、行业标准、中国铁路总公司企业标准等技术标准,同时采用了一批国际标准和国外先进标准,具有良好的兼容性能,在 254 项重要标准中,中国标准占 84%[①]。近年来,由中国通号自主研发的列车运行控制核心设备无线闭塞中心(RBC)、车载自动防护装备(ATP)和地面电子单元(LEU)先后顺利通过欧盟互联互通认证,中国高铁三大核心技术"一车、二路、三信号"相继全部具备了国际"通行证"。凭借国内 2.5 万多公里高铁建设与安全运营的丰富经验(超国外高铁运营里程总和),中国高铁建设最终实现了由修路、造车到通信信号列控系统全产业链自主创新的目标,抢占了高铁产业发展的制高点。除此之外,中国高铁

---

① https://baike.so.com/doc/7576388 - 27638276.htm。

系统的技术优势也使中国的高铁标准体系日趋完善（见图6-1）。2018年2月，《中国铁路》主编并完成翻译的《重载铁路设计规范》（以下简称《规范》）英文译本由国家铁路公司发布，该《规范》是中国第一部重载铁路行业标准，也是世界上首部系统完整、内容全面的重载铁路设计规范，标志着中国重载铁路设计技术也已经为"走出去"做好了准备。

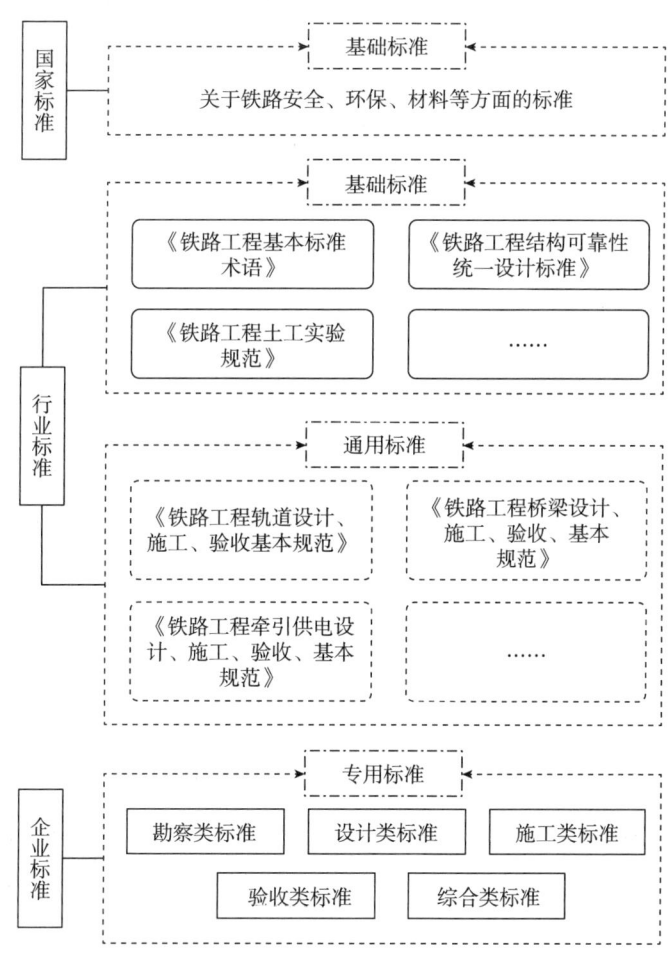

图6-1 中国铁路工程建设技术标准体系框架

尽管如此，中国在国际标准的制定上，始终未能深入参与。中国承建的许多海外项目，除极少数铁路修建完全按照中国标准之外，都是采用混合标准。一方面，采用混合标准会加大中国企业的设计、采购、施工等方面的难度，在设备采购、机械匹配度方面造成极大影响；另一方面，混合标准的持续会造成中国标准一直难以得到国际认可，委托欧洲公司或者技术人员进行技术咨询或进行中国标准审查会堆高成本，另外国际化程度很难得到认可，会进一步影响高铁全产业链的"走出去"。因此，中国标准"走出去"成为亟待解决的问题。

国际化是中国标准"走出去"必然要面对的。国际化的过程大致要经过三个阶段：第一阶段是与国外技术标准兼容互通阶段。中国标准要与国外技术标准在一定程度上互通，实现在海外项目中中国标准修建的铁路与其他标准修建的铁路能够在同一国家或地区共存。第二阶段是标准融合阶段，即中国标准与国外标准互相认证，并可相互引用。第三阶段是中国标准国际化阶段。中国标准目前在国际上仍未被完全认可，在推行海外项目时，中国标准在与国外技术标准竞争时往往难以占得先机。因此，推行与诠释中国标准的适用性非常重要，使中国标准可以在国际上占有一席之地，并早日成为国际通用标准。中国目前承建的海外高铁项目大多处于第一阶段，少部分处于第二阶段，完全采用中国标准的海外项目屈指可数。中国高铁"走出去"步伐的加快、层次的提高亟须推动中国标准"走出去"。

6.3 结论与政策建议

中国高速铁路在国内外建设运营的过程中克服了遇到的各种困难和挑战，积累了应对不同地质条件和气候环境的宝贵经验。随着中国高速铁路合作项目不断增加，中国高铁对外输出实现了重大突破，目前中国已经成为了世界上高速铁路发展速度最快、建设里程最长的国家。中国高速铁路经过快速稳定的发展，已经设计形成了具有较高实用性与先进性的高速铁路技术标准体系，能够较好满足不同地区环境下的建设运营要求。目前，国际上还没有普遍公认的高铁标准，主要有 UIC、ISO 等高铁标准设定国际组织，国外高铁项目主要采用欧洲标准，中国标准在国际上的接受度不高。将中国高速铁路输出从设备输出转型到标准输出，占领国际高铁领域的制高点，是中国在"一带一路"过程中致力于完成的目标。

结合上文研究内容，提出以下建议：

（1）完善中国高铁国际化标准体系。中国高铁虽然发展速度快，但是由于起步较晚，发展时间较短，高铁技术标准还不够完善，被国际认可还有一段较长的过程。根据上文研究可知，中国高铁技术标准面临着不够完善、国际认可度不高的现实问题。因此，中国在高速铁路输出过程中，一方面，要根据国外建设经验，结合国际高铁技术标准或其他国家技术标准对中国现有高铁标准体系进行进一步的细化与完善；另一方面，在国外高铁建设的过程中，要加强与东道国高铁标准的互认工作，在东道国接受的基础上进行中国先进高铁技术标准的渗透输出。加快完善中国高铁国际化标准体系，形成完备的技术输出条件，向国外展示中国系统完善的各类标准。要深度参与国际高铁规划和标准的制定工作，努力争取高铁国际标准的组织领导地位，为项目接洽或实施时与国外标准对接做铺垫。同时，中国也应当加强与国际高铁组织的合作，积极主动参与到国际标准的制定中，将中国高铁标准介绍给更多的国家和组织，提高中国高铁技术标准的接受度。

（2）编制《国际技术标准兼容互通性系列手册》。中国标准当前依旧不是国际公认标准，因此在"走出去"时势必会面临与欧洲标准或国际标准的融合。当前许多国家已经修建了高铁，后期的运营及养护直接移接中国标准的难度非常大，所以中国标准"走出去"，配套的《国际技术标准兼容互通性系列手册》是必不可少的。中国标准目前是符合国际化标准组织等国际联盟的标准，同时也是与西门子等技术标准兼容的，一定程度上表明中国标准国际化取得了一定成果。但中国面临的更多情况是与国外标准的对接，对接失败则意味着市场的封闭和垄断，单一性会限制中国国际化的步伐。因此，中国标准"走出去"应尽快开展与欧洲国家等铁路发达国家标准和 UIC 等国际标准的兼容互通研究，并编制《国际技术标准兼容互通性系列手册》（许佑顶，2016）。

（3）推进中外标准互相认证工作。中国与其他国家进行合作的过程中，也要加快中国高速铁路技术标准与其他高铁强国之间标准互认的进程，注重中国与其他各国标准的对比分析。国际标准与中国铁路标准、各个国家（地区）标准之间的差异性有些方面较大，对比分析工作也比较复杂，因此我们结合建设过程中的实际问题，有目的、有偏重地挑选一些中国高速铁路技术标准与国际高速铁路技术标准或国外高速铁路技术标准进行对比分析。标准互认的过程必然是一个曲折的过程，与其他国家的合作过程中会存在很多困难，使国外铁路发达国家及地区了解、研究、分析及认可中国高铁标准是一项长期而复杂的工作。中国应积极主动与其他国家合作，争取共同参与标准的制定工作，在经济、外交等各个方面积极配合，并适度进行正面宣传，赢得合作国国家层面、企业层面与公民层面的支持。

（4）发布高铁标准外文版。中国高速铁路标准不被认可还有一部分是由于语言翻译导致的。在高铁"走出去"的过程中，将中国高速铁路相关标准翻译成标准外文版，能促进不同国家对中国高铁标准的理解和认同，提高其他国家对中国高铁标准的接受度。同时，中国完整的英文版高铁标准规范应尽快编制。英文标准规范是对接海外工程的前提，同时也是与海外项目意向国沟通交流项目详细细则的重要前提。由于高铁行业涉及领域众多，标准翻译工作具有数量多、难度大、周期长的特点，因此在翻译过程中可以通过建立相关机构或小组针对不同高铁项目、不同输出国家进行高铁标准的外文翻译，在前期沟通交流中与东道国协商合作。

（5）修建中国标准高铁示范项目，加强中国高铁标准的国际影响力。中国高速铁路输出是一个复杂、庞大、长期、渐进的系统工程，标准化工作仅仅是其中的基础技术支撑和前期技术工作之一。提高中国高铁影响力的最合适的方法是打造采用中国标准的具有代表性的高铁标杆项目，使其他国家了解、认识到中国高铁的建造实力和中国高铁标准的合理性，从而扩大中国高铁标准的国际影响，促进与其他国家在高铁标准及项目方面的合作。高速铁路作为交通基础设施，其建设历时较长，项目建成以后存在时间超过百年，项目质量的好坏会对接下来的工程项目产生直接的影响。因此，在高速铁路输出时必须要注重质量，建设良心工程，在每个环节稳扎稳打。通过与合作国家进行积极沟通，努力争取采用中国标准建造高铁项目，打造示范工程，用实力说话。

7 中国高铁"走出去"的风险研究

中国高铁在技术经验上是自信的,然而技术是内生的、中性的,本身不具有对外协调与沟通的能力,而高铁"走出去"是整个高铁系统的对外输出,需要克服政治、经济、社会、安全等多方面的风险环境问题,如果中国输出的高铁系统不能与东道国的每个方面环境相协调,那就算中国高铁技术再强也不一定能顺利进行国外项目的建设,难以在世界高铁行业占据一席之地。高铁系统的复杂性决定了其总体成本高、前期投资大、项目生命周期长、影响范围广、技术含量高等特点,这些特点使高铁项目在"走出去"的过程中面临着比其他项目更为巨大的风险。

7.1 风险来源

7.1.1 政治风险分析

政治风险是中国高铁在输出进程中所面临的最主要的风险,主要是指由于东道国政权更替、战争暴乱或与其他国家政治关系转变而导致政治体制不稳定,从而可能给中国高速铁路输出带来不良影响。政治风险的高低代表着东道国政府稳定性的强弱,拥有较低的政治风险是中国选择高铁建设国的首要条件。

由于高速铁路项目建设历时较长,甚至有可能历经几届政府,在如今全球政治环境复杂多变的大背景下,各个国家内部之间政党派别之争激烈,不同国家之间关系复杂多变,越长时间的建设周期就意味着遭受政治风险的可能性越高,东道国高铁建设期内任何政治情况的变化都有可能对中国高铁输出进程产生严重的影响（宋汝欣，2017）。而中国"一带一路"沿线经过的 64 个国家大部分处于政治社会不稳定的西亚、南亚地区，国内政治党派竞争激烈，国际关系复杂，战争时有发生，例如叙利亚内战、土耳其政变、伊拉克大规模骚乱等事件的发生都会对中国高速铁路的输出产生重大影响。高铁输出过程中的政治风险主要涉及政府稳定性、政府治理质量、政治法治水平和外部冲突四个方面。

政府稳定性可以通过政府执政时间和执政有效性两个方面反映出来。政府执政时间可以通过政府的任期年数反映出来，在高铁修建期间执政党的执政时间保持越长，代表政府政权越长久，高铁项目修建受到的由于政权更替带来的风险就越小。执政有效性可以通过东道国现有政府政策执行有效程度反映出来。在高铁修建期间，东道国政府对所做决策的执行能力越高，代表政府有效性越强，高铁项目输出建设过程中所遇到的毁约风险就越小。高铁项目输出过程中需要东道国政府的政策支持，政府稳定性直接影响到高铁项目能否在东道国修建完成。如果一个国家政府稳定性较低，政府所做的支持高铁建设的决策就会更容易发生改变，从而对中国高铁输出产生不良影响。而如果东道国具有较高的政府稳定性，就可以承受住来自其他方面的压力，继续保持高铁建设决策，降低政治风险给高铁输出带来的恶劣影响。

政府治理质量可以由政治体系的腐败程度和民主问责两个方面反映出来。腐败代表东道国政治体系的腐败程度，由于高铁项目前期投资大、总成本高、收益低的特点，很少有独立的公司可以独自承担高铁项目，因此当一个国家或地区提出修建高铁的时候往往是由政府来代表。然而，政府对市场发挥作用的时候往往会带来腐败现象，而指责对方腐败是党派之争中常用的手段，高铁项目在面对这样的政治环境时，面临着巨大的政治风险。民主问责是指政府对民众诉求的回应，国家对民众诉求的关注越高，在进行决策时受到的影响也越大。政府治理质量越高，对既定高铁项目政策的支持也就越大，在高铁项目合同履行和建设过程中越能够有效解决问题，降低政治风险。

政治法治水平反映东道国的履约质量与产权保护水平，完整的产权保护体系与高质量的履约能力可以为高铁项目提供有力的保障。国际高铁合作项目属于跨国合作项目，因此需要考虑法律风险，特别是在投标阶段需要做针对性的调查研究。各个国家之间的法律章程、国民的法律意识和司法部门的执行方式都存在着差异，如果没有高度重视项目所在国的法律法规，可能会给项目带来巨大损失。

外部冲突是指东道国外部国家或组织团体对东道国政府产生的不良影响，包括跨境冲突、战争等暴力形式和外交压力、中止援助等非暴力形式。外部冲突的发生会引起民众的不良情绪，甚至可能从经济、国家安全等多个角度增加政府的不稳定性。东道国的政府稳定性越强、政府治理质量越高、法治水平越完善、外部冲突发生可能性越低，代表该国具有越低的政治风险，中国在该进行国高速铁路投资的安全性越高。

政治风险在中国高铁输出过程中产生不良影响的一个典型例子就是墨西哥政府对墨西哥城—克雷塔罗高铁项目的一再毁约（潘晓明，2015）。墨西哥高铁项目是由政府招标计划建设的墨西哥国内第一条高速铁路项目，该项目从墨西哥首都墨西哥城出发到达墨西哥地理中心城市克雷塔罗，项目涉及资金44亿美元左右，线路计划建设长度为210公里，列车设计时速为300公里。墨西哥城—克雷塔罗高铁项目先后进行了两次招标，并在2015年以墨西哥政府宣布项目无限期搁置作为结束。据分析，墨西哥政府的多次毁约与其政府稳定性差、政府治理质量低、外部冲突较高等政治风险具有紧密的联系。项目第一次竞标时，由于墨西哥政府仅给出两个月的招标时间，其他外国企业如庞巴迪、西门子等公司都由于时间紧迫或其他方面的原因放弃投标，中国成为唯一的竞标商。中铁建公司通过组建标书制造团队，公司员工在极高的工作强度下最终完成了令墨西哥政府满意的标书，成功中标。然而，3天后墨西哥政府就以国内民众质疑招标过程不合规定、反对党指责墨西哥政府涉嫌贪污受贿、国外政府和企业指责该交易违反国际招标制度而取消了中标结果，宣布重新竞标。项目第二次竞标时，中国企业又以质优价廉的优势打败其他国际公司顺利中标，然而由于国际原油价格下跌，墨西哥政府预算大幅度削减，导致项目被迫再次取消。墨西哥政府多次单方面的毁约给中国相关企业带来了严重的经济损失和情感伤害，据统计，由于墨西哥高铁项目的取消，中国相关企业遭受了810多万元人民币的经济损失，目前已向墨西哥进行索赔。墨西哥高铁项目的失败为中国高铁输出面临的政治风险敲响了警钟，东道国政府稳定、政府治理质量高、法治体系健全、外部冲突低是中国高铁输出过程中要首先考虑到的因素。世界上部分国家的国内党派竞争激烈，政府政策执行时可能会受到多方面的干扰，尤其是涉及与其他国家进行合作的项目时，国内不同政党派别的意见分歧较多，国家政府的决策能力与政策制定的有效性是中国项目开展前必须要做的调查。

从更为宏观的角度分析，大国之间的博弈也会对中国高铁项目输出产生政治方面的风险影响。墨西哥高铁项目的失败在一定程度上也受到了美国施压的影响，墨西哥对美国经济的依存度较高，而美国对中国"一带一路"倡议、高铁输出等都抱有排斥态度，美国外交压力也是墨西哥高铁项目失败的重要原因之一。这说明，中国高铁输出过程中面临的政治风险不仅仅来自输出国国内，其他国家的外交政策、外交态度等也会增加高铁输出的政治风险。中国"一带一路"大背景下，高铁"走出去"的任务艰巨重大，包括欧亚高铁、中亚高铁和泛亚高铁三条线路的构建。其中，欧亚高速铁路预计覆盖欧洲、中亚、东南亚等17个国家；中亚高铁从乌鲁木齐出发，途经中亚、西亚部分国家抵达德国；泛亚高铁从昆明出发纵贯东南亚抵达新加坡。复杂庞大的高速铁路网络体系的规划构建必然触及了许多国家的敏感神经，同时高举"亚太再平衡"战略旗帜宣布重返亚洲的美国也对中国高铁输出多加阻挠，国与国之间的相互博弈和相互制衡大大增加了中国高铁"走出去"的政治风险。

7.1.2 经济风险分析

高铁项目修建的长期性使高铁项目输出比其他项目输出更容易受到东道国经济风险的不利影响。中国高铁输出过程中的经济风险是指由于经济形势、经营战略、竞争对手、市场供求及价格的变化等而存在投资的经济受到损失的可能性。经济风险由东道国的经济实力、财务状况和经济形势共同决定。东道国内部宏观经济的衰退、金融系统的不稳定、通货膨胀或紧缩的发生等都会使中国高铁项目承受较大的经济风险。同时，国际经济环境的变化也会对中国高铁项目的输出产生经济影响，例如汇率的波动变化、国际相关行业经济发展、国际金融环境的变化等。由于高速铁路项目投资具有规模较大、固定资产比率较高、投资回收周期较长等特点，因此在进行高铁输出的过程中，中国面对的经济风险不容忽视（李继宏，2015）。虽然中国在高铁"走出去"的过程中考虑到了不同输出国家的发展需要，已经尽可能地降低了合作国的经济条件要求，但还是会存在产生东道国和企业在高铁项目合作过程中就规则认知和利益分配等方面产生矛盾的可能性。虽然中国为了促进高速铁路的输出、加快高铁走出国门的步伐，已经尽可能多地整合资金、技术、劳动力等方面的资源，以优惠政策支持高速铁路项目的建设。然而由于"一带一路"路线较长，涵盖多个国家和地区，部分沿线国家经济基础差、资金匮乏，高铁项目建设严重依赖于中国提供的贷款及融资，而中国毕竟单方面实力资源有限，难以支撑高铁项目涉及的庞大资金数量，高铁输出面临着巨大的经济风险。清楚认识高铁输出过程中存在的经济风险并有效规避这些风险，是中国高速铁路输出过程中不容忽视的重要问题。

高铁输出过程中的经济风险主要包括东道国的经济环境、经济稳定性和偿债能力三个方面。东道国经济环境的好坏是中国高铁项目输出评估经济风险时需要首先关注的方面。东道国经济环境主要是指东道国经济情况的好坏程度，良好的经济环境是中国企业进行高铁项目投资、高铁项目建设稳定进行的基础条件。如果东道国经济环境恶劣，缺乏经济建设的基本条件，国家经济管理混乱，经济整体萧条，总体形势下滑，则该国没有足够的经济能力负担高速铁路这一资金耗费量庞大的项目，中国若在这种经济条件下向该国输出高铁，将面临巨大的经济风险。东道国经济环境可以通过国民生产总值、人均 GDP、基尼系数指标衡量。

经济稳定性反映的是东道国经济环境情况的平稳程度，涉及国家汇率的波动情况、外汇管制的松紧程度、非预期通货膨胀发生等多个方面。高铁对外输出过程持续时间较长，并涉及与多个国家的贸易往来，受到汇率浮动变化的影响较大。如果东道国金融市场不够稳定，汇率变动幅度大，那么输出高铁项目在建设过程中或收尾阶段款项结算时受到的经济风险也会增加。外汇管制主要是指东道国为了维持本国货币的汇率稳定或进出口平衡而对外汇买卖和国际结算进行一定限制的有关行为。高铁输出过程中必定要与东道国国家进行货币转换，但由于外汇管制政策，可能会出现东道国外汇管理当局不允许以本币换成可自由兑换货币，兑换成可自由兑换货币也不允许汇出该国，或者东道国高估本币，承包商根据银行牌价兑换蒙受巨大的损失，只能在黑市兑换等问题。通货膨胀主要是指由于东道国国内物价全面持续上涨而导致的东道国货币贬值的情况。在高铁输出过程中，如果东道国出现通货膨胀，那么东道国国内员工的工资和物价水平也会随之上涨，而高速铁路项目涉及的建设环节复杂，资金数量庞大，通货膨胀会导致建设所需资金超过投标时的合理预期水平，从而影响相关决策，造成经济亏损。

东道国的偿债能力主要是指东道国政府或企业的债务情况和利用其资产进行债务偿还的能力。高铁项目涉及多个系统与环节，涉及的资金数量庞大，中国与东道国项目合作完成后有可能无法立即收回全部成本，如果东道国没有较高的偿债能力而爆发债务危机，那么中国在高铁项目建设中的资金就难以收回，导致建设过程中的各类资金直接或间接投入都会受到牵连。东道国的债务偿还能力可以通过债务水平（公共债务占 GDP 的比重）、外债规模（外债占 GDP 比重）、短期内爆发偿债风险和外汇充裕度等方面反映出来。

中铁集团承建的委内瑞拉高铁项目的终止是中国高铁输出过程中受到经济风险的典型案例（张先军，2018）。委内瑞拉的迪阿高铁项目是中国在拉美承建的首条高铁，项目设计线路全长 480 公里，设计时速达到 220 公里。委内瑞拉高铁项目没有启动任何的招标程序，项目最初是由该国政府出资修建的，2009 年中国中铁公司与委内瑞拉国家铁路局签订承建迪阿铁路的合同并于第二年开始施工，其间委内瑞拉政府方面并未找到任何的资金来源，该高铁项目存在着巨大的经济风险。由于国际市场原油价格的大幅度下跌，原本就低迷的委内瑞拉经济又受到巨创，高铁项目开工后，当地政府对各类工程款项的支付就一直处于滞后状态，项目工程开展受到了很大的阻碍，之后随着委内瑞拉国内经济形势的再度恶化，通货膨胀严重，大举负债难以偿还，政府资金链断裂，该项目最终不得不以烂尾告终。委内瑞拉高铁项目的失败主要是受到该国经济风险的影响，一方面，近年来委内瑞拉这一国家的经济环境本身就较差，国内通货膨胀率飙升，国家经济萧条，不具备建造高速铁路的经济基础；另一方面，该国产业结构较为单一，对石油出口的依赖性较大，国际原油价格的下降对该国经济也带来了难以恢复的沉重打击。委内瑞拉项目的失败，提醒了中国高铁输出过程中合理评估并有效规避经济风险的重要性，经济风险是中国高铁输出过程中不容忽视的重要方面。

7.1.3 社会风险分析

社会风险是指东道国爆发社会冲突的可能性，反映了一个国家社会的稳定程度。虽然高速铁路作为高速便捷的交通运输工具可以为东道国民众和社会带来极大的社会效益，但并不是所有的东道国民众都对高铁的进入抱有欢迎态度，高铁建设过程中的线路选取、站点设置、区域协调、征地拆迁、用工、宗教等问题都面临着巨大的社会风险。如果这些社会问题不能得到及时有效的处理，当地民众对中国高铁企业的不满情绪就会日益突出，中国高铁项目的建设难度也会不断增大。高铁输出过程中的社会风险可以从中国与东道国的文化差异程度、东道国内部冲突和东道国员工素质三个方面反映出来。

文化差异程度主要是指由于不同国家或地区历史因素或人文环境的影响而产

生的不同文化之间存在差异的程度。中国与东道国的文化差异程度可以从宗教文化、社会风俗和语言差异等方面进行评价。中国高铁"走出去"过程中需要与不同的国家进行交涉，不同国家项目参与人员之间、企业与社会之间存在的文化差异，可能会导致对同一问题的看法和处理方式完全不同，从而对高铁建设产生不利的影响。从宗教和社会风俗方面来看，中国"一带一路"倡议涉及的国家众多，大部分国家内部又涵盖多个民族，宗教信仰极其复杂，几乎包括了基督教、伊斯兰教、佛教、印度教等全球所有的宗教类型，不同宗教之间还存在着派别之争。"一带一路"沿线国家大约有44亿人口，有宗教信仰的人口大约占总人口的80%，其中穆斯林、基督徒、印度教徒、佛教徒、民间宗教信仰人口数之比大致为32:28:20:10:10，不同民族宗教之间的历史纷争复杂，增加了中国高铁输出的难度，在有些全民信教的国家，宗教文化和社会风俗会严重影响到高铁项目的正常进行。语言差异是指不同国家由于所用语言不同而导致的沟通交流受阻。语言差异的存在可能会导致中国在与东道国交流时，双方不能清楚明了地表达出所要表达的内容，对合同、设计说明书等纸质文件的理解产生差异，由于语言不同而沟通受阻甚至出现误解等。

东道国内部冲突可以通过排外情绪、社会风气和社会治安表现出来。排外情绪是指社会民众排斥除本国以外的其他国家。在高铁输出时，东道国强烈的排外情绪可能会影响项目的正确决策，影响该国法律的公正，加重中国高铁项目建设的难度，甚至引发暴乱，严重干扰高铁项目的建设进程，使中国蒙受巨大的损失。社会治安是指包括社会公共秩序、国家机关办公秩序和公民生活秩序在内的社会秩序的一种稳定有序的情况。高铁项目修建涉及的里程较长，不同地区社会治安的好坏情况会对项目修建产生一定影响。社会治安混乱必然会妨碍高铁项目的正常建设，如盗窃、抢劫抢夺、打架斗殴、流氓黑恶势力等社会治安问题，需要花费巨款来加强保卫力量或者对社会治安造成的问题进行处理，这些都会增加高铁项目的建设成本。社会风气反映的是一定时间和范围内，社会上所呈现出来的习惯风尚，是当地社会群体价值观念与精神面貌的体现。不同国家或地区的社会风气千差万别，不良的社会风气会大大增加高铁项目建设的难度，例如官僚习气重、政府办事效率低下、公职人员品行败坏、职业道德差等问题都会增加项目建设过程中与政府沟通的时间和难度，不利于项目建设的有效推进。

员工素质反映出高铁项目建设参与员工的基本素质，当地工作人员的文化素质也会对高铁建设项目的完成产生影响,东道国民众素质水平不高(工作能力、经验、效率等)、文化知识水平差、知识结构不合理、工作态度不端正等问题,都会使中国高铁企业的人员管理更加费力,管理成本上升,增加项目管理的难度。

高铁项目生命周期长的特性决定了它注定会面临巨大的社会风险,几年的建设加上几十年甚至上百年的运营维护都需要一个稳定的社会环境。然而不同国家的文化差异、宗教和社会风俗、社会治安等问题都会使中国高铁项目在输出或建设过程中处在一个社会风险较大的环境里。在这些国家现有的社会治安情况下,中国即使高铁项目成功中标,在接下来的建设、运营、维护等环节也会面临复杂社会风险问题的考验。

7.1.4 对华关系分析

对华关系是指中国企业在对外投资过程中东道国与中国的政治关系和投资情绪等,东道国良好的对华关系是中国高铁输出的重要保障。不同于其他风险指标,对华关系这一指标从政治经济角度出发评估中国高铁项目对外直接投资所面临风险。进入国际市场后,中国高铁相关企业将面临更加复杂和难以控制的国际环境,东道国对华关系的友好程度是决定是否在该国家进行高铁项目投资的重要影响因素,正确判断东道国对华关系,是降低中国高铁对外投资风险的关键步骤。对华关系可以从投资受阻程度、双边政治关系、贸易投资依存度和免签情况四个方面体现出来。投资受阻程度是中国企业进入东道国投资建设而受到的阻力的反映。斯里兰卡新政府对中国港口援建的重新评估、中信股份收购中澳铁矿项目贬值等都反映了中国对外投资存在受阻的可能性,投资受阻会显著增加中国高铁输出风险。如果中国与东道国签订了类似双边投资协定等专门用于国际投资保护的双边条约,则能有效降低中国高铁企业在当地的投资受阻程度,改善东道国的对华关系。双边政治关系是指两国之间的政治关系,较好的双边政治关系有助于降低中国企业在当地进行投资的风险。贸易(投资)依存度衡量了中国和一国之间的双边贸易(投资)占该国贸易(投资)的比重,输出国对中国的贸易依存度和投资依存度越高,中国在该国进行投资时所面临的风险就会越小,也就越有利于高铁项目的输出。免签情况则衡量了对方对中国公民发放签证的便利程度。根据2017年中国海外投资国家风险报告可知,老挝对华关系友好程度较高,良好的对华关系对中国高铁项目在老挝投资建设的顺利进行有着莫大的帮助。例如，2016年启动的连接中国与老挝之间的中老铁路是泛亚铁路中线的重要组成部分，该线路从中国云南省玉溪市出发，途经多个城市，最终到达老挝的首都万象，线路全长900多公里。这条铁路是首条全线采用中国技术标准、使用中国设备的以中方为主进行投资建设的铁路。

7.1.5 安全风险分析

安全风险是高铁项目在建设和运营过程中受到安全威胁的不确定性，中国高铁输出过程中受到的安全风险主要来自沿线国家恐怖主义袭击、宗教极端主义活动和国内民族分裂势力猖獗等多个方面。研究可知，中国"一带一路"沿线地区历来就是安全风险较高的地区。例如，极端恐怖组织"伊斯兰国"在中亚地区活动猖狂，在面对国际反恐组织或地区政府的反围剿过程中，还多次对叙利亚、阿富汗等国家发动袭击。西欧、中亚地区恐怖主义活动频繁，民族分裂事件时有发生，国际恐怖组织或民族分裂势力组织的恐怖袭击早已从伊拉克、巴基斯坦、阿富汗等不稳定区域蔓延和渗透到印度、印度尼西亚等发展中国家，甚至连发达的欧美国家也难逃一劫。在这些国家进行高铁项目投资建设，中国企业与员工也难免会受到恐怖主义活动的波及，高铁项目输出面临着极高的安全风险。

"一带一路"倡议的推进使中国海外工程承包市场不断拓宽、外派工作人员不断增多，在恐怖主义活动猖獗的新形势下，如何确保我国外派人员的安全，成为摆在中国国际承包企业面前一个十分重要的问题。在中国高铁输出过程中，如果东道国安全形势紧张，具有基建性质的高铁项目极有可能成为恐怖主义或分裂势力选择攻击的目标，从而导致中国高铁输出项目的失败，更严重的是导致东道国与中国相关工作员工的人身安全受到威胁与伤害。事实上，中国企业在走出国门的过程中就曾受到过来自恐怖主义或民族分裂势力发动的恐怖袭击的伤害。例如，在2004年中国对阿富汗援建的一个项目中，恐怖主义分子持枪闯入施工工地，不明缘由地对中国参建工人进行扫射，造成了11名中国工人当场死亡的惨剧。在"一带一路"倡议涉及的伊拉克等西亚国家和巴基斯坦等南亚国家中，国内宗教历史十分复杂，不同宗教派别之间矛盾尖锐。这些国家每年都会由于宗教问题而产生多次冲突，造成大量的人员伤亡。中国如果要在这些国家从事高铁建设活动，应该尽可能地熟悉当地的安全环境和宗教纷争，加强防范意识，提高警惕，在建设过程中尽可能地避开恐怖袭击和宗教冲突多发地，降低受到牵连的可能性。除了宗教极端主义和恐怖主义的威胁外，中国高铁输出项目还有可能会受到东道国民族分裂势力的影响。高铁输出沿线国家中部分国家存在地方割据武装势力，这些势力不服从于国家政权，妄图脱离国家体系。武装民族分裂势力在受到政府的打压时会产生冲突，对所在地区经济社会安全带来负面影响。当武装民族分裂势力处于劣势地位时，它们往往会采取一些极端手段来解决问题，其中就包括通过绑架在建项目的外来员工作为人质来与当地政府进行讨价还价。中国的海外员工就曾遭受过国外民族分裂势力的袭击。例如，2007年在埃塞俄比亚发生的中原油田勘探局工地遭袭事件，该事件是中国企业在海外遭遇伤亡最为惨重的一次袭击。据悉，该事件就是由于当地民族分裂势力不满埃塞俄比亚政府同意外国企业在当地进行石油开发活动而引起的，这次恐怖袭击事件造成了中国9名工人遇害、7名中国工人被掳的惨剧。因此，中国高铁在对外输出建设的过程中，应当有选择性地避开恐怖主义、宗教极端主义、民族分裂势力存在或活动频繁的地区，切实保护中国高铁项目员工的人身安全与相关利益。

除了高铁建造过程中存在的安全风险需要考虑，高铁在后期运营过程中存在的安全问题也要被关注。中国高速铁路"走出去"涵盖哈萨克斯坦、英国、德国、马来西亚等多个国家，总体上来看这些国家都比较友好，从国家层面上目前不存在铁路运营安全问题。但从近几年全球发生的恐怖暴力事件看，无孔不入的恐怖分子还是给境外高铁运营带来了很大的安全隐患。中国计划输出的跨境高铁，部分线路是国际恐怖分子和国内恐怖分子的集中地和频繁活动区域，由于高铁具有载客量大、旅客换乘频繁等特点，在乘客运输过程中恐怖分子混入的可能性较高。同时，由于高铁的安检过程较为简单，相对于飞机来说恐怖分子在高铁上发动恐怖袭击的可能性更大。即使各国提高高铁的安检程度，保障列车沿途的安全仍急需有效的措施。一枚老式导弹几公里外就可重创列车，一枚肩扛老式火箭筒一公里左右距离也可能使列车倾覆，若使用定时高爆炸弹之类的武器后果更是不堪设想。如何保证高铁运营畅通，激发人们的乘坐热情，进一步促进中国高铁输出，都是中国输出高铁建成之后必须要考虑到的现实问题，高铁项目运营安全问题不容忽视。

随着"一带一路"倡议的深入推进实施，中国越来越多的企业和员工开始走出国门。通过与"一带一路"沿线国家企业进行合作，中国企业面临的经营环境更加复杂多变,安全风险发生的可能性也有所上升。自从"9·11事件"发生以来,中国在国外的中资工程承包企业项目安全事件不断发生,每年都造成了相当数量的意外伤亡,对外企业和员工都面临着相当严峻的安全形势,安全风险问题不容忽视。安全风险问题处理程度的高低,不仅会直接影响海外施工队伍建设,还会进而影响中国海外经营战略和市场布局。因此,在高铁输出的过程中,分析、识别和规避现实或潜在的安全风险是中国高铁走出国门,在国际化浪潮中生存和发展的必备技能。

7.2 风险评估

根据上文研究可知,中国高铁输出面临着政治、经济、社会、对华关系和安全等诸多方面的风险问题,为了更直观地观测到中国高铁输出过程中在不同国家面临的风险,本书借鉴汤兆平等(2016)所构造的基于改进的 F–AHP 风险评估模型对中国高铁输出风险进行评价。

7.2.1 高铁风险评估层次结构模型构建

结合上文所做研究,本书从政治风险、经济风险、社会风险、对华关系风险和安全风险五个角度出发,考虑到指标的科学性与代表性,构建中国高铁输出风险评估模型,如图 7–1 所示。

高铁输出风险评估模型主要包括三个层次:第一层是目标层 A,即高铁输出风险评估;中间是准则层 B,包括政治风险、经济风险、社会关系、对华关系风险、安全风险 5 个一级指标,用 u_i 表示;第三层即最后一层是指标层,包括政府稳定性等 17 个指标,用 u_{ij} 表示。可以得出一级风险指标评估因素集为:$U = \{u_1, u_2, u_3, u_4, u_5\}$,二级风险指标评估因素集分别为:$U_1 = \{u_{11}, u_{12}, u_{13}, u_{14}\}$,$U_2 = \{u_{21}, u_{22}, u_{23}\}$,$U_3 = \{u_{31}, u_{32}, u_{33}\}$,$U_4 = \{u_{41}, u_{42}, u_{43}, u_{44}\}$,$U_5 = \{u_{51}, u_{52}, u_{53}\}$。

7.2.2 风险等级评语集设计

风险等级评语集是各层风险指标评价结果可能性的集合,可以通过 V 来表示。本书通过咨询多位相关专家确定对高铁输出风险的评价采用5级标度,得到风险评语集为 V = $\{v_1, v_2, v_3, v_4, v_5\}$,$v_1$ 代表风险低,v_2 代表风险较低,v_3 代表风险一般,v_4 代表风险较高,v_5 代表风险高。

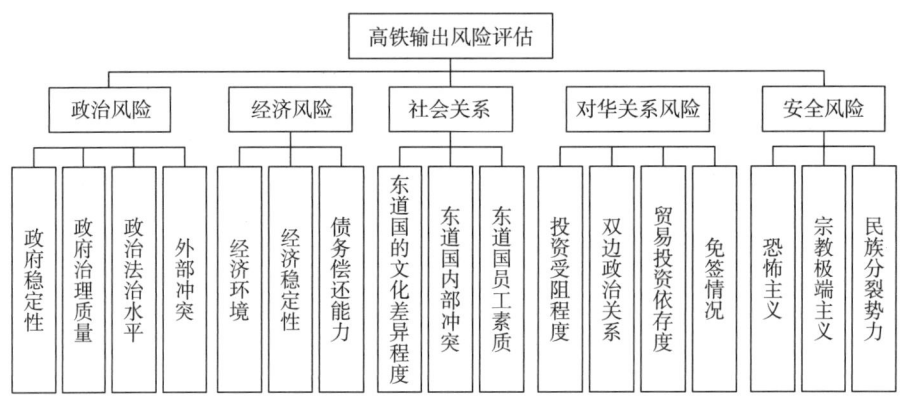

图 7-1 高铁输出风险评估模型

7.2.3 模糊评价矩阵构建

高铁输出风险各指标因素之间的定量关系可以通过模糊评价矩阵表示出来,各矩阵元素代表各高铁输出风险因素的可能存在状态,通过资料收集和咨询相关学者,构建出高铁输出风险模糊评判矩阵,以二级指标 u_{ij} 构建模糊评判矩阵 R_i 可表示为:

式中,r_{ijl} 为高铁输出风险各指标评价。u_{ij} 属于评价集中第 l 级元素 v 的隶属度;$r_{ijl} = s_{ijl}/s$,s 为参与风险评估的专家总人数,s_{ij} 为参评专家中认为指标 u_{ij} 属于评价集中第 l 级元素 v_l 的人数。

$$R_i = \begin{bmatrix} r_{i11} & r_{i12} & \cdots & r_{i1L} \\ r_{i21} & r_{i22} & \cdots & r_{i2L} \\ \cdots & \cdots & \cdots & \cdots \\ r_{in1} & r_{in2} & \cdots & r_{inL} \end{bmatrix}$$

7.2.4 风险评估指标权重确定

为了提高高铁输出风险评价模型的决策效率和精度,本书采用"标度二次转换"的思想,将传统的 0.1~0.9 标度以 -4~4 的标度作为中间量进行转换,对专家意见数据进行转换处理,构建模糊互补判断矩阵。0.1~0.9 标度与 -4~4 的标度转换的对应关系如表 7-1 所示。

表 7-1 标度对应转换

标度类型	甲元素相对乙元素的重要程度与相应标度值				
	极端不重要	明显不重要	同等重要	明显重要	极端重要
0.1~0.9 标度	0.1	0.3	0.5	0.7	0.9
-4~4 标度	-4	-2	0	2	4

注:在 0.1~0.9 标度中,0.2、0.4、0.6、0.8 为上述相邻重要程度的中值。而在 -4~4 标度中,-3、-1、1、3 为上述相邻重要程度的中值。

标度转换的实施步骤如下:按照表 7-1 的转换方法,将原始评判模糊矩阵一次性转换为 -4~4 标度元素,得到多个 -4~4 标度判断矩阵。针对专家评估意见数据中的异常值,可以选用格拉布斯(Grubbs)检验准则进行剔除。通过计算格拉布斯检验统计量 G_{ij}(G_{ij} = 对应矩阵元素的残差绝对值/标准差),选定置信区间概率 P,可以通过查表法得到置信区间 P 下的临界值 $G_p(n)$,将 G_{ij} 与 $G_p(n)$ 进行比较,若 $G_{ij} \leq G_p(n)$ 说明该元素值为正常数据,当 $G_{ij} > G_p(n)$ 时说明该元素为异常值,应予以剔除。将剔除异常数据后的剩余元素求加权平均值,并四舍五入得到 -4~4 标度的合成元素值。

之后进行第二次标度转换,将 -4~4 标度的合成元素转换为 0.1~0.9 标度元素,得到最终模糊互补判断矩阵 $F = (f_{pq})_{n \times n}$。对模糊互补判断矩阵 F 进行按行求和 $r_p = \sum_{q=1}^{n} f_{pq}$,$p = 1, 2, \cdots, n$,通过变换公式 $r_{pq} = [(r_p - r_q)/2n] + 0.5$ 将模糊互补判断矩阵 F 改造成模糊一致判断矩阵 $R' = (r_{pq})_{n \times n}$。其中,$f_{pp} = 0.5$,$f_{pq} + f_{qp} = 1$,$0 \leq f_{pq} \leq 1(i = 1, 2, \cdots, n; j = 1, 2, \cdots, n)$,采用和行归一法求矩阵排序向量:

$$W^{(0)} = (w_1, w_2, \cdots, w_n)^T = \left[\frac{\sum_{q=1}^{n} e_{1q}}{\sum_{p=1}^{n} \sum_{q=1}^{n} e_{pq}}, \frac{\sum_{q=1}^{n} e_{2q}}{\sum_{p=1}^{n} \sum_{q=1}^{n} e_{pq}}, \cdots, \frac{\sum_{q=1}^{n} e_{nq}}{\sum_{p=1}^{n} \sum_{q=1}^{n} e_{pq}} \right] \quad (7-1)$$

通过公式 $e_{pq} = r_{pq}/r_{qp}$ 将互补型判断矩阵 R 转变为互反型判断矩阵 $E = (e_{pq})_{n \times n}$。给定精度 ε，当 $W^{(0)}$ 不满足精度要求时可以以排序向量 $W^{(0)}$ 作为特征值通过迭代法进行计算，直到最终满足精度要求，达到收敛为止。

7.2.5 高铁风险模糊综合评估

设 W 表示一级指标权重向量，W_i 表示二级指标权重向量，W 和 W_i 可通过上文得到，则二级模糊评估向量为：

$$D_i = W_i R_i = (d_{i1}, d_{i2}, \cdots, d_{iL}) \tag{7-2}$$

高铁风险因素集 U 对评语集 V 的隶属向量为：

$$D = W[D_1, D_2, \cdots, D_n]^T = (d_1, d_2, \cdots, d_L) \tag{7-3}$$

在运用模糊层次分析法判断灾害级别时，传统的模糊综合评价方法是按照最大隶属度原则进行判断的，假设模糊综合评价矩阵为 $D = (d_1, d_2, \cdots, d_n)$，则 $d_j = \max(D)$ 即判定待评价灾害级别为 j 级。如果矩阵中的某几个分量之间近似相等，此时依据最大隶属度原则判定灾害级别显然有失合理性，甚至可能导致错误的结论（王静等，2011），因此笔者采用效度指标对最大隶属度原则的有效性进行判断分析，用 n 表示待评价矩阵的元素个数，α 为有效度，β 为最大隶属度，γ 为第二大隶属度，则效度指标可以表示为：

$$\alpha = \frac{n\beta - 1}{2\gamma(n-1)} \tag{7-4}$$

当 $0.5 \leq \alpha \leq 1$ 时，表示最大隶属度原则有效，可采用该原则对高铁输出风险等级进行评估；当 $0 \leq \alpha < 0.5$ 时，此时最大隶属度原则失效，且当 α = 0 时，最大隶属度原则完全失效（王夫歌等，2015）。在失效状态下，为得到准确合理的评价结果，引入级别特征值公式，通过整合全部隶属度的方法来确定灾害风险级别，此时高铁风险评估结果为：

$$H = \sum_{k=1}^{n} k d_k \tag{7-5}$$

式中，d_k 为模糊综合评价矩阵分量。按照上述方法，可以对高铁输出风险进行模糊综合评判，确定所属风险等级，针对风险等级高的国家，中国在高铁输出的过程中应进行多方面考量，权衡利弊，尽最大可能降低高铁输出投资失败的可能性。

7 中国高铁"走出去"的风险研究

7.3 风险规避及控制

根据上文研究可知，中国高铁"走出去"面临的风险主要来自政治、经济、社会、对华关系和安全风险五个方面。中国高铁输出战略涉及多个国家，不同国家政治经济环境复杂多样，社会稳定程度和国家安全水平参差不齐，对华关系也存在差异。在中国高铁"走出去"战略实施的过程中，要根据不同国家复杂的国情，结合东道国实际情况认真评估和合理规避风险，保障中国高铁输出的稳定性，促进中国高铁在海外市场的长期发展。结合上文所做分析，本书从以下几个角度提出建议，以期能够降低中国高铁输出风险。

7.3.1 国家层面统筹规划，加强政企合作

海外高铁建设的风险承担者主要是国家、企业和市场三部分，我们要明确这三方不同的风险管理分工。高铁输出过程是一个极为复杂和漫长的过程，仅仅依靠中国相关企业自身的力量不足以完成，必须从国家层面给予支持。中国可以通过成立高铁输出战略小组，做好高铁输出战略布局的顶层规划，制定相关政策。合理设计高铁输出项目管理机制，使各相关部门做到职责明确，避免多头管理、流程冗杂等问题的产生。在高铁项目协商过程中，国家应加强与东道国的沟通与交流，对东道国政治经济环境有所了解，对项目风险有一个初步评价，确保制定规划的合理性与可操作性。加强国家对中国相关企业的整体协调，促进与相关企业的交流，国家在重大政策的制定过程中，应当多听取一些相关企业的意见，保证政策的合理性。在企业层面，企业是最主要的参与者，也是风险的直接承担者，其自身有一定的能力来控制过程中可能出现的风险和损失且做出相应的应急反应，所以企业作为风险管理的第一责任主体，应提前做好风险预估并管理好自己能力范围内的风险，如文化差异风险、风俗习惯风险、环境保护风险和其他一些较易察觉的风险。各相关企业应积极配合国家战略的实施，通过与其他企业友好合作，提高自身对外输出实力，充分了解东道国体制及法律法规、风土文化等，加强政治风险和安全风险防范意识。市场是次于企业的第二责任主体，是对

企业管理风险的有效补充，市场可以发挥自身中介作用，将企业不善管理的风险转移到第三方，如人身安全风险和自然风险等。

7.3.2 充分考察东道国政治情况，降低政治风险

首先要了解东道国的社会政治环境，对东道国的政治体系、各政治党派团体及其主张做好提前的信息收集，除了与东道国政府达成一致外，还要和其他政党搞好关系，确保中国与东道国政府达成的项目不会因为受到其他政治势力的反对而终止。努力与投资国签订有关投资的特许协定，使中国高铁输出项目能够得到相关支持。通过搭建高铁项目输出交流平台，企业间接借助海外机构、跨国公司、银行、民众等各界的力量收集东道国政治信息，为高铁输出企业提供多方面的可靠信息。同时，在高铁项目达成合作后，中国政府与企业也应当建立一些交流机制，加强沟通。及时发现高铁建设过程的问题隐患，并提早消除。针对高铁建设过程中已经产生的问题或意见分歧，则应通过双方友好交流，达成一致意见，共同解决。

7.3.3 调整资金政策，保障经济稳定

做好对东道国和合作企业的经济信息收集，确保东道国政府有足够的经济基础支撑高铁项目的平稳进行。利用相关模型对东道国和企业的经济情况做合理预测，由于高铁项目的修建是一项时间长、耗费资金巨大的工程，东道国经济的稳定性及高铁修建期间内的经济发展情况也需要被重点关注，通过对东道国经济发展的合理预测能够帮助中国企业认识到项目修建过程中潜在的经济风险，可以对项目的承建提供相关资料或提前做出应对措施，尽可能减少经济损失。由于目前中国的高铁输出过程不仅仅是为了盈利，还带有更为重要的战略意义，因此在高铁输出过程中不仅仅是为了追求经济效益，中国还提出了"大米石油换高铁"的方法促进中国高铁输出。但尽管如此，中国企业还是应当明确，高铁的建设不是一朝一夕的事情，高铁"走出去"要首先以市场为导向，规避东道国经济风险，像委内瑞拉高铁项目失败的事情一定要避免再次发生。从总体来看，中国高铁对外投资经济政策还比较保守，对经济环境较差，但经济发展态势良好、还债能力强的国家，中国可以提供相应的政策支持，适当地降低自筹资金的要求，降低贷款利率，延长贷款周期。同时，也应加强中国与其他国际金融机构的合作，

充分利用亚投行、金砖国家开发银行、丝路基金、世界银行全球基础设施基金等多渠道融资，解决"一带一路"沿线东道国建设资金筹措问题（胡海晨等，2017）。为中国高铁输出相关企业提供一定的优惠措施，如降低税收、增加补贴等减轻企业压力，提高企业热情。

7.3.4 了解融入当地社会，获取社会支持度

高铁输出过程中的社会风险也是中国企业不容忽视的地方。一方面，中国高铁企业要了解东道国的社会治安环境和风俗文化，洞察民众的需求和对企业的初期印象，了解当地人的办事效率、重视承诺程度和宗教限制等，并在高铁建设过程中结合当地情况做出正确反映，如果中国高铁企业不了解这些关键因素，势必会造成巨大的损失。另一方面，中国高铁企业也应该注重在东道国塑造良好的企业形象，主动承担社会责任，提高东道国民众对中国企业的认同感，提高企业软实力。高铁建设这类基础设施与当地民生息息相关，在建造过程中不仅要在工程质量方面有所保障，同时还要借助媒体、机构、政府等方面进行合理宣传，可以通过播放高铁纪录片，向东道国社会民众展示中国的高铁技术和实力，提升企业形象。可以通过招聘当地员工和工程技术人员缓解当地的就业问题，购买当地原材料、机器设备促进当地经济发展，与当地政府民众建立责任利益共同体。最后，中国高铁企业应当掌握舆情，因势利导，做好民众针对项目的信息收集分析工作，充分了解百姓关于高铁项目的诉求，与社会媒体进行良好互动，通过大众媒体改变民众对企业的态度。

7.3.5 合理评估安全风险，切实保护相关员工人身与资产安全

中国高铁输出战略涉及的国家中，部分国家政权动荡，国内恐怖袭击事件时有发生，因此高铁输出过程中要提前做好安全风险评估，对于一些恐怖分子与民族分裂势力猖獗、恐怖袭击频发、安全风险高的地区，中国在与东道国协商的过程中应主动避开这些地区，从源头降低安全风险发生的概率。同时也要切实保护相关人员的人身安全与资产安全，中国应当把高铁"走出去"过程作为与"一带一路"沿线国家的重要交流与合作环节，在与东道国进行外交过程中强调对高铁输出相关资产利益和人员的保护，要求东道国政府为中国相关企业与员工建立人身安全与资产安全保障机制，从东道国角度保障中国企业与人员的相关利益。

中国应当树立大国意识，针对中国海外工作人员的人身和资产安全问题提出相关主张，要求外交保护权。另外，中国也应当建立海外安保组织有效应对突发事件，一旦有安全事件发生，应当立即采取营救措施，以员工生命安全为第一位，尽可能将损失降到最低。

8 中国高铁"走出去"的人才培养研究

党的十八大以来,习近平总书记把科教兴国、人才强国和创新驱动发展战略摆在国家发展全局的核心位置,极其重视人才培养工作,提出一系列新方向、新思路、新要求,为中国高铁"走出去"加强人才队伍建设、提升国际竞争力明确了道路。"一带一路"是一项具有重大影响的国际合作倡议。随着"一带一路"与国际产能合作纵深发展,企业"走出去"迫切需要培养一批熟悉目标国政治、经济、法律等领域,具备一定跨文化交流能力、英语能力、商务能力,能够带领企业务实高效地开展产能合作的人才[①]。

2009年,中国正式提出高铁"走出去"战略,初步设定了三大战略方向,分别是欧亚高铁、中亚高铁、泛亚高铁。随着近年印度尼西亚雅万高铁等一批项目的落地,高铁已经成为中国的一种象征和标志。目前,高铁"走出去"对中国轨道交通国际化高端复合人才——国际化人才、专业技术人才和运营管理人才的培养提出了更大的挑战。数量的保证、质量的升级、人员具备能力的扩充,都是当前亟待解决的问题。国际化高端复合人才的短缺问题,是"一带一路""引进来""走出去"战略构想实现的一大阻碍(蒋斌等,2015)。

据不完全统计,截止到2016年,"一带一路"沿线国家正在与中国洽谈修建的铁路总里程超过1.6万公里,按照20人/公里铁路定员标准测算,预计会有30万人的培训需求产生。从长远来看,中国目前正处在高铁"走出去"的初期,未来将会有越来越多的"一带一路"沿线国家与中国签单,人才培训需求具有可预见性。以埃塞俄比亚为例,该国规划的国家铁路网络是由八大铁路线路构成的。铁路网的建设一共三期:一期已于2015年建成通车;二期工程总长预计为

---

① 资料来源:https://mp.weixin.qq.com/s/qZlgdhf9-ABGlK9_yWjCQg。

2000公里;远期规划的线路总里程将超过5000公里。届时,埃塞俄比亚将形成非洲最大的铁路网,轨道交通人才需求达到10万人以上。面对庞大的高铁人才需求量,中国目前的培训速度及人数远不能满足当前的需要。

中国高铁建设能力的不断提高、中国标准的不断完善都是中国高铁竞争力不断提升的表现。但中国高铁的"走出去",仅靠硬件还不够,人才支撑同样关键。如何解决中国高铁"走出去"的人才培训问题,是中国高铁必须突破的困难与必须迎接的挑战。

8.1 人才培养的必要性

8.1.1 国际商务人才是中国高铁"走出去"的迫切需求

中国"走出去"战略逐步实施,国内企业的海外业务也不断延伸,但是人才储备无论在数量还是质量上都难以支撑,特别是国际化高端商务人才,是高铁"走出去"的第一步,要与意向国洽谈项目,需要营销、法务、外语、谈判等多种技能。当前国际商务人才的缺口问题,已经成为横亘在企业国际业务拓展道路上的巨大屏障(郑晋鸣,2015)。国家应集中力量抓紧储备一批国际化商务型人才队伍。国际化复合人才的培养培训迫在眉睫,必须尽快提上日程。征集具有"走出去"经验的人员成为人才培训队伍导师,以点带面、以优带劣、以老带新,弥补短板,培养人才方队,为中国高铁"走出去"保驾护航。目前,强化项目外语、解读国际标准、增强项目管理能力,以及国际咨询工程师联合会(FIDIC)、NEC认证工程师培训是中国急需迅速开展的工作,以此尽快提高海外人员的国际化素质(徐飞,2016)。

8.1.2 专业技术人才是中国高铁"走出去"的有力保障

高铁项目建设队伍的人员结构较为复杂,人员素质参差不齐,给项目完成的及时性、完整度和质量安全埋下了一定的隐患。负责高铁项目修建的,有高级技术工程师、一定数量的一、二级技工加以辅助,无任何技术的工人在现场予以支持。目前，能够达到国际要求或具备国际领先水平的专业技术人员非常缺乏。中国的海外留学生目前尚处在初步接触有关领域的国际惯例和规则的阶段，专业海外施工技术的掌握需要一定的时间。跨文化交流能力、宗教信仰接受能力及价值观适应能力的欠缺也是影响施工进度不容忽视的原因。例如中国承接的沙特阿拉伯轻轨项目，由于沙特阿拉伯是伊斯兰国家，每年9月及12月分别是当地的开斋节及朝觐时间，当地的合作方及穆斯林工人在此期间不工作，造成施工进度缓慢；此外，除中国企业，多国企业实行8小时或低于8小时工作制，国家制度层面的冲突造成施工配合度下降，直接导致工期难以保证（梅文雅，2016）。因此，专业技术人员除了需要具备过硬的技术，一定的文化适应能力也需要同时具备。

8.1.3 运营管理人才是中国高铁"走出去"的坚实后盾

"一带一路"沿线国家是中国高铁"走出去"的主要"出海区"。根据已知情况，以上国家的经济发展情况总体较为落后，总体工业化水平较低，不具备或稍具备基础的铁路运营及管理经验。已有的技术和管理人员的知识储备不能满足高铁建设和运营的需求（黄河，2015）。因此，中国培养运营管理人才为高铁"走出去"增加了砝码，辅助东道国培养运营管理人才，承担现有铁路或规划建设铁路的管理工作。

8.2 国际化人才分析

世界政治、经济和人民生活的方方面面，都深受高铁的影响。李克强总理成了首席的"高铁推介官"，更加说明了高铁在中国举足轻重的地位。"一带一路"是高铁承办海外项目的推送带。高铁走出国门，势必伴随着相关人才走出国门，国内外高铁产业链上的各产业都需要相应人才的支撑。根据《中长期铁路网规划》，中国高铁将构建"十纵十横"客运主干网，与"一带一路"倡议紧密相连。因此，推动中国高铁"走出去"，加快"一带一路"沿线国家的高铁建设，推进国家战略发展与行动实施，迫切需要一大批国际化高铁人才（郑晋鸣，2015）。

"一带一路"沿线国家的国情各异、局势复杂，部分国家仍处在政局动荡阶段，依靠本地的人才及相关部门进行培训具有一定难度。中国高铁"走出去"，除了自身需要一批商务型的国际化人才进行高铁的推广、项目的谈判等，东道国也需要相应的人才与中国商榷相关事宜。目前，中国高铁"走出去"急需律师、谈判专员、国际营销专员、商务人员，尤其是对国际贸易规则精通、善于发现漏洞并弥补中国自身短板、能与东道国企业及政府进行有效沟通的高素质人才（郑健，2015）。

8.2.1 国际商务型人才紧缺

目前，中国在专业技术提升上取得了长足的进步，但对于商务型人才的培养依然有所欠缺。人才培训体系尚处在从计划经济向市场经济转型的变革期。对轨道交通产业人才需求的变化，没有及时从单一技能型人才（工业化社会）的培养，转向培养集跨文化交流、项目英语、国际营销等能力于一身的全面的国际商务型人才。具体表现在自身具有极强综合能力的导师欠缺，且现有导师能力及质量参差不齐，未有统一的能力核定标准，课程注重书面化，实际操作能力欠缺，人岗匹配度不高等（郑晋鸣，2015）。中国高铁"走出去"所需的国际商务人才，不仅需要对国际通用合同条款FIDIC、NEC等熟悉掌握，尤其要精通国际贸易规则，还需要深入了解如何发挥中国目前最大优势，同时规避不利条款。尽管高铁"走出去"已成举国共识，中国却至今没有一套完整的英文版中国高铁标准规范。目前，中国的英文版技术与商务文本的质量远落后于其他具有高质量标准文本的竞争对手。2012年底中国高铁出口北欧的一个项目，经过我方营销团队两年多的艰苦努力，距离成功竞标只有一步之遥，最终却因中方的商务文件中将"刮雨器"翻译成了"抹布"，错失了竞标机会（杜芳芳，2018）。因此，掌握项目英语、国际通用条款及国际贸易规则不仅有助于高铁"走出去"，更有助于中国标准的完善。国际商务人才还需要具有国际视野、能够顾全大局、心理素质极强的人员。商务人才需要具备必要的商务礼仪、商务谈判技巧、商务口才，需要一定程度熟悉海外勘察设计规范，需要适应差旅工作，必要时要长期驻扎海外（徐飞，2016）。

8.2.2 国际营销人才缺乏

国际营销人才不单单是推动中国高铁"走出去"，高铁全产业链都可以通过营销手段进行推广。中国的高铁建设技术、机车、装备制造、中国标准、运营管理经验等都在营销范围之内。目前,中国是世界上高铁运营里程最长的国家,具有最丰富的国内建设经验。中国高铁的运营里程仅限于国内数量位于世界第一,如何推动中国高铁走向世界是国际营销人才急需探索的方面。高铁及相关产业作为高投资、资金回收周期长、利润低、建设难度极大的交通基础设施产业,"走出去"困难重重。高铁"走出去"对营销人才有很高的要求,优秀的高铁国际营销人员既要精通高铁技术,同时还必须具备很强的营销专业能力、跨文化沟通能力以及商务谈判能力。一个既懂技术,又懂营销,又能用英语顺畅交流的人才,是中国目前培训人才的重点方向。这些软实力,恰恰是目前中国最为欠缺的。

8.3 专业技术人才分析

随着中国铁路现代化建设不断推进,高速铁路专业技术人才需求与供给的矛盾日益突出。目前,中国的高铁专业技术人才仍不足以对高铁海外工程项目建设形成有力支撑。通过积极的技术创新,中国高铁已经达到了国际一流的水平,知识产权不再是中国高铁"出海"的阻力因素。但是硬实力迅速提升的同时,中国技术人才的各方面素质的提升却没有跟上。人才素质的提升不仅是国内高铁建设的需要,更是"一带一路"沿线发展中国家的需要。专业技术人才作为高铁建设、装备调试、运营维护、通信信号等任务的直接承担者,其专业知识理论架构、实际技术操作能力及熟练程度等方方面面都对海外高铁整体项目工程的成败起着决定性作用。因此,当务之急就是培养一支专业度过硬、技能高超、吃苦耐劳的高素质技能人才队伍(赵炬烨,2013)。

8.3.1 人员欠缺业务能力与职业素养

我国高铁从业人员素质及业务水平不能达到国际水平是中国专业技术人员面临的一大难题。首先,高职院校及退伍军人是中国目前铁路从业人员的主要来源,从业人员学历及技术水平参差不齐,与当前飞速发展的高铁技术并不能完全匹配。例如隧道建设工作，之前开挖隧道上下左右的误差是以厘米为单位，现在2～3毫米的误差都是不允许存在的。其次，除了专业技术精准度要求增强之外，各工种之间的密切配合程度加深。一项小工程就需要几十个工种的工人之间密切协作，每道工序的成败都对下一道工序产生直接的影响。一个小环节的纰漏就可能造成整个工程的失败。因此，工程建设不仅是对专业技术的考量，也是对工人耐心、责任心及心理素质的检验。最后，迅速发展的不仅是中国高铁的技术，同时也包括装备的更新变革。新一代的控制系统、调度系统、动车的检修都对专业技术人才提出了更高的要求，对教育培训提出了更高的需求。根据现状，大多数专业技工没有接受高等教育，职业素养方面也有所欠缺（蒋斌等，2015）。

8.3.2 专业技术要求越来越高

高铁"走出去"靠价格战的时代已经过去了，中国高铁技术的不断成熟及取得的荣誉，使低成本、"赔钱赚吆喝"的时代一去不复返了。中国拥有了自主知识产权及核心技术，使技术不断升级换代，相应地，对保证技术实施的技术人员要求呈几何级数增加，要适应新工艺、掌握新技术、熟练调试新设备，是技术人员目前面临的大难题。全球铁路轨道共分为宽轨（1.524m）、标准轨（1.435m）与米轨（1.0m）三种制式，中国全部采用标准轨，东南亚地区建有米轨交通网络。米轨的轨距狭窄，意味着技术难度的升级与平稳性要求的增高。除此之外，保证运行速度也是必要的。一列动车组有上万个零件，研制周期长且工序复杂，需要专业性极强的技术人员支持。中国高铁"走出去"，势必要培养一批能应对国外修建高铁时出现的技术性问题的专业技术人才，为中国技术的输出作担保。

8.3.3 确保安全运营赋予新任务

安全是高铁运营的重中之重，一颗螺丝的错位就可能造成巨大的祸端。确保高铁的安全运营是专业技术人员重要的责任。技术的革新与发展，需要专业技术人员不断更新自身的技术体系，增强适应新技术的能力，增强专业素质，定期实行技术考核，保证持证上岗。安全运营不是单一岗位的专业技术人员的责任，而是轨道、机车、装备、维修等各个环节人员共同协作的系统工程，要在强化自身素质的同时，增强团队意识。

8.3.4 关键岗位专业人才分析

关键岗位的专业人才往往起着承上启下的作用。只有各关键岗位的技术人员像齿轮一样密切配合，才能保证项目的顺利实施。随着高铁技术与设备的不断革新，关键岗位对人才素质的要求越来越高，人岗矛盾问题也越来越突出。要坚持切合实际、精准有用的原则，各关键岗位的人员都是一门关键技术的掌控者，与其他岗位之间有岗位壁垒，因此学以致用显得极为重要。现场教学及实际操作的结合程度成了衡量关键岗位人员的重要指标（过莉，2011）。

8.3.4.1 新方法的探寻

实践教学是目前人才培养的重中之重。教学与培训方法需要推陈出新，根据受训者实际需求，在大众培训的基础上实行精准培训与个性化培训教学方式。理论培训、考核不能代替实际操作，也不能与实际教学脱钩。百学不如一练，只有通过实践教学，激发人员的兴趣与参与度，实践中出现的问题能够得到及时有效的解决，才能提高培训组织的可操作性及有效性，更好地实现因材施教。通过开展案例教育，在情景化的演绎中，切实讲述高铁"走出去"的实际问题，打开学员盲区，还要进行人员的心理建设，提高应对突发事件的能力和反应力。

8.3.4.2 新教材的开发

技术的不断更新要求教材与时俱进。关键人才的培训资料，目前存在不系统、不完善、不具体的问题。关键岗位，意味着每个岗位都是不可或缺的，在项目链条上是必不可少的一环，承担着自身的责任。随着高铁的快速发展，新兴诸多前沿技术，需要特定的人才填充，所以相应的教材是培训的关键，要积极动用组织及人员的力量，编写相应的教材，逐步完善关键人才的培训体系。

8.3.4.3 新体制的健全

关键岗位人才是技术培训的核心，对其培训成果的检验考核机制也应尽快完善。项目的顺利实施、运营的安全、高铁的建造质量需要通过对关键岗位人才的把控来确保实现。

8.4 运营管理人才分析

随着铁路现代化建设加速推进,特别是中国高铁"走出去"面临的铁路运营管理问题,如何与当地政府、相关部门结合进行铁路的运营与管理成为高铁建成后期亟待解决的问题。建设是合作的硬件基础,运营是合作的长效保证。运营是否能为当地经济的发展带来促进作用、是否具有潜在隐患都是目前面临的棘手问题。培养一批综合素质和能力适应高速铁路运营管理需要的人才已成当务之急(计卫东等,2011)。

8.4.1 东道国缺乏管理人才

坦赞铁路是20世纪70年代中国援助非洲的"金字招牌",实现了中非两国双赢的局面。坦赞铁路促进了坦赞两国商贸人员的交流与城乡物资的流动,极大地促进了两国经济的发展。铁路沿线顺势兴起大量城镇,成为各区经济、政治及文化中心。铁路平均年运输50万吨各种货物,平均年运送50万人次的旅客,至少拉动着坦桑尼亚邻近赞比亚的南方1/3以上地区的经济发展。40年运营期过后,坦赞铁路原中国受训员工大批退休,使铁路管理混乱、养护难以为继、事故频出、长期亏损,已处在瘫痪边缘。虽然目前中国已出资,协助非洲修缮铁路,但这个案例带来的惨痛教训值得我们深思。授人以鱼不如授人以渔,中国高铁"走出去"应在调动本国管理人才的同时,积极培育属地国相应人才,帮助目标国真正建好铁路、用好铁路、管好铁路(徐飞,2016)。

8.4.2 文化冲突

进入市场难,守住市场更难。守市场最有效的办法就是本土化,培训和聘用本地的职工。本土化绕不过去的坎就是文化冲突。2010年,南车株洲电力机车有限公司首次进入马来西亚,获得近40亿元的城际动车组订单。2013年,南车株机在马来西亚建设轨道交通装备制造基地,计划实现本地化生产,通过招收马来西亚人,促进本地人员的就业,同时进行技术输出,培育未来产业链。但是当地政府、银行、居民、工程承包方、技术合作方等各种利益相关主体的复杂关系使项目进行时总会有冲突。

8.4.3 培养模式存在问题分析

8.4.3.1 培养模式缺乏实效性

高铁运营管理人才培养模式缺乏实效性。高铁运营是综合理论与实践、兼顾海内外多样性的活动。当前,中国主要的培养模式,以高校学位型培养模式为例,注重学生的理论培养,受众面受到极大影响,不具有普适性。目前,高校实行扩招,一定程度上增加了受众,但高校及职业院校的教育随之成为大众化教育,教授具有模式性的书面知识,学生难以从机械的书本教育中真正掌握运营的精髓,这也是当前管理类学科面对的普遍性问题。岗位实践在一定程度上能够缓解人岗不匹配的问题,但岗位数量是有限的。专业的培训机构,由于良莠不齐、数量众多、鱼龙混杂,很难控制培养的人才质量,且培训机构大多奉行快速成才理念,也导致人才培养很难有更长远的发展。

8.4.3.2 培养模式相对单一性

高铁的发展性及成长性已得到国人认同,但是高铁运营管理等软技术层面的重要性还未在社会中达成共识。高校以育人为主、专业机构以盈利为主,本身都不具有极强的带动力。开设高铁运营管理专业的高校较少,当下社会更倾向于培养具有市场需求的专门人才,现代年轻人也更倾向于资金回笼较快、时间成本低的专业。因此,供给侧方面运营管理培训吸引力疲乏且单一、需求侧方面人才资源缺乏是造成运营管理人才培训难以推动的一大原因。对于运营管理的职业资格认证,近年内没有突破性进展,更多是通过周边领域的证书侧面肯定人才具有相关能力。综上所述,培训模式依旧以高校及专业机构为主,模式较为单一。

8.4.3.3 培训模式缺乏国际性

国内的运营管理培训依然是沿袭之前的模式,根据国内现有的实践经验进行传授,与中国高铁"走出去"的国际化战略不相匹配。缺乏具有海外实践经验的专业人员的针对性指导,缺乏跨文化交流能力,缺乏异国管理模式的认识与经验,成为中国高铁整体走出国门的阻力。高铁新技术培训模式未结合现场设备实际"因地制宜"和根据个人特点"因材施教",实际海外案例教学的缺失使人才难以将所学知识活学活用、融会贯通。

8.5 人才培养战略

8.5.1 人才培训目标

8.5.1.1 铁路高校培训目标

(1) 高校要建立国际化人才培养长效机制。高校要积极承担"探索有特色高水平大学国际化人才培养模式"国家教育体制改革试点项目,并积极对接和服务"一带一路"倡议、高铁"走出去"战略,结合高校自身特色,在轨道交通国际化商务、专业技术、运营管理人才培养方面进行系统创新,形成高校特色的人才培养模式,构建人才培养架构,逐步建立起国际化人才培养长效机制(曹国永,2018)。中国高铁"走出去"是国家长期战略,从开展到实施再到形成规模和品牌是螺旋式上升的过程,需要长期的人才储备予以支持,所以国际化的人才培养长效机制是必不可少的。各高校应首先注重顶层设计,逐步推进实施。通过高校自身的影响力及带动力,联合相关交通类高校,逐步在全国铺展开国际化人才的培养,满足中国高铁"走出去"对人才数量、质量、层面方面的多元化要求。积极与世界知名交通类大学建立合作关系,为学校公派、联合培养、校际交换等各类国际交流项目打下坚实基础。高校可以项目为基础,建立外籍人员培训班开展与涉外企业合作、对外直接合作、商务部援外工作与国际项目培训等,建立本国与海外互相联合培养的长效合作机制,实现双方互惠共赢(曹国永,2018)。

2018 年 7 月 26 日,由中国外交部、教育部和贵州省人民政府主办的"第十一届中国—东盟教育交流周"① 在贵州省贵阳市盛大开幕,对跨境办学、人才培养、产教融合及师生流动等专题进行深入研讨,是中国与周边国家联合培养高铁人才的典型案例。

(2) 创建轨道交通国际化人才培养新模式。高校可以通过校企合作、联合

---

① 资料来源: https://mp.weixin.qq.com/s/ZebZICUbT-IwjhXGjsjo2w。

办学、境外办学等方式,尝试建立国际化学院,培养国内及周边国家国际化商务、专业技术及管理人才,构筑支撑国内及海外建设的轨道交通及相关工程的人才培养体系。随着国际化办学水平提升,进行国际知名高校共建国际化办学校区,引入先进的质量评价标准,实施合作办学,可采用"1+1"模式,即学生在本国完成基础知识框架理论、技术规范及标准学习,再去国外学校了解当地文化习俗、人文背景等,去实地调研学习当地的高铁修建模式;或学生先行在国外学习国际化的标准及相关知识,再回到国内与国内实情相结合,进行实习实践。与此同时,教学手段与教学内容也需要与新的培养模式匹配,注重以实际海外项目作为教学案例,邀请实际的技术人员、管理人员开展专项培养,配备专业化的师资队伍,观看相关视频影像资料,加强实训。从形式到内容,逐步创建轨道交通国际化人才培养的新架构,拓宽轨道交通国际化人才培养途径,努力创建轨道交通国际化人才培养新模式。

8.5.1.2 铁路公司培养目标

铁路公司是高校以外另一个培训主体,能够直接在岗位上对各类铁路职员进行培训。但是铁路公司也常常出现站段领导或其他主管部门管理者认为培训没有起到应有的效果,难以解决实际问题,治标不治本的情况。究其原因是在人才培训时没有对症下药,事先没有确立正确的人才培训目标,按需培养。铁路公司作为各类职员工作的前线,只有确立了明确的目标,才能使培训得到事半功倍的效果。培训目标的确立主要考虑三个方面:人才培养总目标、人才个体情况及培训立项目的。首先,各铁路公司经营实际情况各不相同,内外环境、资源条件、人员配比都不同程度上存在差异,人才培训的总目标即需要通过这些分析确定下来。其次,个人的年龄结构、学历背景、岗位工作时长及特质、知识结构和个人需求都不尽相同,要综合评定个人的实际情况。最后,培训活动的举办需要具有明确的目的(过莉,2011)。通过培养目标的确定,才能真正体现出培训的实际价值。除此之外,人才工作实效是培训的最终结果,属于"一体",人才培训质量及人才学习能力属于"两翼",正确处理"一体两翼"的关系,把握其中关键要素,才能最终实现铁路段培养的总目标。

(1)"一体":学以致用是培训最主要的目标,因此培训的工作实效非常关键。培训应该对症下药,针对学员的弱项进行培训模式的设置,弥补不足。坚持实际培训与岗位作业相结合,真正提升人才作业能力,在实践中不断成长。

(2)"两翼":①人才质量是目的。高质量的培训会使人才受益匪浅,同时全神贯注,充满热情。因此,在组织培训时要重视课堂的案例设计、过程设计等方面内容。案例设计是真实案例,通过情景再现或模拟情景等方式锻炼学习者的思考能力、反应能力。同时,真实的案例有助于拓宽学习者的认知维度,具有一定代入感,更易于激发学习者的学习热情,达到与学习者产生认知共鸣的目的。过程设计,是对培训过程的整体把握,包括培训过程中内容的掌控、导师及职员角色的定位、有哪些环节及如何衔接,保证培训内容的紧凑。②学习能力是保证。相同的培训课程可能会得到不同的培训结果,很大程度上取决于个人学习能力的高低。高素质人才,除自身端正的学习态度及培训专注度外,天生的学习能力是不可忽视的重要因素。具有超强学习能力的人,要培养其团队意识,主动分享学习方法。各铁路公司应设置相应的培训课程,提高人才的学习能力。学习能力的提高势必会帮助培训达到事半功倍的效果。

8.5.2 高校培养策略

近年来,中国高铁以举世瞩目的"中国速度"和与日俱增的自主化成果,成功走出国门、走向海外,与多个国家签订了各类合作协议。短短几年来,中国先后与印度尼西亚、泰国、老挝等国签署高铁合作协议。随着中国高铁标准的国际化、各项合作协议的逐一落实,各国对高铁国际化人才的需求也节节攀升,许多国家已经将高铁人才订单发至中国国内具备培育轨道交通国际化人才能力的高校及职业院校。① 这一现象固然可喜,却也对中国的高铁行业和相关高校及职业院校提出了打造中国国际高速铁路人才教育品牌的新要求。

8.5.2.1 校企合作

开设轨道交通国际化专业的相关院校要科学制定教学大纲,精心编制教学课程,保证培育出的高铁人才不仅熟练掌握高速铁路专业知识和国际铁路标准,也要具有良好的跨文化沟通能力②。国际化高端人才需要提前进行充分的调研,自身的资源才能在培训时得到充分释放。因此,校企之间紧密协作时,要注重对高端人才自身需求的把握,对高铁市场中相关专业的发展趋势有明晰的判断,将符合高端人才定位的人员配以符合自身需求的岗位、技能培训,并进行职业规划。

---

①② 资料来源:http://opinion.e23.cn/a/2018-07-29/113469。

对高端人才的岗位培训能力是至关重要的,要以此为培训主线,将实际岗位任务与培训有机结合,打造无缝衔接的培训模式,实现工作与培训融合、教学与课程融合、能力与知识融合、校园与企业融合的校企深度合作的局面(罗伟,2016)。

8.5.2.2 校政合作

政府作为最有力的政策推动者,结合中国目前人才需求现状,基于一定的人才结构向铁路各高校及职业院校提出人才配比政策等,逐步培养中国目前紧缺人才。政府也可在资金、补贴等方面向高校及职业院校倾斜,为人才培养创造有利的环境及条件。各铁路高校及职业院校应联合铁路相关大型事业单位,在政策导引、讲师配比等方面给予不同程度的帮助;积极争取与政府协作,开展大型培训,在国内外铁路工程建设过程中,安排学生实地参与访问、调研等,有助于加深在校生对知识的认识与理解,把控细节,更好地将理论内化于心、外化于行。

8.5.2.3 国内校校联动

高校之间要紧密合作。学校层面,国内各铁路高校及职业院校,应充分结合自身特色及优势,将目前人才培训方面的难题与自身优势专业与优势领域对接。一方面,扬自身之所长,根据优势解决问题;另一方面,用他人所长,联合铁路兄弟学校研究当前亟待解决的难题。通过优势互补,实现国内高校之间校校联动,共同商议人才培养大计。教师层面,各校优秀教师之间可定期互访,为各高校增加新鲜知识与养分,实现一定程度上的资源共享、信息互通、人才共用的局面。学生层面,可增加铁路兄弟学校学生之间互访与交流,提倡联合培养,打造专业领域内的专项人才。层层相扣,逐步凝聚国内铁路学校之间的凝聚力,使人才培养更上一层楼。

8.5.2.4 国内外串联成圈

中国高铁"走出去"迫切需要与国际接轨的国际商务人才、专业技术人才及运营管理人才。在接受国内相关培养的基础上,人才应更多地接受国际化的知识理论、观念、技术标准等,同时掌握国际化能力,例如英语能力、国际标准研读能力、商务礼仪、国际贸易法规研读能力等,通过自身能力的提升输出为高素质型国际化人才。因此,国内外高校之间的合作显得极为重要。通过海外办学等方式,接收海外学员、将国内学员输送至国外,实行国内外双培养制度,充分利用国内外资源。除知识理论层面,海外实际情况及国情、社情和文化层面,也是国内外联合培养的一大重要原因。学员有机会走出国门,实际感受文化碰撞等高铁"走出去"正面临的问题，有助于加强学员心理建设及文化适应能力等。国内高校应积极地申报中外联合培养项目，主动了解、学习并掌握国外高铁相关情况、风土人情和习俗等，为今后中国高铁"走出去"打下坚实的基础。

8.6 国外人员培养案例

8.6.1 北京交通大学：培养高铁人才，服务"一带一路"[①]

中俄交通学院是北京交通大学与俄罗斯圣彼得堡国立交通大学联合创立的，这是中国轨道交通第一个"走出去"的境外办学机构。该校设立了3个国际中心研究机构，分别是中美、中英、中俄；学校还承担国内外超过万人次的高铁资格类培训，为坦赞铁路、肯尼亚铁路培养留学生，为印度、蒙古和泰国等东盟国家以及非洲共26个国家开展高铁储备人才培训。

2017年，北京交通大学有"一带一路"相关生源国40个（占比34.5%），留学生1024人（占比50.8%）。学校一方面为国内高铁建设运营培养人才，更重要的是通过搭建平台，服务高铁"走出去"。依托中俄交通大学校长联盟与蒙古国乌兰巴托铁路局及蒙古国交通运输部，学校已招收俄罗斯高校及蒙古诸多优秀人才进行培养。在对留学生的教学过程中，针对专业课程开展对应的实践活动，锻炼学生思考、处理项目的能力，提高了动手实践能力。文化冲突是国际合作办学不可避免的，因此学校非常注重留学生的文化适应问题。学校采取中外学生同堂上课，组织形式多样的文化交流活动，促进中外学生对异国文化的理解，找到文化差异带来的兴趣点，增进双方之间的感情。同时，针对留学生，学校增设汉语文化课程，使学生能够具有更好的交流沟通能力及文化理解力，为现场实践教学做好准备。

8.6.2 西南交通大学：乘"一带一路"之帆，育世界铁路人才

西南交通大学作为中国最早接收留学生的高校之一，通过中国政府奖学金项

[①] 资料来源：http://www.qxnjywang.com/jyyw/2018-07-11/35792.html。

目、教育部"丝绸之路"硕士项目、商务部援外培训及硕士项目等项目,西南交通大学累计为"一带一路"沿线近40个国家培养培训了本地化铁路管理和技术人才近6000名。迄今为止,西南交通大学已与世界上58个国家和地区的190余所高校及科研机构签署了合作协议,实现了人才培养与世界接轨。蒙内铁路建设时,西南交通大学整合国内铁路技术职业院校的优秀教育资源,组织50多名教师前往肯尼亚首都内罗毕,开展当地的铁路运营技术人才培养工作。此次培训共开展五大培训工作,开设22个班级,共培训735名当地学员。培训中采用全英授课的教学模式,注重实践与理论的结合,强调动手的实操训练,丰富多彩的课堂收获了良好的培训效果,受到肯尼亚政府、肯尼亚铁路局、参训学员及当地民众广泛的赞誉及积极的社会反响。

西南交通大学赴肯尼亚的培训之旅,是积极响应"一带一路"倡议,紧紧抓住中国高铁"走出去"的历史机遇,通过国际培训项目,教授铁路知识技能,践行"一带一路"倡议,进一步助力和提升中国铁路走向世界的核心竞争力。

中国高铁"走出去",不仅要建设技术"走出去"、运营能力"走出去"、技术标准"走出去",很重要的一点是人才的"走出去"。中国只有将自己的人才培养到位,才能走出国门,更好地培训东道国相关人员的技术能力和管理能力,体现中国的专业度。

8.7 结论与启示

8.7.1 结论

人才,是关乎中国高铁"走出去"前期、中期、后期是否顺利的关键。前期进行海外项目招标活动,需要国际商务人才的支撑;中期前往属地国进行项目建设,需要专业技术人才的支撑;后期高铁项目的运营管理及维护,需要相应的运营管理人才支撑。三大类人才的培训迫在眉睫,缺一不可。

首先,国际商务人才的培养要注重国际性、综合性。国际商务人才的培养是典型的复合型人才培养,需要同时具备多种能力,在后期考察时,尽量用全面的指标进行考量。针对目前存在的问题，借助国内高校及铁路职业院校、国外高校及铁路职业院校的资源及力量，通过合作开展办学机构、国际联合培养等多种方式，致力于培养出具有实操能力的人才。

其次，专业技术人才是高铁项目海外建设的强心剂。大到整个规划实施，小到机车轨道零部件的安装，全部需要专业技术人员亲力亲为。高铁轨道的铺设、设备安装及维修、通信信号调试、监测监控、施工组织等，每个环节都需要专业技术人才严格把关。高铁工程建设体量大、工序繁多、建设周期长，拥有一支专业技术过硬、吃苦耐劳、胆大心细、心理素质过硬的高速铁路技能人才队伍，能为中国高铁"走出去"提供强有力的保证。

最后，运营管理人员为中国高铁"走出去"保驾护航。运营管理属于工程建设后期的重要活动。运营管理对于货运、客运业务的开展，市场营销活动的开展与高铁、车站、城市及沿线地区经济的发展及带动作用非常重要，资金回笼、成本的高低、铁路的持续运营能力都需要精准的运营管理。通过改变运营管理单一的培训模式等方式，不断培养相关人才，在推动国内运营管理的基础上，更好地为海外建设的运营管理打下基础。

在高铁"走出去"的过程中，需要的往往是具有多面性的综合性人才，要尽快启动中国对国际商务人才、专业技术人才及运营管理人才的教育与培训，以面对高铁"走出去"可能遇到的各种问题。打造中国人才，形成强大的人才储备库，凝心聚力，将有限的个人力量化为磅礴的大国力量，推动中国高铁"走出去"。

8.7.2 启示

中国高铁"走出去"不单单是产品和技术"走出去"，更是高铁人才的"走出去"。中国在海外进行高铁建设，离不开各类人才的支持。不仅需要工程、技术等专业人才，同时需要法律、财经、语言和商务人才。不仅需要相关经营开发人才和项目管理人才，更需要具备国际视野，熟悉国际贸易规则，了解当地文化历史、法律法规，能同海外企业和政府进行有效沟通的高端商务型人才。中国高铁技术目前已经相对成熟，制胜的关键就在于如何发掘人才、培育人才、运用人才，使人才要素在海外高铁建设中发挥最大价值。要在目前基础上，继续加大对人才建设的投入，不断实现人才产出，实现中国高铁真正地走向世界。

9 中国高铁"走出去"的战略定位

"一带一路"倡议提出以来,中国对于国家形象的建设也进入了全新的阶段,利用"一带一路"高铁"走出去"的战略契机,提升国家的"硬实力"和"软实力"也成为了当下重要的研究领域。中国高铁作为龙头产业,若能顺利"走出去",不仅可以输出中国高铁专业装备制造技术、铁路建造技术等硬实力,也能带动中国高铁品牌、中国价值等文化软实力的有效输出,实现从政治影响力、外交水平到文化往来、经济贸易等国家形象的综合提升。而这一任务的有效完成,离不开政府的主导,更离不开企业的具体落实,以及产学研的多方协作。

我们站在"企业"的视角,将中国整个高铁海外产业所包括的政府部门、企业、高校、研究院所等看作一个整体,作为一个规模庞大、功能齐全的"企业",探讨其"企业"愿景、使命、价值观、目标、部署等,完善中国高铁"走出去"的战略定位,树立中国的高铁品牌,在国际上做大做强中国的高铁产业。

9.1 愿景

愿景在战略管理中占据重要位置,它是一个企业或组织的灵魂,类似于战略管理中基于内外部诸多项影响因素而进行的长期目标的制定(陈熹等,2010)。愿景代表着未来,没有成功的愿景,企业或组织就会缺少持久而旺盛的生命力。愿景是企业文化的主体,它是贯穿于组织的每个角落以及每个环节的一种组织精神。它作为一个高瞻远瞩的参照标准有助于组织依照其进行战略计划的制订。当下,很多企业把建立一个成功的愿景作为其制订战略计划的重要组成部分,是企业对自身未来某阶段的现实影像和真实图景的展望与描绘。它标示企业前进的方向与组织成员奋斗的目标与希望。实现路径清晰的愿景，是群体行为强大的动力源泉。

建立愿景是组织的一种内生动力，也可称为驱动力，对于组织未来面临的竞争困境和战略调整等都起着标杆的作用。而中国高铁"走出去"正需要这样一个标杆，一个成功的标杆会鼓舞人心，产生"1+1>2"的力量，也会使"企业"里的每个"成员"都齐心协力，超越自我，实现"一带一路"的宏伟蓝图。为了使愿景起到强大的驱动力作用，愿景需要明确简练，有号召力和感染力。因此，我们建议将高铁"走出去"的愿景定义为：服务全球智能交通，创造中国高铁时代。

借助"一带一路"的契机，先与沿线国家建立高铁合作项目，进而再拓展到全球市场。将中国高铁品牌带到全世界，建立"高铁外交"，建立高素质的国际化团队，在海外逐步建成一批高水准、高质量的代表性工程项目，将中国高铁发展成为世界一流品牌，让世界更了解中国、认可中国，建立高铁强国的国家形象。

9.2　使命

使命是企业或组织存在的最重要的理由，它提供了一个组织存在的目的及其活动范围等方面的信息。企业必须有自身使命的明确界定，它是独一无二的"存在原因"，也是企业各项计划和项目的向导。它界定企业的产品生产和经营领域，能够反映企业的价值观和优越性，它是机动性的，会随着企业的发展壮大或者外部环境的改变而改变，使企业能够适应最新的竞争形态，延长生命周期。

使命就是回答企业最根本的、最有价值的问题，即回答我们要干什么，以及为什么要干等重大命题。如微软的使命是随时随地帮助人们自由地交流。阿里巴巴的使命是：让天下没有难做的生意。企业使命的意义在于明确企业发展方向与核心业务，协调内外部矛盾冲突，用户为导向的指导思想，以及表明企业的社会政策。而中国高铁"走出去"这个庞大的"企业"除了要契合上述几条外，应站在国家战略的高度，把内外部矛盾升级为国内外政治、经济、文化等的冲突，把用户导向升级为以目标国人民为导向，表明的社会政策也要上升为国家政策、国家意志。作为背负着一个祖国的"企业"，使命的设定应更为科学慎重。站在国家战略计划的高度，建议将高铁"走出去"的使命定义为：让世界没有难走的路。

高铁的建设和运营需要官方的管理统筹，也离不开民间的支持，更需要有专业技能并能提供有力支持的组织机构与人员的参与。高铁行业要响应"科学发展观"之政策要义，发扬"高铁精神"，坚持科技以人为本的宗旨开拓创新，助推中国和沿线国家经济发展。以高标准、高速度、高目标的企业发展思路助推中国高速铁路事业不断前进，助推整个社会科学文明不断前进，使中国早日步入世界强国之殿堂，早日实现中华民族的伟大复兴。

9.3　价值观

企业价值观体系被认为是企业文化的重要部分，甚至是核心部分。企业价值观的内容除了包含一个企业对于自己价值观的定义，还包含价值观可能涉及的方面、可以划分的层次。在企业不同的部门和层次，存在着各种形式的子文化或分文化，这些文化都拥有着不同的价值观。对于一个企业或者组织来讲，若想通过价值观来进行企业的管理，首要条件便是要明确自身价值观包含的具体内容。价值观是一种信念和行为准则，当企业面临两难抉择或重大矛盾时，在企业的成长过程中，它能指导企业做出正确的选择，在企业的发展过程中，它能给企业指明前进的方向，使企业能够做出清晰的判断。

核心价值观是企业价值观体系的最核心。它主要用来界定企业经营与管理，做人与做事，对市场、对客户、对员工的最高理念规范、是非标准和行为准则。核心价值观有几条判断标准：首先是尊重自然法则、尊重普世价值、尊重人性需求的经得起时间考验的哲学理念、判断标准或处世原则，比如以人为本、成就客户、诚信正直、追求卓越。其次是企业家与核心经营团队的肺腑之言，是组织与员工坚持不懈、努力恪守的信条。最后是影响企业战略与运营的核心准则。不同的企业根据所处行业、自身性质等的不同，对核心价值观有着不同的设定，如丰田汽车公司的核心价值观是：杜绝浪费，保证质量，技术创新。价值观的确立与执行是对高铁"走出去"整个项目实施文化管理，建议将其价值观确定为：构建世界之通途，造福万代之子民。

高速铁路是国家战略级基础设施民生工程，规模之大、投资之大、影响之大不可估量，高铁网络范围内受益民众数以亿万计；同时，高铁又是百年大计、世纪工程，对当地当今及后世的影响至深至远，千秋功业必将彪炳史册，为民造福必受民众拥护，"为世界人民服务"是最有意义事情，为他人提供便利和有价值的东西才能体现自身的价值。让世界各国人民出行便利，"高铁时代"责无旁贷。

9.4 目标

高铁走出国门是中国摆脱"中国制造"的国家形象，进而转型为"中国创造"这一国家形象的重要一步，也是获得国际认可、实现"中国价值"传播的关键一步。高铁时代的来临，推动着我们要不断进取发展，以专业精神、专业技能为目标国提供最专业化的产品和服务，并不断丰富和完善产品及服务体系，把业务做专、做精、做细、做到极致，精益求精、追求卓越；注重交流合作，与合作伙伴互惠互利、共商共谋；树立中国良好的企业形象和世界民众的口碑；让"高铁时代"之字号成为众所周知、有口皆碑的品牌，做真正便民利民的事业，将中国高铁做成可以传承百世千代的"老字号"。

中国高铁走向海外必须要有一个准确且远大的目标作为支撑。准确是指要树立阶段性的小目标，使走出国门的每一步都有规划、有节奏，有理有据，为达成最终的总目标做好铺垫。远大是指要以长远的眼光、世界的眼光来看待高铁的建设发展，有主人翁意识和责任意识。我们要争取在"十三五"规划的最后冲刺阶段，在2020年底前，完成在建的南向通道的成功通车，如泛亚铁路、中巴铁路、高铁项目；争取在"十五五"规划完成时，也就是2030年前，打通南向、西向和北向通道，覆盖"一带一路"沿线70%及以上的交通线路。秉承着以技术大发展为中心，以服务为桥梁，以情感为纽带，以让世界"快"起来为最终目标，充分发挥自身能力，使中国高铁成为构建人类命运共同体的"脐带"，成为世界每个角落所熟知的响亮的品牌，赢得世界美誉。

9.4.1 推进设施联通

"要想富，先修路"，设施联通是"一带一路"建设的优先领域，是"一带一路"建设的"血脉经络"。基础设施的建设发展是一个国家发展的首要任务。自古以来，交通发挥着人类文明交流、传递、共享、互联互通的桥梁作用。当下，作为中国创新型国家建设五大标志性成果之一的高铁，不仅在中国的土地上发光发热，结出累累硕果，还走出国门，走向海外，将这一先进、安全、快速、节能环保的交通方式输送到了世界各国，并借此推动了跨越时空、跨越国界的不同文明之间的交流，增进了各国人民的互信互助、共同繁荣，可见交通带来的巨大影响。追溯历史，中国早就有郑和下西洋以增进与友国睦邻友好的案例，展示了中国文明进步的国家形象。今天，我们传承着这种精神，用一种全新的方式——高速铁路再次跨出国门，走向世界。要始终坚持利益共同体、命运共同体的理念，用实际行动向世界宣告：中国高铁是文明的使者，是为世界每一位普通老百姓谋福利的工具。跨境铁路可以推进沿线各国的市场互换和客源互送，有助于双方贸易的展开和资源的分享与共享，同时可以反映出双边交通便利度和互通程度。

9.4.2 重建丝绸之路

在过去，中国作为传统贸易强国，通过古丝绸之路开创了一个贸易往来的新时代，带来了令全世界叹为观止的繁荣景象。而现如今，改革开放以来，中国则向东（太平洋）开发，逐步进入了全球经济循环的浪潮中。中国的经济重心逐渐偏移到沿海地区，实现了中华人民共和国成立以来前所未有的大发展。高铁作为新时代科学技术发展的产物，代替了曾经的车马、人力运输，用一种目前最为先进有效的方式重建横贯欧亚大陆的"丝绸之路经济带"和"21世纪海上丝绸之路"。以中巴经济走廊和孟中印缅经济走廊高铁建设打通进入印度洋的经济要道，直至世界最大石油产地和供应地——波斯湾地区。这是中国全面对外开放新格局的必然要求，也是解决国内经济结构不平衡、实现中国经济突破性发展和全面协调可持续发展的现实需要。同时，它还是2008年金融危机之后，全面经济复苏阶段的强大助燃剂。因此，中国高速铁路"走出去"承担着重建丝绸之路、建设陆地经济通道的重任。

丝绸之路不仅是一条"路",更是一条通道。它承载着国际间的通商、贸易往来、进口和出口、国际文化交流等,可以推进人类文明的进一步大发展。以"重建丝绸之路"作为目标,对中国高铁"走出去"建设既是一种压力也是一种激励。这意味着高铁不仅承载着地域和国界之间的连接,更重要的是,作为日后百年千年中国农业"走出去"及工业、制造业"走出去"等的载体,载体建立的成功与否,直接影响着未来中国在欧亚大陆上的经济地位。举例来说,位于中国周边的中亚国家,不仅在地域上与中国有着亲密关系,在经贸合作上也有密切关系。它们扮演着中国能源和原材料的供给者、工业制成品的消费者等多种重要角色。目前,中亚国家与中国贸易额大幅增加,年均增长已超过70%,经贸合作的规模也呈现出不断上升的趋势。丝绸之路的顺利重建必将会对中国和中亚国家各方面协作发展产生积极的影响。同样,中国与欧洲各国的贸易往来也定将会以一种全新的方式呈现。除此之外,丝绸之路周边的新兴经济体——俄罗斯和印度的经济发展同样对中国、对欧亚大陆都会产生积极的、长远的推动作用。因此,助力重建丝绸之路是我们不可忽视的责任。

9.4.3　打造中国高铁品牌

品牌在全球经济一体化的浪潮下,越来越成为企业的重要资源。对于高铁这种运输类产品而言,品牌的作用在激烈的市场竞争下也变得无可取代。虽然当前对品牌形象的研究多在消费品范围内展开,而高铁属于工业产品,但在品牌建设上其与消费品有着本质上的共通点(张伟,2017)。关于消费品的大量研究都说明了品牌具有产品和服务两种属性,高铁同样包含价格、安全等产品因素以及舒适的文化享受等服务因素。这里产品、服务两种属性统称为产品形象。对于一般的消费品而言,消费者对品牌的认知大多会受到品牌背后的公司实力、信誉等的影响。而由于高铁产品隶属于国家战略中的一项,具有高度的政治敏锐性,因此,消费者关注的不再是铁路建设公司,而是高铁产品背后的原产国形象,即消费者基于政治事件和政治环境,在他们心中已经建立起的有关某国家的刻板印象,从而来评价和推断来自该国的产品的质量以及产品背后的目的。因此,我们要想让中国高铁品牌成功占领市场,就必须要靠实力说话,扭转人们对于中国的刻板印象,让外国消费者认可并有兴趣使用中国的高铁产品。

9 中国高铁"走出去"的战略定位

中国高铁"走出去"已成为大势所趋,可依然有一些暴力言论如"中国威胁论"刻意抹黑中国形象和中国高铁的产品形象。同时,在国际市场上,还有来自欧洲、亚洲等多数为发达国家的竞争威胁。而良好的品牌形象不但可以为中国高铁在海外赢得更加宽容公正的环境,提高外国公众的接受度,还可以成为中国高铁行业甚至国家强大的无形资产,让全世界感受到中国最尖端科技的发展水平,摆脱中国"制造业大国""粗制滥造""没有创新意识"的非公正的形象。因此,海外品牌的建立应该成为中国政府推广高铁产品的关键目标。

9.4.4 建立国家人才智库

人才是一切活动的根本性和关键性资源,人才的储备是"走出去"的基础。系统的人才培养可以加速培育海外市场,有利于在产品进入前目标国对我方的认同。中国高铁"走出去"应该始终坚持人才先行的原则,国内的国际化人才资源、国内本土高铁人才资源以及目标国人才资源要统筹兼顾,多管齐下。积极培育产学研一体化、科研成果共享的体系,构筑支撑世界轨道交通发展的国际化人才、专业技术人才与运营管理人才培训体系,目标使中国成为铁路人才最优质资源的聚集地。

要积极筹建高铁"走出去"世界性发展研究基地,齐心协力,共同谋划中国高铁"走出去"的系统化营销策略,开展国际高铁工程管理和运营服务研究,为中国高铁"走出去"提供全方位的智库服务。同时,可以因地制宜地建立高铁"走出去"区域发展研究中心。如作为中国高铁"走出去"重要前哨的非洲市场,就可以适时成立面向当地的"非洲高速铁路研发中心",为中国开拓非洲高铁市场提供最前沿的技术支持。从人才和智库建设上将中国打造成世界范围内的高铁"智囊团"。

9.4.5 引领未来高铁市场

现如今,中国高铁已经从过去的"遥不可及"变成了现在的"后来者居上",经历了一个从"跟跑"到"并跑"再到"领跑"的过程。通过不断地学习、引进、吸收和自主创新,已经实现了多项核心技术的重大突破,打破了国外对于技术层面的垄断,如装备制造领域的微机网络技术、牵引变流技术等,也是当前世界上少数几个掌握高铁永磁牵引系统技术的国家之一,成为了中国高速铁路领域的一个技术典范。同时开发了一系列安全、平价、技术先进的高端轨道交通装备产品。以中国标准研制的动车组,现已突破了动车组的核心技术,掌握自主知识产权。

中国高铁紧紧抓住"一带一路"的机遇,大力开展国际化经营,以引领未来高铁市场作为自己的目标,积极拓展海外市场、发展海外业务,提高自身国际影响力。目前,中国高铁产品已经覆盖全球六大洲,输出到上百个国家和地区,出口的产品实现了从中低端到高端的升级,出口形式实现了从单纯的产品出口到产品、技术、资金、服务等多种出口的整合。毋庸置疑,中国已经在全球高铁市场占据了举足轻重的地位,未来将产生更大的价值,成为高铁行业的领军者。

9.5 部署

9.5.1 时间部署

随着产业内分工的迅速发展,传统意义上由一个企业创造价值的活动变成了由多个企业共同创造价值,这些企业自行组成了上下游的关系,并且彼此相互依存,共同创造价值。而这种通过生产特定产品或服务于满足某种特定需求所涉及的不同企业相互依存的上下游关系便形成了产业链(张静,2018)。产业链具有集群效应和链式效应:集群效应表现在关系密切的企业和相关机构产生在价值链上集聚的现象;链式效应表现在相互依存、衔接紧密的上下游企业呈链条式相关关系。

9.5.1.1 创新路径

完整的中国高铁"走出去"产业价值链要包括前期的投资、融资、建设以及后期的运营和维护(见图9-1)。为了使中国企业从产业价值链的中低端位置跳出来,呈现全生命周期活动,就要参与项目前期的投融资到后期运营等产业链中高端,进行产业价值链的全线拓宽,而不是只局限于融资和建设两部分,以此拉动经济效益,实现价值的创造和二次增值。

9 中国高铁"走出去"的战略定位

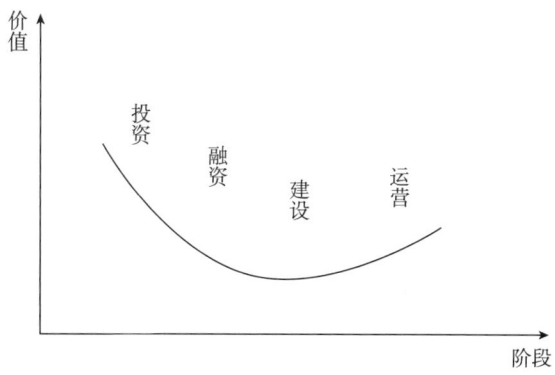

图 9-1 境外铁路产业价值链

（1）纵向延伸价值链。当下，中国承包商长期承担铁路产业价值链中的融资和建设的部分。而为高铁项目提供融资的多为国内政策性银行，国外金融机构参与的情况很少，这是我方承包商所缺失的地方，急需转变。而在长期的建设过程中，我方企业应和东道国形成合作伙伴关系，建立利益共同体，通过成立合资公司等一系列方式实现多方共同努力，打造高质高效的建设成果。对运营阶段来讲，中国企业仅仅有所涉及，参与感不强，利润收入较少。由中国企业与业主共同开发投资的项目较少，中国企业可以与业主一起作为共同业主，共同分担后期的利益与风险。由于建设阶段处于铁路产业价值链的较低端，因此中国企业不能将自身局限于此，而应通过提升自身能力，全方位地考量目标国情况，纵向地向价值链的两端延伸，争取向全产业链方向发展。

（2）横向拓展产业链。中国高铁"走出去"是"一带一路"倡议的重要分支，高铁作为"先行者"有义务打通互联互通的通道，带动国家的众多产业一起"走出去"。通过高铁项目与东道国建立起良好的外交关系、合作伙伴关系，促进经济交流，加强后期的各类产业进入东道国市场。因此，在中国建设境外铁路的过程中，除了密切关注产业价值链的延伸，也要考虑到价值面的横向拓宽，始终将"一带一路"作为国家层面的倡议思考，带动中国多产业共同发展。

9.5.1.2 时序安排

第一时间梯次。建设南向通道，即打通非洲大陆的通道，优先选择泛亚铁路和中巴铁路。首先，在泛亚铁路方面，中国与东南亚毗邻，可以发挥距离优势。中国与东盟国家的经济合作以及中国南海安全问题都凸显出了修建跨境铁路的必要性。同时，中国与南亚各国产业互补性强且没有技术标准的障碍，与有关国家的政府也达成了合作的共识。当下，泛亚铁路的国内路段已经开工，其他路段也进入了规划阶段。其次，在中巴铁路方面，它发挥着中国能源保障、地缘政治安全保障的重要作用，对中国意义重大，尤其是中国的石油进口方面，其中有80%途经马六甲海峡，路途远、成本高而且受到他国的制约，十分不便。若是能成功开通中巴铁路，中国的能源往来形势将彻底改观。中巴铁路同样也是巴基斯坦的国家重点战略项目，中国也提出愿意为其提供资金支持，助力其升级改造。最后，在非洲铁路方面，中国与非洲虽然距离遥远，缺乏地理优势，但在国际事务、经济援助和铁路建设方面均有传统和现实的基础。

第二时间梯次，建设西向通道，贯通欧亚大陆，逐步选择中亚铁路和欧亚铁路进入欧洲。西向战略对于维系国防安全、民族团结，建设"新丝绸之路"，实施西部大开发具有重要意义，属于国家战略的重要组成部分。当前，基于上海合作组织的框架，又伴随着美俄关系的微妙变化，极有可能会进一步推进双方铁路合作。从已有项目来看，有2013年4月正式开通的中国成都直达波兰罗兹的蓉欧快铁；2014年7月中国企业承建的安伊高铁二期工程也正式通车。

第三时间梯次，建设北向通道，锁定美洲大陆，积极参与中俄美加高铁项目的规划建设，甚至可以参与美国东海岸高铁项目的竞争，力争抢占美国市场。从国内来看，国内部分企业如中国南车已经开始进行前期的接洽工作，然而由于铁路要穿越寒冷的西伯利亚地区和太平洋，整条线路上站点多，地形风貌复杂，气候较为恶劣，因此工程任务十分艰巨，存在挑战。这就需要我们从国家层面到企业层面的领导小组、专家团队等排兵布阵、未雨绸缪，进行超前布局。中国北车已经深入美国本土，组建轨道交通车辆相关公司，并挂牌成立了"中国北车—密歇根大学焊接结构研发中心"。美国政府在未来30年将投资170亿美元，市场潜力巨大。因此，我们要把握好时机，使北方通道顺利完成。

9.5.2 空间部署

9.5.2.1 创新 TOD 模式

为了提高中国企业参与境外高铁项目所获利润，可以通过外部效益内部化的方法，即利用高铁的价值来二次创造价值。TOD 模式作为高效利用土地的方法，可以使铁路建设与新城建设之间形成良性循环。因此，建议采纳 TOD 模式来实现利润的提高。

"一带一路"沿线大多为发展中国家,人口分布不均匀,贫富差距大,主要集中在亚洲、非洲和中东欧地区。在地广人稀的地区,以公共交通为主导的TOD模式可以有效地吸引国内人口向车站周围聚集,缓解中心城市的压力,同时聚集偏远地区的人口迁移,推动国家的用地格局更合理,形成多中心格局发展模式。铁路作为交通大动脉,每一个分支车站站点作为中心都可以形成铁路商业圈,不仅可以综合建设沿线商业新城、工业园区等,还可以带动周边的餐饮业、商贸业、旅游业等百花齐放式发展。高铁的通车运营不仅带来周边产业的发展,周边产业带来的客流量也可以反过来带动高铁的运营并形成良性循环。但在实施TOD模式之前,有必要对周边环境进行全方位的调研,做好可行性规划,确保实施方案的有效落实。

9.5.2.2 分地区布局

(1) 东南亚市场。以新加坡、泰国、老挝、马来西亚、缅甸等为代表的东南亚地区与中国较为邻近,在高铁输出的问题上要优先着重考虑。东南亚地区基础设施薄弱,其中相当一部分已经有了上百年历史,铁路损坏严重,同时还有速度慢、运输能力差等多种问题存在。即使像泰国、马来西亚等经济发展状况较为良好的国家,也鲜有时速超过60公里的铁路,这与中国的高铁水平差距很大。由于绝大多数东南亚国家与中国有良好的外交关系,经济贸易和人员往来密切,因此在中国高铁迅猛发展的影响下,东南亚地区有了积极发展铁路产业的意向。

在考虑了东南亚地区的财政水平、人口分布、地理位置以及铁路技术等方面的前提下,建议东南亚地区采取"全产业链一体化发展+TOD综合开发模式+PPP合作开发"的多维度创新发展模式,在可控的风险范围内,既可以解决东南亚地区发展铁路的需求,也能使中国把握住高铁项目的主导权,促进双方多边合作。

(2) 南亚市场。南亚国家主要有印度、巴基斯坦、孟加拉国、尼泊尔、斯里兰卡等。除印度外,其余国家的政局并不稳定,人口数量多,经济发展落后,基础设施建设薄弱,铁路技术落后,铁路建设资金十分缺乏。除与印度之间关系较为敏感之外,中国与南亚国家的外交关系较好,其中与巴基斯坦建立了全天候战略伙伴关系,特别是中巴经济走廊在中国高铁"一带一路""走出去"规划中占据重要地位。

建议对于安全形势较好的国家，发展模式与东南亚地区类似，而对于安全形势较差的国家，可以考虑采用 F + EPC 模式。长时间参与此类安全形势较差国家的项目会带来较大的风险，形势动荡时期甚至会有项目损失或者失败的可能性。

（3）中亚市场。中亚市场以阿富汗、哈萨克斯坦、土库曼斯坦为代表。除了阿富汗外，其他国家政治局势比较稳定。虽然该市场原属于苏联加盟共和国，铁路技术标准和管理体系相对完善，但技术标准却仍采用的是苏联标准，与我国高铁技术并不契合。中亚国家均属于上海合作组织成员，与中国外交关系良好，但是受到俄罗斯政治影响较大，采用的是俄罗斯的技术标准体系，这与中国技术标准相背离，成为发展过程中的阻力。

建议对于有较强战略意义的铁路项目（如亚欧铁路大通道），与东道国进行全产业链合作，同时推进 TOD 模式进行周边建设，努力推动中国标准进入中亚市场，把控我方对项目的话语权。

（4）西亚市场。西亚地区包括伊朗、伊拉克、土耳其、沙特阿拉伯等国家，虽然属于战争多发地带，但由于阿曼苏丹国、阿拉伯联合酋长国、巴林王国、卡塔尔、科威特、沙特阿拉伯六国属于海湾阿拉伯国家合作委员会（简称海合会）国家，石油和天然气资源极为丰富，因此具备一定财政实力，可用于铁路投资项目。西亚地区对于铁路建设的呼声较高，且与中国有良好的外交关系，但是铁路建设基础十分薄弱，且铁路方面的人才非常缺乏，需要中国大量的技术和人才输出帮助。除此之外，由于沙漠地理环境的原因，西亚地区的人口分布非常不平衡，多聚集在平原和地中海沿岸一带。

对于有财政能力的海合会国家，建议通过 TOD 模式进行车站配套基础设施建设，缓解人口分布不均问题；对于有运营经验的国家，除采用 TOD 模式之外，中国承包商可以采取 PPP 合作开发模式共同注资，增加铁路建设的话语权。

（5）中东欧市场。欧洲地区是高铁技术发展的先驱，但以俄罗斯为代表的东欧地区由于地理位置的限制并未赶上高铁快速发展的"列车"。在当下经济不景气的情形下，俄罗斯有意将高铁发展作为经济发展的强心剂。2014 年，李克强总理积极向其推销了中国的"高寒高铁"，契合俄罗斯寒冷的环境特点。双方达成共同推动高铁合作发展的备忘录，搭建北京至莫斯科直至欧亚的高速运输走廊。中国将优先建设莫斯科至喀山方向的高铁，集中力量推进俄罗斯境内高铁项目的完成。

除了东欧地区,中国与英国也有高铁合作。李克强总理曾于 2014 年 6 月赴英国访问,与英国首相卡梅伦进行了深度会晤。双方达成了在彼此交通领域市场进行合作的共识,并签署 140 亿英镑协议。虽然目前还没有非常具体的合作文件,但英国市场已经对中国敞开了怀抱,中国高铁走进英国已成为了铁定事实。综观欧洲国家近几年的战略规划,诸多欧洲国家仍存在较大的高铁需求,对中国来说,仍有许多进入机会。

(6) 美洲市场。美洲市场中,拥有 11 条高铁线路规划的美国已成为"领头羊"。最具代表意义的美国高铁,于 2015 年在加利福尼亚州动工。中国高铁产业早在 2009 年就与美国有合作,中国铁道部与美国通用公司达成动车组内燃机合作的备忘录,共同建立了合资公司,同时将更进一步与当时的中国南车进行合作。美国前总统奥巴马对美国高铁项目给予了高度肯定,并提出要在 25 年之内完成高铁的修建。届时将惠及美国 80% 的人口。虽然中国在美国市场曾经遭遇过墨西哥项目的"滑铁卢",但是美洲市场对中国的重要性仍不言而喻,是中国高铁技术赢得全世界认同的关键一步,是建立中国国家形象,推动"中国价值"和"中国智造"的重要契机。

(7) 非洲市场。长期以来,非洲都是中国的重要合作伙伴,与中国始终保持着良好的政治和外交关系。以坦赞铁路为代表的中非铁路合作由来已久,也是我们友好合作的最好例证。李克强总理曾在非洲联盟首脑会议(简称非盟会议)上明确表示将积极参与非洲各项基础设施建设,包括电力、电信、公路、铁路等各个方面。同时,还将努力实现区域内的互联互通,加快双方的产业技术升级。我方也承诺会无条件地向非洲进行人才和技术的输出。

非洲地域广阔,各区情况差异较大,整体上来说,非洲地区政局不稳定,社会治安差,财政实力很弱,自身无法进行铁路建设的投资,无论是技术、人才还是管理都需要外来的帮助。建议对于非洲那些有重要战略意义的项目,可以与非洲国家合作推进全产业链工作,同时进行车站周边基础设施的建设;而对于那些一般的铁路项目,由于政局的不稳定,建议采取 F + EPC + M 模式,以避免不必要的风险和损失。

9.6 小结

本章主要是站在高铁"走出去"战略定位的高度,将高铁看作一个无比庞大的"企业",总体叙述了它的愿景、使命、价值观和目标,并且从时间、空间和功能三方面对其进行了战略部署;明确了高铁走向海外的顶层设计的重要一部分。遵循着"服务全球智能交通,创造中国高铁时代"的愿景,牢记要"让世界没有难走的路"的重要使命,秉承着"构建世界之通途、造福万代之子民"的价值观来助推全球交通的大发展,重建辉煌的丝绸之路。将中国高铁品牌推销到全世界,让"一带一路"沿线国家和与中国友好往来的国家分享到中国高铁快速发展带来的红利。

10 中国高铁"走出去"的战略任务

10.1 高铁"走出去"的总体战略

10.1.1 成立中国高铁"走出去"领导小组

10.1.1.1 国家级领导小组

中国高铁"走出去"是一项体现国际意志和政府行为的战略行动,是一项复杂庞大的系统工程。其涉及面广、层次高、关键要素多,需要有效的领导力和精准的执行力,需要统筹规划、分步实施,需要层层配合、逐层演进。因此,建议成立中国高铁"走出去"国家、企业、高校三层级的领导小组。

国家级领导小组担负着国家使命和战略旨意的传达,将充分发挥高铁的全球战略价值作为自己的使命,站在国家"统筹考虑国际、国内两个大局,综合运用国际、国内两种资源"的战略高度,以"一带一路"倡议的大背景为依托,借助国家的力量努力推动中国高铁走向世界。国家级领导小组的职能是:进行"走出去"战略目标、战略途径和战略举措的确立,建立健全国家统筹协调运行机制。

鉴于铁道部改组,现如今中国政府层面的"领头羊"一直是国家发改委,负责牵头协调高铁"走出去"的各项工作。为了提高协调的效率和力度,建议在此基础上成立跨部委和企业的高铁"走出去"领导小组。国家层面由国家发改委牵头,跨国资委、外交部、商务部、财政部等;企业层面可以由中国铁路总公司牵头,组织其他铁路领域相关企业和金融机构参加;高校层面主要由铁道科学院、各大铁路院校和丝绸之路研究中心（如北京交通大学、西南交通大学等）以及高速列车系统集成国家工程实验室等组成（见图10-1）。企业的参与可以有效解决未来可能存在的信息断层问题，而高校和科研院所的参与可以及时向企业输送高端人才和最新技术（陈喆，2016）。

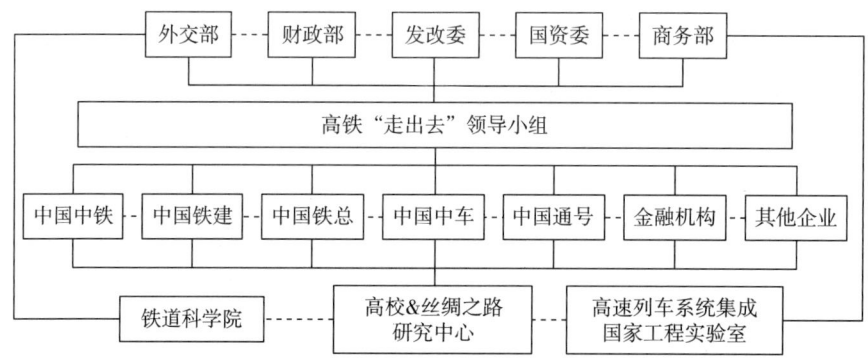

图10-1　高铁"走出去"领导小组

国家级领导小组作为顶层小组，一定要站在国家战略高度，不断深化自己的顶层设计，建议可以从以下几个方面展开工作：

（1）统筹国别选择和项目选择。高铁对于任何一个目标国来讲都是"战略级"项目，发挥着如"奢侈品"般的诱惑力和市场吸引力。领导小组要基于相关企业目前跟踪的项目情况，建立系统、独立的选择标准，统筹对目标国和目标项目的选择，建立数据库并时刻进行动态更新。国别选择和项目选择的结果将作为下一步相关企业早期介入项目的主要参考依据（见表10-1）。

表10-1　目标国选择和目标项目选择

1. 目标国选择建议参考（8项）	2. 目标项目选择建议参考（8项）
目标国的经济发展水平	项目沿线的城市规模及人口情况
目标国的资源丰富水平	项目沿线的产业结构情况
目标国的法制健全水平	项目站场及沿线综合开发的可行性
目标国与中国的政治经济友好水平	项目对目标国的经济社会意义
目标国执政党的稳定性及政治倾向性	项目对目标国的政治意义

续表

1. 目标国选择建议参考（8项）	2. 目标项目选择建议参考（8项）
目标国政府对发展高铁项目的意愿	项目可能的建设模式
目标国周边的地缘政治环境	项目可能的招标方式
中国对目标国的战略考量	项目可能的融资模式

（2）建立有效协调机制。高铁是一个系统工程，依靠的是"国家竞争力"，任何一个部门或者一个企业都无法凭借自己个人的力量完成这项任务，否则只会造成漏洞，使竞争对手坐享渔翁之利。对于企业层面，难以通过自身进行合理协调，必须辅以政府层面的更有效的协调机制。与此同时，当下中国国际工程复合型人才十分短缺，通过在国内全面、充分竞争或是在国际其他领先领域充分竞争一定程度上有利于人才的培养。而在高铁输出领域，需要整合一切有限的优势力量，避免人力、物力的重复投入，杜绝中资企业在高铁项目上的恶性竞争。南北车合并之后，在海外高铁项目上，目前相关企业间的竞争与合作矛盾主要存在于中铁建和中铁工，以及这两家企业与中国铁路总公司之间。结合目前海外高铁项目建设模式的实际情况，将"减少层级、优化成本"作为出发点建立协调机制。如若选择EPC总承包模式，可以由中铁建或者中铁工牵头，中国铁总和其他企业为辅，以项目介入深度或所拥有的商务渠道的多寡优劣来对中铁建和中铁工进行选择；若选择EPC+O/M和PPP/BOT等建营一体化模式，可以由中国铁总牵头，其他企业为辅。

（3）持续跟踪项目进度。根据霍夫斯泰德的模型，中国是一个"长期取向"型国家，而中国的企业却普遍属于短期取向。高铁项目任务重、时间跨度长，这与中国企业的短期取向特点相矛盾，主要表现为人员流动较大，尤其是目标国的一线人员。除此之外，企业在东道国境内采用的经营战略战术受企业主管的思路影响很大，而企业主管的任期有一定程度的变动性，难以准确预测，有时会造成不必要的麻烦。如当年的美国高铁，最初是由中国铁道部携中铁建几家企业跟踪，后来由中国铁总携中国中铁继续跟踪，由于跟踪过程的断层，导致中铁建前期做出的成绩很多都被"雪藏"了起来，而当年深入此项目的专业人士也大都活跃在了其他的行业或领域。因此，对于"一带一路"高铁"走出去"项目的运作，必须要有国家层面的领导小组做支撑，保持对目标项目跟踪的延续性，保持跟进主体的相对稳定,并保证一切在严谨完整的管理制度下有序进行。

(4)多渠道打造中国高铁品牌。中国领导人多次在与友国进行外交活动的过程中推销中国高铁品牌,也会主动选择以高铁作为出行方式。而作为国家级领导小组也应当时刻注意在与他国尤其是沿线国家的友好往来过程中,适时地打出中国高铁的名号,为中国高铁的良好形象做出宣传,让东道国知道中国高铁、信任中国高铁,进而主动选择中国高铁。高铁作为当下最能代表中国国家形象的品牌之一,有必要让其成长得更快、做得更强大,因此建议结合中国中央电视台(简称央视)推行的"国家品牌计划",通过广告投放、宣传视频滚动播出等,攫取最优质的资源来推动国内外人民群众对中国高铁的认知,并做到国家利益、社会利益和经济效益的统一。

(5)打造国家安全通路。国家安全的基本保障是拥有制空权、制海权、制陆权和制天权。高铁的兴建让我们重新掌控陆权成为了可能,这是国家安全保障的进一步升级。交通运输自古以来就是一种战略资源,而高速铁路是现如今最有可能改变时代格局的战略资源,高铁的跨境建设,维系着中国在欧亚地缘政治和全球格局中的战略地位。我们不仅要使其在自己国家领土上发光发热,同时也要在中国打通联通世界的经脉上发挥力量,尤其是"一带一路"沿线,将高铁的建设部署提高到国家战略安全的层次上,在诸多项目的选择和铺开过程中要有全局意识和战略安全意识,争取打通中国进行商贸置货、外交往来的通路,形成完整的高铁网,也即国家安全网。除此之外,2015年,中国通过了《国家战略安全纲要》,这是维护国家安全的迫切需要。国家安全作为安邦定国的重要基石,要求领导小组在进行高铁计划的战略部署时,必须将国家战略安全作为首要要素优先考虑,而后再考虑经济效益等。同样,在2017年11月,美国总统特朗普发布了其国家的《国家安全战略报告》,报告中明确将中国视为战略竞争者,也可称作"对手"。坊间不乏一些不实的伴随中国快速发展的威胁言论,我们不仅要做到见招拆招,更要先发制人,不断提高自身经济实力、军事实力,抢占全球高铁市场,提高自己的硬实力才能与之抗衡,保障自己的国土安全。

10.1.1.2 企业级领导小组

有了发改委牵头的国家级的顶层领导小组,下一步便要将国家的战略规划落到实处,这就需要铁路领域的龙头企业来发挥先锋模范作用。由中国铁路总公司牵头,协同国家铁路局及其下属的18个地方级铁路局成立企业级战略领导小组,与国家的顶层领导小组对接。这样既可以有效避免信息断层，也可以使高铁"出海"工作在最为专业的领域里做到最优最细。

中国铁路总公司作为铁路行业的"领头羊"，要站在铁路产业的视角上承接国家级战略小组的战略任务，上传下达，互联互通，进行国家级领导小组计划的细化和落实工作。从铁路制度、铁路技术、铁路标准等专业标准出发，制定详细的"走出去"方案，做出该行业最为专业的判断。而后将方案反馈给国家级领导小组，通过多个部门的共同努力进行综合的考量和修改，形成最终的实施方案。企业级领导小组同样还要负责方案的落实，包括时间安排、人员部署、部门分工等一系列工作。动用所能动用的全部力量，各司其职，以期使我们的高铁步步为营、踏实稳健地"走出去"。建议企业级小组可以利用专业优势从以下几个方面开展工作：

（1）专业优秀人才使用与培养。高铁"走出去"作为国家战略已经进入到了非常重要的阶段，人才储备已然成为国家必不可少的战略资源。人才的数量、质量、能力影响到高铁发展的方方面面。目前，人才的供给不足却成为了发展过程中的绊脚石。领导小组的首要任务便是要做好大量国际商务人才、专业技术人才、运营管理人才的聚集、培养和使用工作，构建科学、完善的"走出去"战略人才培养体制，坚持本地化人才挖掘培训、海外人才吸引保留，使两者并驾齐驱的政策导向，提出解决人才短缺的问题的建议（见表10-2）。

表10-2　人才培养机制

资源共享	推进资源有效共享，加强企业间前方与后方的配合，缓解各个企业各自为政时人才供给不足的问题
技术培训	对国内企业及目标国相关管理人员和翻译人员进行高铁相关技术知识的综合培训
语言培训	对目标国相关经营管理人员进行语言培训，特别是加强对翻译人员在铁路专业领域的语言培训
法律培训	对目标国经营管理人员进行必要的合同、法律及投融资知识的培训
专家智库	囊括经验丰富（包括已退休）的国际工程资深专家，全国高校、科研机构和咨询机构等相关领域的专家、资深大师和参赞（包括已退休）等国家公务人员

（2）完善投融资模式。根据以往的案例分析，中国高铁"走出去"的融资模式比较单一，以双边框架下的中国对目标国提供主权借贷融资为主，如土耳其

高铁、墨西哥高铁等；中间经历过巴西高铁 PPP 模式，当时中巴高铁组感到缺乏经验、应对乏力。而印度尼西亚高铁的成功中标，得益于商业模式和融资模式的突破，也预示着以后中国高铁"走出去"建设模式可能向建营一体化的方向转变。融资模式将以 PPP 或 BOT 等项目融资模式为主。

当然，PPP 模式用于海外铁路建造还处于准备不足的阶段。针对此种情况，企业需要做好两方面的准备：首先是通过谈判，争取让目标国采纳带融资方案的 EPC（+O/M）模式，充分发挥中国高铁成套优势和大金额、长期限的融资优势；其次是做好 PPP 模式的人员储备和投融资政策的调整，做好建营一体化的准备。

（3）谋定而后动。通过案例对比，发现在暂时没有高铁或者新型高铁的国家，高铁项目的机会主要和两种类型的大事件有密切联系，中国可以以此作为参考而把握机会（见表 10-3）。

表 10-3 世界局势带来的高铁发展机遇

目标国政府换届前后	美国高铁：2009 年 4 月，美国总统奥巴马刚刚上任不久，就宣布了 130 亿美元的高铁投资计划，美国的几条高铁项目应运而生
	墨西哥高铁：2012 年 12 月，涅托总统在就职演说中提到要在任职期间建成墨西哥城至克雷塔罗的铁路。中国财团的"一揽子"方案和 2018 年完工的工期承诺极高程度地契合了总统的政治计划
	印度尼西亚高铁：2014 年佐科总统上任后，开始全力推进雅万高铁项目，同样也希望在自己的任期内完成高铁建设，中国给予 2019 年全面通车的承诺
重大体育盛会前夕	1992 年西班牙巴塞罗那奥运会，马德里至塞维利耶高铁通车
	2008 年北京奥运会前夕，中国第一条具有完全自主知识产权的高速铁路——北京至天津铁路通车
	巴西高铁设想在 2016 年里约奥运会前夕通车

由此可见，充分利用目标国国家政治变动或大事件发生时机，将有利于中国提高海外高铁项目建设的成功率，同时利用自身优势，实现双方互利共赢。

10.1.1.3 高校校级领导小组

中国高铁在过去十几年里实现了从无到有再到世界领跑的飞速发展，在不断摸索的过程中形成了自己独有的一套模式，即兼顾政府、企业、市场三个层面，以政府为主导,以企业为主体,以市场为导向的三方合作机制(见图10-2)。政、产、学、研的协同创新的体系,共同发力催生了中国高铁速度。中国高铁发展屡屡成功的经验提示着我们,对于"一带一路"高铁"走出去",完备的产学研体系是必不可少的,所以成立高校或研究所层级的领导小组势在必行。

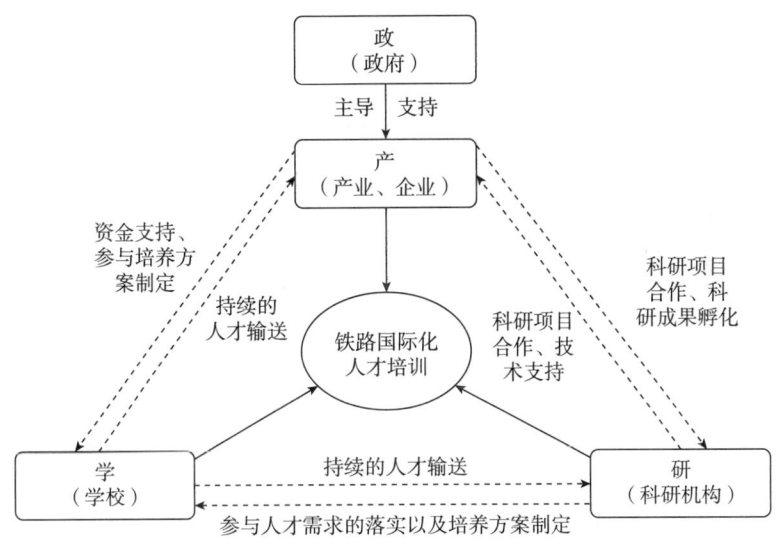

图10-2 政产学研四位一体

高校级领导小组主要由铁道科学院、铁路院校、丝绸之路研究机构,以及高速列车系统集成国家工程实验室组成,同时也不乏与高铁产业相关的其他产业的专业培养机构和研究院所。高校级领导小组和企业级领导小组可以实现有效对接,高校和科研机构可以向企业源源不断地输送人才和最前沿的技术,企业可以及时给予反馈,提出自己的需求,共同进行培养方案的制定和科研成果的孵化。

高校为中国高铁的高速跑提供了强大的助燃剂,对高铁发展的贡献有目共睹,形成了良好的协同效应。在一些高铁行业的专业人士看来,中国铁路系统多方协同发力所形成的高度集中性特点,是中国高铁能在短时间内取得令世人瞩目的成果的重要原因。举例来说,中国标准动车组的建设,正是由于形成了产学研密切结合的新组织架构,使中国的标准动车组仅仅用了两年的时间,就实现了从启动研发到产品下线的全过程。还有近几年的永磁高铁课题也采用了产学研合作的模式,2015年2月,铁路总公司下发了《时速350公里基于永磁电机牵引动车组技术条件》,2016年,全国首列永磁地铁在长沙地铁1号线正式通车载客,并预计在2020年底,新机场至雄安段的京雄城际通车运营。永磁高铁由中车四方公司作为课题承担单位,参与合作的单位有浙江大学、中车株洲所旗下公司时代电气等,高校和科研院所在其中发挥了中坚力量。这种高效的产学研协同效应,也是国家级、企业级、高校级三个层级领导小组协同合作的最终目标。国家有关部门积极投入研发资金、发展科研项目,全力支持中国高铁自主创新工作,为高铁"走出去"做好充分的铺垫。而高校或研究院级领导小组就要做好自己的本职工作,发挥好前沿研究领域的领导作用,鼓励、支持高铁技术的不断再创新,使中国标准和中国价值的光芒在外国更加闪耀。

10.1.2 构建国家级高铁"走出去"智库

着眼于高铁"走出去"长远谋划,建立国家级中国高铁"走出去"门户型智库势在必行。智库可以充分集中政府、高校、科研机构以及产业界的相关力量,聚集来自高铁行业、金融机构、法律事务所、非政府组织(NGO)和非营利组织(NPO)等方面的专家。集众人之智慧,使智库成员发挥各自的比较优势,充分展示自身专业技能,共同谋划"走出去"过程的战略部署,全力打造高铁"智库+"新模式以及丝绸之路智库共同体(徐飞,2016)。本书主要从机制、产业、企业和融媒体四个层次展开研究。

10.1.2.1 智库+机制,智政合作

习近平总书记曾经强调,要建设一批国家急需、特色鲜明、制度创新、引领发展的高端智库,重点围绕国家重大战略需求开展前瞻性、储备性政策研究。而高铁项目正属于重大战略需求,将智库建设与政策和机制结合起来有利于巩固好智库的顶层设计和宏观引导。同时,智库将成为公共决策过程的一个重要环节,智库活动因其内在的逻辑性,使其在政策议题的设置、讨论、制定、执行、实施和修订过程中,发挥着决定、评估、解读等作用,以获得最优理论和策略。越来越多的国家开始重视智库建设与政府机制及战略的合作。

针对高铁"走出去",我们可以从以下机制层面做出努力,发挥智政合作效益的最大化:形成治理机制,探究如何构建决策平台、配置行政资源、再造业务流程等;形成工作机制,构建目标一致、精干高效、流程顺畅、权责对等的工作

平台；形成整合机制，探究如何将战略引领原则、资源集中原则、系统规划原则、风险可控原则等有效糅合；形成协同机制，探究如何使政府方、企业方、金融支持方、市场方等联合发力。最后，完善各类配套制度，探究如何推动高铁"走出去"外交、财政、税收、金融外汇等各类政策，尤其是具有针对性和实用性的优惠政策的落实。

10.1.2.2 智库+产业，智产合作

在产业层面上，除了高铁自身属于交通运输产业的一个重要部分外，根据产业关联理论，与其有着直接和间接关系的产业还有电子设备制造业、机械设备制造业、金融业乃至旅游业、房地产业等。高铁要走出海外，所涉及的每一个环节都需要智库的联动效应，如制造业需要的是技术型智库，旅游业需要的是市场型智库等，智库与高铁产业层级的合作可以有效解决一些在战略上和谋略上的问题，主要有以下内容：

（1）在战略层面上，提高高铁产业链集成实力、全产业链经营能力、关键价值链掌控能力以及高附加值盈利能力。全面提升国际化综合竞争力，成为国际高铁产业的中坚力量，融入全球市场，抱团出海，逐步提升中国高铁"走出去"的整体实力。

（2）在谋略层面上，以国内铁路行业大联盟为基础，不断夯实行业实力，形成囊括勘察设计企业、工程建设企业、装备制造企业等相关企业在内的联合体。发展完善自身系统能力，从洽商立项、勘察设计、投融资、装备供应、工程实施、竣工验收、安全评估、运营管理等全过程系统进行参与和掌控。

10.1.2.3 智库+企业，智企合作

智企合作既是为国家服务也是为企业自身服务，企业要在两者之间找到平衡点，也要承担起自己的社会责任。除了依托企业内部资源建立自身智库，也要有效利用外部联动智库、专家等资源。

针对高铁"走出去"工程，智库主要助力落实企业走出国门、走进目标国的整体方针对策，预防可能出现的潜在风险，提前做好规避措施。遵循"因地制宜""一国一策"的原则，编制高铁"走出去"目标国的国别研究报告。根据报告的内容，制定技术集成的可行性方案，制定谈判、公关、法务等项目进入措施，做到知己知彼、全面把控、精准施策。其中，要着重关注企业能力的建设，发展企业的本土化运作、全球化经营、数字化管理和多元发展等多项能力。还要加紧提升企业的全球市场拓展和竞争能力、资源整合能力、风险防控能力以及品牌的塑造能力。

建议企业间可以适时联合组织一些高铁文化传播与经济发展论坛、高铁智库论坛、品牌论坛等,既可以总结阶段性发展成果,也可以为智库建设和高铁出行建言献策。

10.1.2.4 智库+媒体,智媒融合

现如今速度最快、效率最高、受众最广泛的传播渠道自然是媒体和互联网,可以在几秒内将消息传递到世界的每一个角落,传输到每一台智能设备上。身处融媒体发展如火如荼的新时代,自然要从中分一杯羹。高铁本身就是一种国际性议题,高铁智库建设通过融媒体这个平台,可以引发社会良性舆论,借助传播力打造自身影响力。智媒融合的首要要素是高铁智库要善于主动设置议题,充分发挥议题的引导作用。通过媒体的多方渠道,将思想观点和品牌形象传播出去,打造融媒体时代的新产物——媒体型智库,这是中国新型智库体系的重要组成部分,也是使中国高铁智库超越西方国家高铁智库的重要增长点。高铁智库通过媒体提升自身在全世界的影响力。

现代科技的发展,极大地拓展了智库和互联网络结合的空间。智库的建设不仅可以拥有自己的网站,还可以借助流量平台如微博、微信公众号、论坛等提高信息的及时性和可获取性。

2015年11月,由中国高铁发展战略研究中心主持创办的中国高铁网在国际互联网上正式上线,这是国内首家以传播高铁文化、打造高铁软实力为主要目的,主动对接国家"一带一路"倡议决策的互联网平台,由国内首家高铁战略智库——西南交通大学中国高铁发展战略研究中心倾心打造。"中国高铁网"集成世界铁路行业动态,聚焦国内外高铁舆论信息,关注国际政治经济社会时势,透析影响中国高铁走向世界的相关因素,突出决策咨询功能,和国内外众多行业资讯网站形成鲜明对比。主办方宗旨在于主动担当起为"一带一路"等国家倡议或战略提供智力支持的责任,致力于提高服务国家决策的能力。

中国高铁网自上线以来,已精选330余篇高铁资讯和数十篇原创观点文章发布,其中《高柏:铁路与陆权——"丝绸之路经济带"战略的历史借鉴》评论和《凡是过去皆为序章》新闻等部分文章被拥有十万听众的新媒体自媒体平台"轨道世界""高铁见闻"等转载,引起了热议,受到读者的喜欢。这为"中国高铁"这一国家名片增添了一道文化色彩。据悉,"中国高铁网"将立足科学调查,陆续推出《轨道交通国家创新体系研究》《中巴经济走廊研究》《一带一路研究》等系列研究成果,致力于西南交通大学轨道交通硬实力相匹配的软实力传播,发挥服务国家决策的智库功能。目前,中国高铁发展战略研究中心的相关谏言已经受到国家行政部门、媒体以及业内各有关部门的关注,其中部分咨询报告获得国务院的批示。

可见,中国高铁智库网站的建设成效卓著,利用融媒体和互联网来进行智库建设不失为一条优良的途径。我们不仅要利用现有的网站资源,还要继续开拓新的智媒融合途径,如在一些公众平台上建立官方账号,播报一些高铁当下发展现状,跟进某海外高铁项目的进程等,借助这种公开透明的传播方式,让世界人民看到中国高铁、了解中国高铁,进而信任中国高铁。

10.2 高铁"走出去"战略任务

10.2.1 目标国国情与东道国对高铁的需求

10.2.1.1 目标国之间的多样性

目标国没有固定区域,因此国情社情千差万别,在各个方面都充满着挑战。根据目标国的国情,高铁"走出去"方案要酌情考虑,因地制宜。"一带一路"沿线国家呈现出显著的多元性特征,无论是在社会制度、经济水平、地理环境、宗教信仰、历史传统还是生活习俗、文化习俗、发展偏好等方面都各不相同。因此,在我们走进目标国时,从铁路的上游投融资模式到建设施工模式、运营模式、轨道制式,尤其是安全形势以及与中国的关系敏感程度等都要认真考量,以取得最优成果和最佳效果。

从经济发展水平来看,按照从强到弱分为三个等级:拉美市场、拥有众多天然气和石油资源的西亚市场,以及中东欧市场都属于第一等级。该等级经济基础较好,基础设施比较健全,有一定的资金来支撑铁路建设。东南亚市场、南亚市场、中亚市场属于第二等级,财政实力较弱,铁路技术薄弱,自身投资铁路建设困难度较大,需要其他国家支援。非洲市场则属于第三等级,整体发展落后,经济实力十分薄弱,铁路建设极不完善,没有健全的管理制度和铁路体系,必须全权借助外部力量帮助其发展。不同等级由于地区的差异导致了文化习俗、宗教信仰、工业化水平、现代化程度等都存在极大的不同(见表10-4)。

表10-4 目标国国情多样性

地区	经济水平(强中弱)	宗教信仰	工业化水平
东南亚	中	佛教、伊斯兰教为主;基督教、儒释道信仰并存	工业化初期
南亚	中	印度教为主,佛教、锡克教并存	工业化初期
中亚	中	伊斯兰教	工业化初期和工业化后期两头
西亚	强(天然气和石油资源丰富)	伊斯兰教	工业化后期
拉美	强	天主教、基督教、印度教	工业化后期
中东欧	强	基督教、伊斯兰教	工业化后期
非洲	弱	伊斯兰教	工业化初期

10.2.1.2 东道国对铁路需求的差异性

中国高铁"走出去"必须做好、做细前期的准备工作,充分了解东道国的国情和当下面临的问题,对其政治、经济、社会、宗教、人口分布等基本情况要做到了然于心,有针对性地提出技术集成方案。

东道国对铁路需求的差异性必须充分加以考虑,以保持中国与目标国之间良性的技术对接。中国经过多年的实践探索,形成了一套最适合中国国情的铁路标准体系。而由于欧洲国家早年在铁路建设领域的领先地位,因此许多国际高铁项目会采用欧洲标准。对于中国高铁"走出去"战略来讲,标准的确立在很大程度上决定战略的成功与否。首先,技术标准会形成技术壁垒,欧洲高铁标准的覆盖程度越高,中国和欧洲高铁企业在同时开展竞争时,中国便会处于越劣势的地位。其次,若目标国所要求采用的技术标准与中国标准相差迥异,中国高铁企业势必要对技术进行适应性改进,乃至从设计研发步骤重新来过,其所带来的利润率大幅降低、成本大幅升高都将由我方承担,后果十分严重。此种巨额亏损的现象就曾经发生在沙特阿拉伯轻轨项目上,沙特方要求采用美国标准和欧洲标准,直接大幅推高了中国铁路建设的成本,项目巨额亏损,中国损失惨重。

（1）轨道制式差异。轨道制式分为标准轨距、宽轨距、窄轨距。中国采用1435mm标准轨距,俄罗斯、哈萨克斯坦、蒙古等国采用1520mm宽轨距,非洲加纳、刚果、坦桑尼亚、赞比亚等国家采用1067mm窄轨距,几内亚、埃塞俄比亚、喀麦隆等国采用1000mm窄轨距。

（2）列控系统差异。列车控制运行系统是列车在运行过程中进行实时监控的技术装备,会根据运行的客观条件和实际情况进行运行速度和制动方式的控制和调整。各国大都根据自己的运输特点自主开发了不同的系统。目前,各国列控系统的种类高达15种,互不兼容,这将导致国际列车无法高效中转,浪费很多人力、物力和时间成本。而随着全球化经济技术的突飞猛进和激烈竞争,节省运输时间是运输过程中需要考虑的至关重要的一条。当下,欧洲国家共同制定了一套ETCS规范,较为全面地考虑了不同系统间的兼容性,目前还在完善过程中。而对于中国高铁"一带一路""走出去",一定要对技术规范问题加以强调,逐步解决,争取走向统一。

除此之外,目标国铁路技术水平也有很大的差距,如非洲的铁路技术匮乏,铁路体系尚具雏形,需要大量的外部协助,而中东欧铁路市场开辟时间较早,有一定的基础。

10.2.1.3　相关国家战略对接

随着中国企业加快"走出去"的步伐,中国铁路企业在海外的建设项目不断得到拓展,先进的铁路技术已经出口到了30多个国家和地区,不仅使中国技术和中国标准越发得到国际认可,也带动着中国的外交关系、贸易往来越发和谐密切（见表10-5）。

表10-5　中国走向海外市场项目统计

时间	国家	地区	进展程度
2017年	英国、俄罗斯	欧洲	中欧班列：（义乌—伦敦）实现双向对开；太原—俄罗斯；深圳—俄罗斯通车
2017年	泰国、老挝、缅甸	亚洲	泛亚铁路：中泰铁路签署合作协议；中老铁路于2017年开工；中缅铁路提速加挡
2017年5月	肯尼亚	非洲	蒙内铁路通车

续表

时间	国家	地区	进展程度
2016年10月	埃塞俄比亚		通车
2016年9月	美国	北美	美国西部快线高铁项目开工
2016年2月	伊朗	亚洲	中国提供投融资并承建的伊朗高铁项目开工
2016年1月	印度尼西亚	非洲	尼日利亚铁路现代化项目签署
2015年5月	英国	欧洲	中国南车集团在伦敦设立中古南车（英国）有限公司，并与中国北车在6月合并为中国中车
2015年4月	英国	欧洲	中国和英国成立铁路联合工作组
2014年10月	俄罗斯	欧洲	中俄签署"高铁合作备忘录"连接莫斯科至北京的全长超7000公里的高铁
2014年7月	土耳其	亚洲	安伊高铁二期项目：通车
2014年7月	巴西	南美	中巴签署《中国—巴西—秘鲁关于开展两洋铁路合作的声明》
2013年10月	泰国、印度尼西亚	亚洲	中泰签署高铁建设备忘录，也就是"泛亚铁路计划"
2010年11月	沙特阿拉伯	亚洲	开始运营

为进一步促进中国与目标国家的战略对接，应及时了解目标国家或地区在未来有关铁路修建或升级的计划。如印度计划在2015～2019年五年里投资1200亿欧元以提高国内铁路运力；欧洲计划在2020年前在以铁路为首的交通领域投资260亿欧元，以改善基础设施；巴西投资600亿欧元，计划在2025年前投资完成国内铁路增长至10000公里。

10.2.2 高铁建设与沿线各国产业发展和新型城镇化

高铁联通起来的不只是地理位置，还是国家之间、地区之间以及城市内部区域之间的经济、贸易、旅游、民生等，对一些落后且闭塞的地区来讲更是生命的连接线，是未来发展的寄托。高铁线路的建设不仅仅代表铁路行业，更是一个产业层面的综合规划。几条高铁线路联通的不仅仅是地域，更是对一个地区经济版图的勾勒。高铁的建成为沿线各国的产业化、城镇化带来的发展是不可估量的，势必会燃起那些广大发展中国家的人民对经济腾飞的希望。将高铁的"双轨"向"两化"（产业化、城镇化）逐渐靠拢，基于高铁更要高于高铁，打牢高铁建设的地基，创造沿线区域产业发展、城镇建设、商业综合体开发、资源集成百花齐放的场面，让高铁输送来的"红利"得到充分的释放，不仅可以减轻单一建高铁带来的障碍和阻力，而且可以很大程度地改善民生，带动当地人民就业。

高铁线路的开通运营，将加速人流、物流、能源流的流动，释放现有铁路网的货物运输能力，扩大国内外物流吞吐能力，激活沉寂的市场，吸引国内外的投资者，进而促进进出口商贸往来，促进当地产业蓬勃发展。除此之外，高铁还可以带动沿线国与国之间、地区与地区之间的互动合作，打开全新的对外开放局面，给东道国经济社会创造更大的增长空间和发展潜力。

10.2.2.1 高速铁路的产业关联性

产业关联理论主要用于研究各产业在从事社会生产过程中，中间品投入与中间品产出的关系，它能很好地反映各产业的中间投入和中间需求。如今产业关联理论不再局限于少数几个产业领域，而是通过技术和数量经济分析方法的不断进步，应用领域不断扩大。诸多关联到经济层面的问题都可以通过建模来进行探索。对于交通运输业来说，产业关联性大体有两个方面的呈现：一方面是在交运基础设施建设及装备采购过程中与其他产业发生关联；另一方面是在运输活动的进行过程中与其他产业发生关联。其可以是直接关联也可以是间接关联，如航空运输业与国际贸易相关产业的关联、铁路行业与旅游业之间的关联等。

高铁除了具有铁路运输业典型的产业关联性，还具有自身的特殊性。有关机构调查显示，从固定资产投资的角度看，铁路运输与建筑业、交通运输设备制造业、通用和专用设备制造业、计算机和其他电子设备制造业、机械及器材制造业、仪器仪表文化办公用机械制造业、金融业等多个行业直接相关，与非金属采矿业、非金属矿物制品业等产业具有较强的关联性。从高铁的运营角度看，高铁与周边区域餐饮业、旅游业、商贸业、地产业及其他客运、货运等产业也会产生直接和间接的关联。由此看来，高铁产业的发展势必将带动关联产业的同步发展。

10.2.2.2 高铁建设对沿线相关产业发展的影响

（1）推动相关产业产值增长。举例来说，"一带一路"政策引领下的俄罗斯莫斯科—喀山项目目前总投资高达 2300 亿美元，折算成人民币约 1.5 万亿元。预估按照 96% 的项目投资比来看，参与其中的铁路相关企业和设备制造企业可实现 1.44 万亿元人民币的产值。也就是 2017 年世界财富 500 强发布的中国中铁、中国铁建和中国中车全年收入的总和，数字是非常可观的。而按照"一带一路"基础设施投资额3.6万亿美元测算，高铁项目的总投资等同于以上三家企业2017年全年收入的15倍，可见影响力之大。这势必会极大地推动包括中国在内的沿线各国铁路建筑业和装备制造业等相关产值的迅速增长。

（2）带动相关产业技术结构升级。还以上述俄罗斯莫斯科—喀山的项目为例，该项目建设过程中需要穿越位于亚寒带的西伯利亚地区，这无疑对当前铁路工程建设技术和装备制造都是一项严峻的挑战。挑战带来的压力和动力，催促着中国铁路产业和相关企业齐头并进，共同出谋划策，解决难题。可以借鉴中国已完成的高寒高铁工程项目，即哈尔滨至大连段所应用的装备和铁路建设技术，再参照境外铁路的实际情况，做出更具针对性的铁路建设规划。而这无形中推动着中国高铁相关产业的产业技术升级，推动着中国的施工工程建造技术、施工设备和装备研发制造技术走向更高更强。

10.2.2.3 高铁运营对沿线相关产业发展的影响

（1）沿线旅游业。高铁作为国家战略级项目的存在，势必会增强国与国之间的互联互通，促进沿线国家与中国之间旅游业的繁荣，推动沿线区域旅游人数和营业收入的大幅增长。高铁的及时性、准确性极大程度地缩短了乘客们出行所需时间，扩大了出行范围。客流的有效分流促进了沿线旅游业的开发，也推动了沿线区域旅游业的规模增长。如今正在建设中的雅万高铁，印度尼西亚万隆市长里德宛·卡米勒曾表示，雅万高铁的建成将为当地带来10倍于之前的客流量，极大程度地改善和促进当地旅游业的发展进步。

（2）沿线商贸和餐饮业。高铁的顺利通车，必将带来沿线商务往来和旅游出行的日益频繁，进而推动沿线商贸和餐饮业的发展。高铁车站及周边的配套基础设施，成为了重要的商业节点，引得餐饮、商贸等抢滩入驻，一种以站点为中心的小型"商业综合体"将应运而生。参考日本的东海道新干线和山阳新干线，其依靠沿线旅游、餐饮和食宿等创收达5万亿日元。"一带一路"规划中的俄罗斯喀山高铁项目，预计在通车的前几年年客运量会达到1050万人次，有效提升沿线区域餐饮、商贸的蓬勃发展。

（3）沿线运输业。铁路本身就拥有着强大的客运能力，高铁一旦顺利通车，必将进一步加大陆地运输的客流量，吸引大批公路客运、航空运输的客流回流到铁路。同时，高铁站点的建成，会引发自觉的居民迁徙和旅游出行，这会带来铁路客运量的进一步提高。这不仅分散了旅客的出行需求,形成更加合理的铁路空三线运输格局,而且还推动形成"一带一路"沿线新型交通运输体系,缓解了出行高峰期陆地客运和空运供给不足的问题,有效缓解拥堵。

(4) 沿线区域地产业。高铁建设历来是地产行业的重点关注对象。高铁的通车运营,使原本集聚在中心城市工作的人口,逐步将住宅转移到拥有高铁站点的二、三线城市;不仅会吸引大批商业地产的扎堆集聚,而且会为诸多商务人士、养老人群提供区位的新选择。中泰文化经纪协会副会长蔡百山表示,随着中泰铁路的落地运行,高铁沿线地区将会成为"黄金地段",泰国央行也正在规划一些闲置土地的开发利用问题。

10.2.2.4 新型城镇化

除了产业化的大发展,高铁的"两化"还包括城镇化,而城镇化是高铁"溢出效应"的重要体现。城镇化率一定程度上代表了国家的经济发达水平。总体来讲,发达国家的城镇化率已经达到了80%,而"一带一路"沿线国家整体城镇化率很低。高铁作为基础设施建设的重要组成部分,通过其强大的拉动效应,将指引城镇化的未来发展。将高铁作为纽带,将各站点城市作为基点形成的城市群或将成为新型城镇化的新模式。沿线各国与中国的情况有些许类似,都是沿海地区与内陆地区差异大、经济发展不平衡。内陆地区聚集了较大比重的贫困人口。高速铁路作为纽带,可以深入到内陆腹地,打通沿海与内陆、内陆与内陆之间的隔断,改善发展的不均衡状况,这对于内陆地区来说,有着不可替代的绝对地位,借此推动内陆地区的对外开放程度走向前沿,加快整合周边区域产业,提升开放型经济水平,最终加速推进城镇化建设进程。

(1) 新型城镇化的实现路径——TOD模式。TOD模式(如图10-3所示)是一种以公共交通为导向的开发,以公共交通的使用最大化为准则,对居民区或商业区进行规划设计的模式。人们日常生活中涉及的公共交通主要包括公共巴士、地铁、轻轨、火车以及飞机等。TOD模式的理念是以公共交通的核心站点为中心,以其周围辐射出去的400~800米为半径,折算成步行就是5~10分钟的路程,来建立功能混合的城市。这一模式可以使公共主干线,特别是车站站点附近的土地得到高强度开发和高效利用。将公共交通作为交通出行的优先选择,为土地开发利用提供了强有力的依据,也被应用于有效解决城市快速发展过程中产生的用地不足和交通拥堵问题,形成铁路建设与新城建设之间的良性循环。

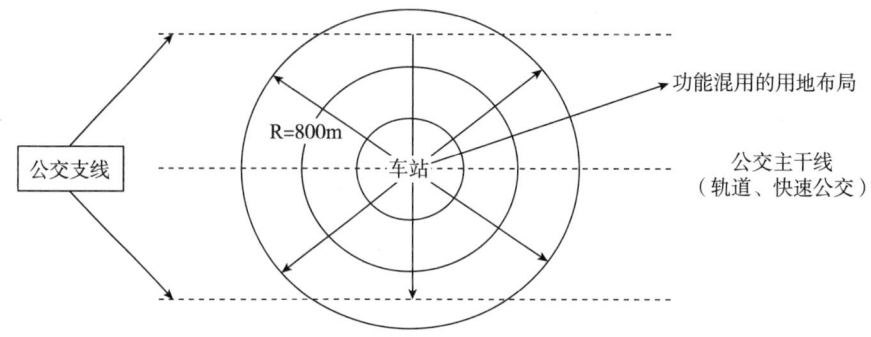

图 10-3 TOD 理念

TOD 模式可以带来可观的收益，借助 TOD 模式进行综合配套设施的开发，不仅可以缓解中心城市的交通压力，方便人们出行，而且可以通过"以站建城"的方式有效带动周边产业的发展，再靠周边产业的规模发展吸引大量的客流，形成良性循环。在采用 TOD 模式之前，有必要对实施的当地进行详细的实地调研，做好可行性研究，妥善进行综合项目的开展。

（2）TOD 设计要点。应用 TOD 理论进行设计时，一定要考虑如何最大限度地带来经济效益，有效促进社会良性发展，而高铁带来的客流量便是盈利的突破口；同时要做到有效缓解人口分布不均问题，带动周边产业的发展，进而使周边产业反过来吸引客流，帮助铁路运营，形成一个良性循环。但是在不同的目标国或地区都要提前进行详细的调研，保证铁路建设和新城建设并驾齐驱，妥善开展 TOD 综合项目开发（见表 10-6）。

表 10-6 TOD 模式设计要点

以人为中心	践行人本主义思想，努力建造多元化和人性化社区
实现混合功能	在境外项目采取 TOD 模式时，新城区内部要考虑住宅、商业、服务、娱乐、体育设施的混合开发，来吸引人集聚，促进人们铁路出行
高效的土地开发	以车站为中心，以 400~800 米的距离为半径，建成商业新城、工业园区、港口等形成经济圈。因为范围有限，又要保证各种设施混合开发，因此土地要高效利用、高密度开发，而且密度越高越有利于人们采用公共出行的方式

续表

以人为中心	践行人本主义思想，努力建造多元化和人性化社区
步行或公共交通为主	TOD模式下考虑以步行或公共交通为主，能够实现多种交通方式的"零换乘"，最大限度地表现交通的通达性
优化城市结构	以公共交通站为中心，由交通线路连接，使整个开发呈现"珍珠项链"模式，能够塑造适合居住的生活空间，优化城市结构
良性循环	公共交通出行效率高、时间准确，因此人们普遍乐于靠近出行站周围居住，而车站集聚的人口反过来又会促进周边城市和地区的发展，使其形成一个良性循环

10.2.3 解决外部舆论环境和提升价值认同

10.2.3.1 国际负面舆论的考验

中国在进行海外铁路建设的过程中，面临着种种考验，其中就有来自国际舆论环境的压力。某些国家借此大肆宣扬"中国威胁论"，对中国建设跨境高铁线路造成了恶劣的影响，严重损害了中国的国际形象。中国境外高铁线路延伸过程中，会对欧亚大陆乃至世界地缘政治格局造成影响，势必会触及一些大国的地缘政治利益。其为了维护自身利益，解决中国快速发展带来的恐慌，便对中国不断进行打压，有意对中国跨境高铁建设进行歪曲解读并大肆宣传，性质十分恶劣。以美国为例，美国始终对中国境外铁路建设抱有很强的戒备心。美方认为，中国海外高铁建设并不是为了造福世界人民而是为了提升自身全球影响力，尤其是还包含有军事层面的考虑，认为中国的跨境高铁网络一旦形成，军事能力将会得到大幅度的提升，对沿线的国家都将造成安全形势的威胁，并进行资源的攫取，目的并不单纯。

除了发达国家，还有一些发展中国家由于民族主义思潮或者外交往来的问题，也将中国的发展视为一种威胁。其中，中亚地区便有不少国家信奉"中国威胁论"，认为高铁的建成将会造成自身资源被掠夺，甚至认为中亚国家的石油资源、矿产资源才是中国发展高速铁路的最终目的，若不谨慎对待，中亚可能沦为中国的"能量仓库"；还有民众认为会抢夺当地人民的就业机会，挤压劳动力市场。目前中国的诸多代表、学者等都在各种场合对此进行了解释和反驳,但是由于不可抗言论的强烈影响和信息的不对称,中亚社会对中国的负面看法仍然无法消除。综合上述情况来看,舆论形势对中国十分不利,国际话语权仍被一些欧美发达国家所掌控。如若我们不能通过实际行动证明自己,摆脱负面言论,中国的高铁"走出去"势必会举步维艰。

10.2.3.2 传递共赢理念和中国价值

对于当下已经存在的,以及未来"走出去"过程中可能出现的负面舆论,中国首先要坚定地表明立场、阐述观点,不遗余力地向世界昭示"和平发展、共享发展、包容发展"的中国价值,坚持与世界各国共同打造并实现人类利益共同体、责任共同体和命运共同体。

负面舆论根据来源的不同,简单区分为两种:一种源自外国媒体尤其是西方媒体的恶意为之,其背后或许隐藏着某些非善意的、不可告人的目的;另一种则源自目标国当地民众的舆论,多出自对于中国目的的不理解,这与目标国的信息闭塞以及中国与当地民众缺乏交流渠道有关。针对上述两种不同的情况,我们应酌情考虑,采取不同的应对措施。

(1) 针对西方媒体的恶意攻击。我们要高举"和平""开放"的旗帜,用实际行动向世界传递"和平发展、合作共赢"的理念,赢得国际社会对中国思想上的价值认同。我们要向世界民众证明,中国的高铁"走出去"建设和相应的基础设施建设,绝不会给东道国带来威胁,也绝不会将东道国作为资源的攫取地,反而会以共建共赢的方式与世界各国友好建交,为世界各国带来发展的新机遇,与世界各国共同打造经济互补、政治互信的利益共同体,让周边国家可以分享中国经济快速发展的红利。除此之外,中国还会加强与周边各国政府层面的合作,增进合作互信,争取建立官方合作机制,为海外高铁的建设提供更加有力的保障。如习总书记所言:"欢迎大家搭乘中国发展的列车。"我们所期待的并不是独乐乐而是众乐乐。我们希望能够通过先进的高铁技术消除贫困,为世界人民的共同发展做出贡献。

(2) 针对目标国民众的抵触情绪。铁路关乎着一个国家的国土安全,影响着社会稳定,带动着经济发展,是一个国家的大动脉,对任何一个国家而言都有着极大的战略意义。由于其高度的政治敏感度和公众关注度,通常来讲,任何一个国家的政府或普通民众不是在迫不得已的情况下,都不希望、不愿意依靠他人力量来修建铁路,恰如我们在民国时期也曾抵制外国人在中国修筑铁路一样。中国在"走出去"进行高铁建设时,要想获得当地民众的理解和支持,除自身营利的目的之外,还应将目标国当地的经济发展、就业机会等考虑在内,让当地民众感受到切身利益得到了保护。首先,要展示我方合作共赢的态度,主动把中国的国家战略与东道国的经济发展战略有机结合,实现风险共担,利益共享,争取东道国的信任。加快东道国建设示范项目的落地,用实际行动赢得口碑,证明动机。其次,要抓紧制定高铁国际融入战略,给予项目实施过程中足够的政策支持和保障,用事实攻破谣言。最后,在高铁"走出去"过程中,我们应充分发挥自己的大国优势和文化优势,加强同沿线国家特别是广大发展中国家的文化建交力度,加强国家间的人文交流合作。在东道国家培养一些知华人士、亲华人士,既可以为中国的高铁建设做出良好宣传,又增加了东道国对中国高铁的了解途径。回顾历史,仅有利益的驱动和政策的保障,并不能保证合作的持续性。在未来,必须加强国家间的人文合作,传递中国一直以来"达则兼济天下"的理念,彰显中国软实力和硬实力,才能获得长期的良性发展。

(3) 融入当地文化。"知己知彼,百战不殆",要充分了解目标项目当地的经济社会情况,调查好当地的生态环境、人民需求、各社会阶层的态度,以让当地人民有"获得感"和"价值优越感"为目标,来提升对中国的价值认同。可以与当地已经居住一段时间的华侨人士、中国在当地的企业等建立联系,通过现有的关系网络来进一步了解和提升目标国人民对中国的好感程度,并且做到"入乡随俗",尊重并融入当地特色文化,经营管理要参考所在国的规章制度和运作方式,严格把关工程质量,打造优质工程,提高当地民众的满意度。与此同时,沿线国家多属于发展中国家,经济发展水平较为落后,可以通过"送温暖"工程,在项目实施当地进行一些简单的物资输入分发,让老百姓感受到温暖和诚意。也可以发起一些慈善项目,主动承担工程管理及其后期开发运营,积极承担社会责任,树立品牌,提升项目口碑,使中国企业成为受当地人民尊敬的企业,再将自身影响力辐射到周边地区,保证企业的可持续发展。最后,要双管齐下,坚持本土化和国际化双向运作,在保证满足工程质量和工程工期的前提下,招募当地劳动人员,提升当地人民的参与感。

(4) 注意环境保护。在修建高铁的过程中,难免会出现一定程度的环境污染,如土地污染、河流污染乃至噪声污染等,污染程度过高势必会引起当地人民的不满,因此我们必须对环保问题加以重视。当所规划的高铁路段位于生态保护区时,要提前做出生态保护部署,将对自然环境的破坏降到最小;当所规划的路段位于人员密集区域时,要进行及时的、良性的引导或者疏散迁移,以保证当地人民的生活质量不遭到破坏。法国和意大利共同修建的都灵—里昂高铁就曾经受到过环保主义的抵抗,这不仅会引起当地民众的躁动,也会延缓高铁修建进程,造成不必要的损失(肖彦华,2017)。

10.3 战略保障

在高铁走向海外的顶层设计中,除了要有切实可行的战略举措,还要有完备的战略保障措施。中国在境外高铁的建设过程中,面临的威胁和风险不容小觑,东道国社会风险大,特别是有些国家还面临政治动荡,项目实施难度必然加大,若不能做好战略保障,必将会对项目进展过程造成阻碍。上文已从政治、经济、社会、对华关系和安全风险五个方面提出相应的风险规避建议,本章节侧重于从战略的角度,对如何搭建中国高铁"走出去"战略屏障提出以下几方面的建议,以保障项目顺利进行。

10.3.1 建立支撑体系

10.3.1.1 完善国家层面的支撑体系

"十三五"规划为中国高铁走向海外的依据和大背景。规划不仅将"一带一路"倡议作为重点推进,还对高铁的建设发展做出了具体要求,虽然对高铁的具体规划大部分集中在国内,但是随着"一带一路"的推进,高铁是国家整体"走出去"的龙头项目,国家各层级组织和领导人都对此十分重视,也在努力完善国家层面的支撑体系。

首先,在政府层面,要负责主导工作,从政治、经济、装备、产业、投融资、外交、国防等多个维度进行推进。要承担起协调各方、超前规划的责任,为高铁"走出去"提供战略时间表和路线图,以此为契机加强政府间的对话和协商,与东道国建立完善的沟通协调机制。其次,全国政协外事委员会可以在完善体制、加强智库建设方面做出努力。紧跟时代要求，建设高铁行业的高端智库，完善体制机制，必须避免系统性风险。以往高度集中的决策—执行体制已经不满足当前日益快速发展的需要，可以通过开通专业的咨询通道，提升决策的科学化、民主化水平。另外，国资委可以发挥鼓励引导作用，鼓励企业，尤其是中央企业积极参与到"一带一路"高铁项目的建设中来，这也与中央企业技术、资金、管理等优势集中的特点相契合。这些优势的发挥，必将会对高铁这样的重点项目产生有效的积极的推进作用。而作为监管部门的国资委，可以为高铁"走出去"的过程营造良好的环境，如在政策的支持、经济活动的顺利开展、风险管理和分析等方面做好保障，使参与其中的企业没有后顾之忧，促进中国企业与东道国当地合作的顺利开展，取得更加令人满意的成果，为企业输入持续不断的动力，使企业可以在高铁"走出去"过程中长期坚持下去。除了以上提到的政府机构，还有发改委、外交部等都应该发挥锦上添花的作用，做好在遇到困难时雪中送炭的工作，为了共同的目标而努力。

10.3.1.2　完善投资政策支撑体系

现有的有关境外投资的政策法规仅有商务部的《境外投资管理方法》和国家发改委的《境外投资项目核准和备案管理办法》，这两个文件分别针对企业境外投资进行开业核准和项目核准。但实际上，以上两个文件存在着法律依据缺失、法律效力不强的通病，属于国务院职能部门政策形式的行政管理政策，对企业海外投资的管理规定不全面。因此，国家应尽快完善对外投资的政策和法律支持，形成完备的体系，为高铁"走出去"的境外活动提供法律保障。

另外，对于"一带一路"高铁"走出去"这种庞大的战略项目，国家应适时出台一定的优惠税收政策，与合作的项目国签订避免双重征税的税收协定。同时，中国政策性银行和开放性金融机构也要发挥积极的引导作用，提供大额优惠贷款服务，加大对高铁出海的支持力度。同时，在境外保险业务方面也要跟进，加快建立境外投资保险制度，为高铁出海提供安全的后盾。

10.3.1.3　完善人才队伍建设体系

高铁走出国门需要全方位、多层次、数量众多的国际化人才，不仅是前沿技术人员、科研人员，还有复合型的综合管理人员。这些国际化人才要具有高度的专业素养、外语能力、组织管理能力、沟通协调能力，熟悉项目的全生命周期和国际运作标准等。一方面，企业可以进行内部的自我培养，建立完善的培训选拔考核机制，通过竞聘上岗，或者进行国内外多岗位多项目的实践，来自我提升为一流的国际化人才；另一方面，便是从第三方输入人才，如社会招聘或与国内铁路相关专业的高校进行合作。通过产学研联合培养的方式，填补人才缺失的空白，直接向境外项目进行输送，使其作为国际化人才的后备军。最后，东道国自身也要进行当地人才的培养，可在项目进行前制订一个人才招募计划，将东道国人力资源输送到国内母公司和相关院校进行专业技能培训，具备一定能力、储备一定知识后再送回驻扎在东道国的中国企业内。

10.3.2 提升企业综合竞争能力

现如今，中国铁路企业的核心竞争力还聚集在传统的装备制造和工程建设领域，对于全产业链的综合掌控以及投融资、运营管理等部分还存在很大的劣势，因此亟待加强内外部资源的整合利用能力以及对企业全产业链的综合集成能力。

中国铁路企业在全方位开展"走出去"计划前，当务之急是要大力弥补在全产业链中有关综合开发、投融资、运营等方面的缺失，提高自身的综合集成能力。全产业价值链整合能力可以通过企业内部资源、利益相关者资源、外部第三方资源协同实现。从内部来说，可以进行所获资源的业务板块的优化；从外部来说，与利益相关者构建战略联盟或者达成合作伙伴关系，实行部分兼并收购和战略重组，从而推动高铁"走出去"的全产业价值链的综合集成能力。

10.4 结论与启示

本章叙述了"一带一路"高铁"走出去"的总体战略，涉及了国家领导小组的成立、国家级智库建设、战略保障等顶层设计，以及我们在"走出去"过程中所要做的一些战略性工作，如要综合考虑目标国国情的多样性和对高铁需求的差异性，考虑对沿线各国产业发展的影响，以及中国如何应对"舆论的声音"并借以中国价值的传播作为反击。综合来看，可以努力实现以下几方面的价值：

一是智库领军者价值。高铁行业的综合性、系统性，没有足够的人力作为支撑只会成为一盘散沙。从上至下、从内至外必须建立起一套科学、可靠、高水准的人才后备力量。从顶层设计来看,国家层面的领导小组、企业层面的领导小组乃至高校层面的领导小组,层层把关,架构严谨,使国家的每一项战略规划都能落到实处,发挥其最大的效益。除此之外,还有海内外大量的人才培养计划、人才输出计划,以及围绕在铁路行业周围的各行各业的最新研究成果,集聚在高铁"走出去"的智库建设中。这必将使中国成为高铁行业最先进、最丰富的智库领军者。

二是产业结构调整价值。高铁属于大型资本密集和技术密集产业,属于拥有庞大产业集群的系统性工业,产业链长且环环相扣。高铁对产业经济的拉动效应和溢出效应是非常可观的。由于产业关联性的存在,高铁全行业的技术创新可以有效拉动与其关联的产业同步发展,将中国的高铁品牌打造为世界品牌,提升全球竞争力。不仅能为目标国带来旅游、餐饮、商贸、地产等行业的发展,对中国自身来讲,也会优化中国出口贸易结构,从原来的产品贸易向技术贸易和服务贸易转型,打包出口中国的高铁技术和先进装备,借此缓解中国钢铁、水泥等周期性行业产能过剩的现状,与东道国各自发挥自身的比较优势,实现贸易互惠。

三是国际经济格局重塑价值。沿线国家大都属于发展中国家,经济水平和工业化水平都相对落后,必须通过大规模的基础设施建设来实现经济的拉动效应。中国先进的技术和装备已经经过无数次检验,富余的资本和产能恰好为这些发展中国家所需。这种资源的填补,成为东道国与中国进行合作的内在动力。目前来看,铁路交通建设带来的便利和速度,使其成为开拓市场、拉动发展最为可靠的选择,当下已搭建起了"一带一路"合作的实体架构,六大经济走廊和九条出国通道正在规划进行中,多条铁路项目也已经开工在建,正在朝着对内连接运输大通道、对外辐射全球的丝路通道努力。

11 中国高铁"走出去"的代表性项目分析

近年来中国一直致力于"走出去"的发展战略,中国高铁作为当今国内外必不可少的重要沟通"桥梁",成为当之无愧的首要纽带。正如《超级版图》序言中所提到,"21 世纪最为重要的公共品是基础设施,而中国是基础设施的主要贡献者"(范正利,2017)。吸收借鉴、消化领会、融汇创新,高铁在短短几十年时间内打造出现在的中国品牌,其作为一张大国名片,在国际社会中得到越来越多的认可。近几年,中国不断与亚欧、中东、南美洲、东非等地区就高铁"走出去"进行洽谈协商,涵盖项目地理位置、项目国政治背景、与中国的外交关系、项目合作次数、项目主要用途以及项目进展情况等方面,本章选取四个国家的代表性高铁项目进行分析,为将来中国高铁"走出去"奠定基础。

11.1 肯尼亚蒙巴萨港—内罗毕铁路项目

位于非洲境内的蒙内铁路,作为东非铁路段的源头,连接了蒙巴萨港和肯尼亚首都内罗毕,全长 480 公里,规划中蒙内铁路将肯尼亚、坦桑尼亚、乌干达、卢旺达、布隆迪和南苏丹六个南非国家相连接。蒙内铁路起点为东非第一大港口蒙巴萨港站,终点则是肯尼亚首都内罗毕南站。运行全长为 471.65 公里,站线共计 143 公里,设计运力为 2500 万吨,且全线均使用中国国铁一级标准,是中国海外建造的第一条全产业链铁路;采用单轨设置,运用内燃机系统,设计客运时速 120 公里、货运时速 80 公里。本项目于 2014 年 9 月正式启动,2017 年 3 月进入试运行阶段,5 月宣布正式运营。作为肯尼亚独立以来的最大基础设施建设项目，蒙内铁路也是肯尼亚实现2030年国家发展愿景的"旗舰工程"，无论从政治寓意还是社会希冀层面来说，均为对肯尼亚乃至东非影响深远的举措。

11.1.1 项目投资运营模式

蒙内铁路采用"EPC交钥匙"的投资运营模式，由中国交通建设公司（以下简称"中交"）总承包，中国路桥公司（以下简称"中国路桥"）承建，从前期勘察设计、采购设备、建造施工到装备制造均由中国企业完成。EPC意味着铁路建设段的所有任务均由承建商完成，与中方政府并无牵扯。前期勘探得知，由于肯尼亚地处非洲地带，地理位置特殊，起点位于肯尼亚东南沿海的蒙巴萨岛上，经过海岸省、东部省、内罗毕特区，位于印度洋西侧，延伸至西北方向，铁路终点与东非大裂谷十分接近。因此，在路线规划上选择与蒙巴萨公路和既有蒙巴萨—内罗毕铁路相对接近，大致平行，以减少施工难度，节省建造费用。仅局部山区地段，距离既有公路、铁路较远，交通不便。施工和装备制造阶段，中交全权委托中国路桥代为建设，从地基开凿、下潜施工到监督制造，均使用中国技术、中国标准、中国产品，将中国自主知识产权进行实践，充分发挥中国因幅员辽阔、地形复杂而积累丰富经验的作用，因地制宜，对部分难度较大的路段进行方案整改，并与肯方多次敲定，达成最终方案，以最小费用、最短时间建成性价比最高的路段。

在蒙内铁路修建之前，米轨为肯尼亚国内古老的轨道类型，建造者为英国殖民者。100年前肯尼亚修的窄轨铁路为过去货运发挥不少作用，但米轨铁路最高时速为60公里，年运载能力仅不到100万吨，无法与新型铁路相比。因米轨铁路设备陈旧，多年维护不力，已失去原有铁路的使用性，所以此次建造过程中已将全部米轨升级为标准轨道，米轨不复存在，其竣工剪彩时的照片及纪念物现仍在首都内罗毕一家铁路博物馆内收藏展览（姚乐，2018）。

由于肯尼亚政府对于铁路运营管理相关经验相对欠缺，因此政府决定采用联合运营的管理模式。铁路所有权归肯尼亚政府所有，运营权委托给某一铁路企业，该企业负责管理铁路的定期检查、技术管理升级、维修养护、客货运管理及铁路人才培训、技术支持转移等业务，合同期限采用"5+5"模式的10年劳动服务期限，肯方将在第五年对运营企业进行绩效评估，决定其是否继续合作，旨在提升铁路运输效率，发展铁路运输行业，促进经济回流（邓延庭，2017）。

该铁路投资由三部分组成，肯尼亚政府通过铁路发展基金提供10%的融资，向中国进出口银行借贷90%。中国进出口银行作为中国政策性金融机构，对于基础设施走出国门的项目十分关注和支持，基础设施建设具有社会性和营利性双重特点，获利能力持续性久、潜力巨大，因信用评级高、战略性强而受到各类政府及非政府金融机构青睐。肯尼亚蒙内铁路作为中国继坦赞铁路后的又一"援非"计划，中方尽可能给予更多优惠贷款和政策扶持。贷款利息低、还款时限长、承担风险低是中国高铁"走出去"打开市场的利刃。

11.1.2 运营情况分析

蒙内铁路自2017年5月运行以来，受到肯尼亚各阶层给予的认可与好评。最新数据显示，截至2018年6月1日，蒙内铁路累计运送旅客近135万人次，平均上座率超过95%，运行时间从原先的15小时缩短为4.5小时，在开通初期甚至一票难求，蒙内铁路又为此增开第二对客运列车。不同于第一对直达列车，这对列车将停靠7个站点，方便沿途民众出行。

与此同时，蒙内铁路的维护与维修领域也卓有成效，打造从"产品制造"向"健康管理"的转变。列车组有DF8B内燃机车43台、DF11内燃机车5台、DF7G调车机8台、YZ25G硬座车厢25辆（2辆硬座带软卧包间）、RZ25G软座车厢7辆（2辆带软卧包间）。中国路桥维护人员以固定时间为期限，施行轮岗检查制、问题责任人制，及时发现问题，及时整修，保证铁路运行的准时安全性，运营一年多的时间里，轨道及车辆各零部件均损耗较小，保证了铁路发展的持久性。

肯尼亚将该铁路作为失业人员的"安置点"，自正式运营以来，累计为当地提供了4.6万个工作岗位，培训当地管理及技术岗位人才约5000人。到目前为止，运营公司雇用肯方员工1597人（占职工总数达69.8%），其中客运列车乘务员全部是肯尼亚当地人，列车驾驶员有8名肯尼亚女性，此举在当地引起了广泛关注。据了解，肯国列车驾驶员均赴中国陕西宝鸡铁路技师学院学习火车驾驶理论知识和技术，接受驾驶、检修、维护等标准程序培训。2017年5月铁路正式通车时，一名培训过的驾驶员驾驶了肯雅塔总统试乘的列车。

11.1.3 经济效益分析

（1）政治影响扩大，见证东非崛起。蒙内铁路成功通车运营，是中国高铁

"走出去"的一个里程碑式事件,它意味着中国"一带一路"倡议在两国的推动下顺利实施,表明了中国意图,澄清了谣言,同时更作为中国高层领导人出访"推销"高铁的一项例证,证明中国高铁今非昔比,中国品牌走向世界,被肯方称为"世纪工程"。

(2) 增强对外沟通,带动相关产业。肯尼亚国家统计局2018年4月发布的《2018年度经济调查报告》显示,2017年肯尼亚铁路客运总收入约700万美元,远高于2016年的约134万美元。其中,蒙内铁路的客运收入就占到约590万美元(金正,2018)。蒙内铁路的开通进一步促进了"港铁联运"战略的实施,巩固了肯尼亚东非经济"领头羊"的地位。不仅铁路本身为肯尼亚带来巨大的经济利润,铁路沿线城市辐射带动作用也同样明显,城镇化、产业化程度有增长态势。肯尼亚主要由农业、工业及旅游服务业构成国内经济收入,其中蒙内铁路对旅游业的影响最为深远,如今的肯尼亚旅游无淡季。相关产业附加值不断攀升,通过铁路走出肯尼亚,走向东非,带动非洲东部地区的经济联通性,交流增多,合作增多;同时,自修建蒙内铁路以来,肯尼亚国内严重的失业现象得以转变,肯方铁路相关从业者占全行业70%之多,由此降低了肯尼亚失业人口数量,减少了民众因失业恐慌带来的安全隐患。

(3) 注重生态保护,赢得民众支持。蒙内铁路修建过程中环保成为第一要义,重修红树林,禁止围海造田,尽可能以桥代路,保护原有植被物种,让长颈鹿不再弯腰,保持生物多样性;在铁路周围设置隔离带,减少列车噪声污染;全面实行环保能源利用,节能减排,实现肯尼亚人"以健康环境支持经济发展并减贫"的愿景。

(4) 中肯技术移接,加速人才培养。肯方虽以联合运营模式委托中方企业进行运营管理,但中方仍一贯秉持目标国发展至上理念,不断"授人以渔",建立铁路技术、管理培训基地,将中国技术毫无保留地交接给肯尼亚技术人员;在肯尼亚当地院校建立铁路运输、轴承控制、电气信息管理及各类铁路相关管理专业,培养目标国本国人才流动衔接,与中国高等交通领域学府进行人才交流,将先进理念、技术带回肯尼亚,促进肯尼亚当地人才全方位发展,保证蒙内铁路及未来修建铁路的平稳顺利发展。

(5) 带动文化互通,两国感情升温。中方派遣员工来到肯尼亚当地,与当地民众建立深厚友谊,两国民间往来互通更为频繁,民俗风情、传统文化、价值

"一带一路"倡议下中国高铁"走出去"战略研究

理念等文化领域不断融合;建造铁路之初,中国路桥已将东非当地宗教习俗融入客运列车的细节之中,小到餐桌纹理挑选,大到站台外观架构,无一不体现非洲国家的独有特点。

11.2 土耳其安卡拉—伊斯坦布尔高铁项目

安伊铁路作为土耳其境内的首条高速铁路,全场 533 公里,起点为土耳其首都安卡拉,终点为土耳其最大的港口和城市,也是全世界唯一一个横跨亚欧两洲的城市伊斯坦布尔。该条高铁分为三期,是多国共同承建工程,其中中国机械出口公司(以下简称"中机公司")与中国铁建股份有限公司(以下简称"中国铁建")联合土耳其当地两家企业共同承建安伊二期路段,中国铁建委托中国土木工程集团公司(以下简称"中土公司")代表参与本高铁项目。安伊二期路段全长 158 公里,设计时速为 250 公里,为新建客货混运的双线电气化铁路,2005 年 3 月宣布中标,2006 年 11 月正式签署合同,2010 年铺轨正式启动,2014 年 1 月二期路段主体工程完工,同年 7 月正式全线通车。其中,土耳其当地政府要求土方企业须占 50% 以上的施工权,因此土耳其两家企业占 60% 施工权,以线下土建为主,主要包括路基、桥梁、隧道等工程;中机公司和中土公司占 40% 施工权,主要负责线上轨道、通信、电气化等工程,全线路采用欧洲标准。安伊高铁二段合同总金额为 12.7 亿美元,是中国高铁企业在"一带一路"倡议下向欧洲"走出去"的第一单生意,也是中土建交 40 年以来最大工程合作项目。

11.2.1 项目投资运营模式

由于安伊高铁项目中标时间较早,其投资运营模式仍以 F+EPC 模式为主,即融资总承包工程运营模式,其中最难的部分莫过于资金问题。当时中国"走出去"配套金融机构尚未建立完全,中国对于海外投资贷款项目的政策优惠力度并不大,最终经过中土双方协商达成共识,由中国进出口银行出资 7.2 亿美元贷款(5 亿美元优贷、2.2 亿美元商贷),以 20 年为还贷期限、均年息 2.5% 的诚意展现给土耳其,这是当时中国单笔贷款额度最大的单项海外工程;剩余 5.5 亿美元贷款由欧洲开发银行提供。

在实际建造过程中，由于中土双方在施工前尚未就轨距、信号、电气化设备等相关零部件标准在合同中注明来源国家，因此在后期土方对采购过程进行严格把控时与中方出现了较大分歧。本项目短时间无法完成欧洲标准认证，中土公司只得改变原有施工策略，被迫违约购进德国、意大利等国的原材料、零部件。最终，安伊二期中土公司仅采用5%的中国设备，附上因土方前期勘探设计偏差较大导致重新反复修订线路和施工方案，导致最终工程造价高于报价40%左右，超17亿美元（周啸东，2015）。

中土两国联合中标二期路段并不是众多投标报价最低的一个联合体，却是投融资政策最为优惠的一个，综合评分最高。虽说中标过程较为波折，面临着另一土国企业向法院提交申诉，质疑中标结果，但最终经中国合作土方企业一再努力，法院决定维持原有结果。

耗时10年的安伊高铁经历了中标受质疑、开工反复延长、设计图纸反复修改、当地居民拒绝配合、合同反复变更、文化差异较大等问题，最终顺利完成交付使用，中土公司困难重重。2012年3月，反复勘测的二期路段由于设计图纸修改导致工程量不断增加，土方为保证其铁路如期完工，向中方施压，提出签署合同中土方拥有40%的合同变更权，即土方以追加40%投资为由，可将剩余路段督促中土公司尽快完工，或中土公司干满合同额工程量即可将剩余路段重新招标。但是中方谈判代表在土方已着手重新招标时，从中土发展深远意义、中国技术、投融资优惠政策等方面使土方重燃信心，并决定将剩余投资追加于中国（李志兰，2016）。

既是两国联合承建，就要彼此沟通设计理念，互相合作谋求效率最大化。土方负责的路段两处隧道坍塌，被迫更改环线设计，中土公司为保证商业信誉及中国品牌，特向中国驻土耳其大使馆请求，加办101名工人延时1个月的因公签证，中土施工人员混合加班，面临土耳其劳工拒绝加班的严峻情形，中方施工人员顶住巨大压力，克服元旦、春节重大节假日，施行"三班倒加班"，24小时无间隔作业，持续五个月后追上原有进度。据施工现场统计数据可知，土方公司施工人员2天仅铺设7根电线杆，而中国施工人员一夜之间便架设100根，堪称"中国速度"，且土方质量监测显示中方铺设误差均在微米级，此举震惊世界。

11.2.2 运营情况分析

安卡拉至伊斯坦布尔高速铁路二期工程自全线正式通车运营以来,首都安卡拉和伊斯坦布尔两大城市之间每天的铁路客流量由之前的 4000 人次增长至 25000 人次以上。通行时长由 10 小时缩短至 3.5 小时,安伊高铁货运能力提升 234%,客运能力提高 400%。作为土耳其历史上首条高铁,安伊高速铁路的全线贯通让土耳其成为全世界第八个、欧洲第六个拥有高铁的国家,以其横跨亚欧两大洲的特殊性,为土耳其当地带来不小的市场效应。

自然地理环境方面,由于安伊高铁途经地区地势险要,需穿越众座山地,地形复杂,且地质以花岗岩居多,硬度高、耐磨损,疏通隧道无疑增加施工维修难度,因此,维护部门针对土耳其特有地貌地形,将平轨、山地隧道及耕地架桥进行分类,按照不同地质选择相应频率进行检修维护。其中,安伊高铁全线多桥隧地段,共有桥梁 31 座、隧道 34 座,工程桥隧比高达 42%,最长隧道达 6.1 公里,3 公里以上桥梁 9 座,5 公里以上桥梁 2 座,二期路段桥隧尤为集中,维修堪称全路段最难。

社会环境方面,安伊高铁均采用欧洲标准,欧标更多注重过程而非结果,中国技术和标准与欧标相去甚远。此条高铁在建造时,通过中方努力已经获得土方认可,中国铁建成为首个承建欧洲高铁的企业,经验与实力并存,是今后中国高铁"走出去"强有力的后盾。此外,安伊高铁本就属两国合包,小到语言沟通障碍,大至异国思维差异,均会影响运营协调难度,中方交接技术、培养人才,无法插手土方内部管理策略,而土方技术不足、人才缺乏、管理散乱,铁路体系漏洞百出,影响土耳其铁路经济的扼要地位。

11.2.3 经济效益分析

对土耳其而言,作为国内建造的第一支高速铁路,安伊高铁改变了土耳其陆上断流、海权至上的运输现状,由"海权单向驱动"到"海陆双向驱动"转变;它将亚欧两大洲在地缘上相衔接,延续土耳其地缘政治的重要战略地位,使其在欧洲乃至世界范围内增强话语权。安伊高铁不仅满足了土耳其对于基础设施需求的社会性,同样也给当地带来较为繁盛的经济效益,国家基础设施建设追赶欧美发达国家,提升自身竞争实力。亚欧板块因安伊高铁增加一条贸易互通渠道,将中东地区、欧洲地区的资源优势转化为输出国的经济优势,从而增加贸易往来,与全世界各国建立互信友好的合作伙伴关系;高铁沿线多为经济欠发达的乡镇,线路的疏通增加了土耳其本国各地人口流动频繁性,联络各地商机促成互利共赢的商业模式;带动了相关产业的发展,例如服务行业、旅游产业等,推动产融创新发展;由于高铁影响力的扩大,对其需求量剧增,加发客列情况会促进工业化、产业化进程,激发相关行业就业人员的熟知度、认可度,刺激新的经济增长点。中国技术、中国装备、中国标准走出国门,为土方引进先进高铁技术提供了强有力的后援;新建土耳其铁路技术研发中心,为当地培养优秀技术及运营管理人才,同时与中国达成长期合作协议,走进中国铁路高校借鉴相关技术以求推陈出新。

对中国而言,这是中国迈进高铁强洲——欧洲的第一步,在这个"高铁外交"的时代,此举为中国在欧洲争得一席之地,发挥"一带一路"带动作用,迎合世界需求,打通多条外交渠道,防止美国亚太战略的霸权思想蔓延;打造"中国制造",成就"中国品牌",提高世界对中国高铁的认知度,发挥基础设施建设的产能释放作用和公益性效用。以中国企业承包欧洲高铁工程,使中国企业"走出去",扩宽贸易渠道,丰富贸易形式。中国铁建此次在安伊高铁项目成功交工,不仅是自身实力过硬,更是战略决策的精准体现。明确目标国市场需求,不管是传统优势型、资源优势型还是基础设施需求旺盛型,认准类别,集中力量,重点突破,才会获得预期甚至高于预期的收益及影响力。中国铁建以"广长大高优"作为海外发展战略,分别是:经营区域要广,以"一带一路"沿线国家为重;产业链要长,拓宽承包项目,向承管方向发展,打造"一揽子"业务;承包业务量要大,增加海外业务在企业项目中的比重;战略眼光要高,不仅仅局限于施工阶段,而是放眼投融资、产业转型升级、技术与资金密集型项目,使产业向高端市场迈进;经营绩效要优,及时止损,转亏为盈,完善海外项目风险防控体系,保证海外资金链充足、效益优等。最后,向土耳其民众传达中国积极姿态,通过非政府渠道拉近两国人民距离,增进友谊,互通往来,为中国未来"走出去"赢得民心;为中国储备海外高铁全面型人才奠定基础,使从土耳其安伊项目回来的技术管理人员都认为"这趟土耳其不白来,中国10年学费不白交",为中国建立铁路门户型智库发挥重要作用。

11.3 沙特阿拉伯麦加—麦地那高铁项目

作为中国企业在沙特阿拉伯承建的第三个交通项目，麦加—麦地那高铁项目刷新了沙特阿拉伯交通史上的新纪录，是沙特阿拉伯国家第一条双线电气化客运高速铁路专线。麦麦高铁又称哈拉曼高速铁路，全长450.25公里，最高设计时速为360公里，被称为中国当时海外高铁"第一速"，总投资额预计达112亿美元，已于2009年3月正式签署合同，同年开工建设。麦麦高铁全线起点为伊斯兰教朝觐名地麦加，而终点则是伊斯兰教又一圣地麦地那，途经红海城市吉达，共建设五座车站，麦加一座、麦地那一座、港口城市吉达两座和阿卜杜拉阿齐兹国王国际机场一座，三城五站连为一线，能够极大程度地缓解穆斯林朝觐时节沙特地阿拉伯区交通不便及拥堵现象。全线采用欧美标准，与中国高铁通用的德国雷达2000技术标准互通，减少中国"走出去"技术壁垒的压力。作为"一带一路"沿线重要的枢纽国家铁路项目，麦加—麦地那高铁的建成对于沙特阿拉伯和中国的连锁溢出效应会大大增加，对中沙今后的政治、贸易、文化、外交合作交流产生深远影响。

11.3.1 项目投资建设模式

此次麦麦高铁中方承建公司为中铁十八局集团（以下简称"十八局"），同时还与两家沙特公司ACC、MASCO组成承建联合体，投资建造模式仍为"EPC交钥匙"总承包模式，从前期勘察立项、线路设计、施工建造、装备制造到交付使用、运营管理、维修护理，集建前、建中、站后一条龙承包体系。此举开创了中国企业海外"走出去"的先河。本项目合同总金额达18.1亿美元，其中十八局获分3.85亿美元，占总合同额的21.3%，负责公路桥、隧道涵洞构造建设及部分铁路的施工。

十八局作为中国铁路建筑总公司旗下实力靠前的分公司之一，一直兼顾国内外市场机遇，以"海外同筹、因地制宜"作为经营理念，立志于产业链上游发展布局，围绕"维非洲、统中东、育亚太"的顶层设计战略，目前项目范围遍及中东、非洲、南亚、东南亚等地区全世界15个国家之多，经营范畴从前期勘察设计到"一揽子"施工承包均有覆盖，领域包含水利水电、运输基设、房屋搭建、市政工程等（伍振，2015）。十八局先后荣获商务部"对外承包工程信用等级AAA级单位""中国对外承包企业社会责任金奖"等荣誉称号，多次荣登"中国对外承包企业营业额50强"，成为具有外包资质的全能型建筑公司（伍振，2015）。

十八局之所以能联合当地两家企业一举拿下麦麦高铁项目，其之前在沙特阿拉伯建造的两个项目功不可没。沙特阿拉伯南北铁路、麦加轻轨两条铁路在沙特阿拉伯顺利通车，让沙特阿拉伯政府及当地人民感受到"中国制造"的强大力量，对十八局的竞争力与实力予以认可，改变了当地政府对于中国只是单一输出"低成本产品""低价劳务"的误解。沙特阿拉伯南北铁路CTW200标段被授予"全线工程质量最优"称号。麦加轻轨自2010年投入使用以来创造单向运送11万人次/小时的世界地铁最高载客纪录，喜登沙特阿拉伯邮票。十八局更成为世界历史上首家在同一时段同时承建同一国家三条铁路的集团。十八局董事长、总经理彭仕国说："成功的海外项目才是中国高铁'走出去'的最好名片，十八局定将用'信誉'扬帆沙特。"不仅如此，十八局负责建造的中东第一高桥沙特利雅得大桥获沙特阿拉伯政府高度嘉奖，朱拜尔RAS AL – ZAWR连接公路被评为"连续100万工时零事故安全大奖"，朱拜尔石油管道项目获业主"连续300万工时零事故安全大奖"。在沙特阿拉伯土地上，十八局已成为交通运输建造行业不可或缺的一支重要力量。

此外，十八局在此次项目中不仅派出国内优秀高铁技术人员，为了保证整个施工过程的精确无差性，还特地聘请外籍工程师把控相关技术及运营管理阶段，努力克服中国标准重结果而非过程的一贯规则。与此同时，中方将外籍工程师作为传播中国先进交通技术理念的"媒介"，力图从专业技术层面得到外籍工程师对中国制造的肯定，并借此机会进行中外技术交流借鉴，将中国标准逐步靠拢欧洲标准，实现国内外市场标准技术趋同化发展。

11.3.2 施工情况分析

麦麦高铁沿线地区多为山丘和沙漠，地质条件较为复杂，河流、湖泊稀缺，气候多为高温炎热天气，最高时可达55摄氏度，施工人员工作条件十分艰苦，项交通管理办法及高铁建成后续运营、生命周期维护和服务阶段梳理规范,保障铁路职工的人身权益及绩效问题。值得一提的是,中方提出"一帮一、传帮带"的技术人才培训政策,中方引领沙方由入门到高阶段自主成熟操控铁路系统及相关维护工作,管理人员将中国相关工程管理原则经验以规范手册形式赠予沙方,做到配套体系输出化,一方面保证项目完整性和优质性,另一方面借此机会获得高度评价,为接下来的高铁"走出去"项目埋下伏笔,努力从"走出去"到"走进来"。

一直以来,宗教文化附带的安全动荡是各国关注的热点,因其文化差异的排斥性而被恐怖分子利用,危及国民人身安全,造成社会恐慌。通过交通枢纽的铺展,增强人员流动性,避免因交通堵塞而造成的隐患,提高国家稳定性,从而提升国民生活幸福感。因高铁成就的无数对跨国婚姻让中沙两国的文化隔阂逐渐消除,沙特阿拉伯人民走出国门,见证中国文化的包容性,更目睹中国的崛起与强大。

11.4 委内瑞拉迪纳科—阿纳科高铁项目

位于拉美国家委内瑞拉境内的迪纳科—阿纳科高速铁路项目,是中国企业首次进军拉美国家的尝试,也是承建方中国中铁首次以独立承包体的身份参与高铁基础设施建设。其全长462.3公里,最高设计时速为220公里,为无隧道工程,共包含62座桥梁,总长度达13.2公里,桥梁占总体施工长度的2.86%。全线选用客货共线的双线电气化标准,合同总额为75亿美元,计划工期为40个月。起点为迪纳科,终点为委国境内的阿纳科,沿线共设10个车站,为保证货运通畅性,在Tinaco、Chaguaramas和Anaco三个车站设置货场。2004年12月,中委两国政府就《关于在委内瑞拉铁路国家网建设领域进一步扩大投资与合作的框架协议》达成共识,根据本国实际情况考量,选择优先建设北部铁路二期,即迪阿铁路;2007年1月,中铁为迎合委内瑞拉国家铁路局部署规划,编制迪阿铁路线路设计方案;2008年9月,委方在两国政府签署《中华人民共和国和委内瑞拉玻里瓦尔共和国政府经济合作协定关于基础设施和交通领域的补充协定》后启动该项目合同拟制工作；2009年4月，中委两国完成合同谈判事宜；2009年7月，两国在委内瑞拉首都加拉加斯正式签署工程合同；同年10月，项目随8亿美元预付款到账而正式开工。这在当时是中国企业在国际建筑市场签订的最大铁路建设承包合同。

11.4.1 项目投资运营模式

本项目沿用中国高铁"走出去"一贯模式——"EPC交钥匙"总承包式建造模式，中铁作为唯一海外承包商与委方进行对接，其中中国中铁委内瑞拉分公司具体负责迪阿铁路的项目总承包管理，中铁二院负责项目的勘察设计工作，中铁一局、二局、四局、五局、九局分别承担项目的土建施工工作。由于本项工程时间紧、任务重，委国因国家技术等级、设备陈旧等原因导致提供的前期勘探数据并不准确，大大延后了前期设计阶段。因此，为保证项目正常交工及合作顺利进行，中铁特派出中铁二局设计院的20多名相关专家赶赴委国谈判现场，从商务与技术两方面阐述项目报价的具体依据、内容、优弊端、资金、零部件及施工细节、技术标准、装备配置，向委方最大限度地展现中方诚意，宣传中国品牌。最终敲定整体施工采取双建制模式，即国内、国外双套班底，在勘探采集、图纸设计、装备制造角度融合两国标准，满足设计质量需要，保证工程如期进行；同时，项目采用"设计、施工并行"的策略，避免因前期耗时而影响后期工段，节省时间，分段交付，不仅提高施工效率，更能保证技术监督与标准把控贯穿整条线路，以工程质量效益为上。

为进一步规范EPC模式，打造高层次、高水平建造团队，中铁结合委方谈判要求，提交《委内瑞拉北部平原铁路迪纳科—阿纳科段EPC建设项目管理模式建议书》。建议书建议迪阿铁路的经营管理模式效仿中国京沪高铁路段管理模式，完善管理体制，强化管理控制手段，加大监管部门实施力度，做到一切以共同目标与利益为要义，改版重建新型铁路运行管理办法，做好统筹协调，使铁路运营管理有条不紊地开展。具体分为以下四步骤：一是成立领导小组。成立委内瑞拉迪纳科—阿纳科铁路建设领导小组，组长建议由负责委内瑞拉基建部分的领导人担任，下属相关部门负责人和各州人员组成小组成员，主要负责该项目方案的顶层设计、总体调度及决策把关。二是配套咨询服务。威奥轨道车辆门系统（IFE）作为委方负责此项目的主要机构，承担委国全铁路行业运营管理职能，把建立迪纳科—阿纳科铁路项目基地作为首先任务，聘请中方高级技术工程师作为御用管理顾问以协助IFE对迪阿铁路及国内其他铁路设施的维护经营，为IFE高层提供全方位、实际的管理咨询服务。三是选定监理单位。迪阿铁路建设项目基地应联合专家筛选评定监理单位，受项目基地委托，负责监督施工方实施过程中各项环节符合建造标准、前期预算及流程。监理单位尽量选择具有中国基建丰富经验的相关单位及专家担任建立负责人，以缩短与项目施工方的磨合期，提高施工效率，节约施工成本。四是中铁总承包。中铁作为迪阿铁路的总承包商，负责EPC项目的整体施工部分，在两国签署合同的约定内，对全工程路段承担全部责任，履行相应义务，确保该线路的高质、高效、优管、立信，按时完成合同中约定的工期，提升中国品牌的企业形象。

11.4.2 建造情况分析

在这个项目中，中铁自2009年开工以来，短短两年时间便已完成总工程量的25%，产值高达20亿美元，且在设计方案、装备采购及施工各个环节均体现了严谨的工作态度和高效的工作质量，获得IFE及委方政府的高度嘉奖。与此同时，中铁项目的施工带动了当地居民的再就业，表现出了强大的社会溢出效应。两年为委内瑞拉创造1万多个直接就业岗位和5万多个间接就业岗位，受益群体人数达30万人之多，这对于地处拉美国家的欠发达国家，无疑是一个庞大的数字和可喜的消息。这些成果与中铁对于方案设计的审核再优化和严格的施工操作流程方式密不可分。

在项目设计阶段，审查方面由项目基地筛选的监理评定单位负责，由于合同要求该工程的设计由概念设计、初步设计与深度设计三方面组成，而委内瑞拉又倾向于欧美标准，因此，监理单位专家对于中铁设计的各步审核尤为严苛，若设计未达到IFE检测标准，则无法进行下一环节，导致施工进度受阻。为确保工程如期开展，同时减少中外差异造成的技术设计与施工低层融合度的出现，监理单位的审批程序复杂烦琐，细化到步，强化到人，才能保证两国规范接轨。

同时，中铁提出"设计八优化"，即优化观念，避免设计回归传统做法，出现装备、资金剩余未利用的低能情况；优化关系，加紧融合设计与施工的对接关系，防止对接误差而导致多花钱、花冤钱的情况发生，确保施工步骤与设计的匹配度；优化路线，避开难行难干路段，选取最优方案，最大限度降低施工成本，保证工程效益；优化理念，以"资源共享"为核心，提升资源利用率，降低损耗及环境污染，最大限度满足功能需求；优化站点，根据总路段选取最优位置，保证周边协同带动效益达到最佳；优化技术，反复实地考察，筛选最优技术，结合专家意见，降低施工风险，既省钱又省力，提升 IFE 对中铁的认可与赞许；优化系统，融合相关知识，创新整体系统，开发独创集成系统，完成关键技术主体适应性研究与可行性报告，使中国控制技术系统为代表的"中国制造"走向世界；优化把控，放弃静态监控机制，创新动态监督管理手段，把握分段交付的中心要义，以分析性战略眼光跟踪工程施工进度，发现问题及时调整，改变过去对监理形同虚设的错误认知。

在项目正式施工阶段，经过复杂的设计方案审批通过、环评报告审批通过、土地所有权转让完成，才算是施工的正式开始。然而，委内瑞拉国家对于环境保护高度重视，对于相关项目的环境破坏评估相当严格，结果批复慢是影响工期的重点因素之一。鉴于委内瑞拉对于国土批准的宽松性，导致国土私有制现象严重，施工路段的土地归属性亟待考究，避免与民众正面进行冲突也是令中铁头疼的问题之一，精确土地属性及经济性评估至关重要。施工的间断性必然导致工程的滞后性，验工计价则是该项工程的创新验收工程方式，在预定计划内按序完成生产计划，会一定程度地缓解工程积压的问题，但资金链的短缺使这个问题的解决缺乏实际化。尽管中联重科 47 台设备引进迪阿铁路项目，仍无法缓解"效率抵不过资金"的问题。由于委国经济效益一再下滑，中方不但需要自行解决资金，更要对施工过程的成本进行严格把控，才能使产业链顺利进行，尽量减少脱节、矛盾的施工常态，将项目中的一切不确定转化为可解决问题，是降低风险最直接的手段。

11.4.3 现状分析

距离交工日期已过去多年，"委内瑞拉迪纳科—阿纳科高速铁路项目走向没落"的新闻随着原来工地上的一片空荡而被印证。委内瑞拉官方也承认拖欠中国款项 4 亿美元，但无力偿还，在这其中，委国自身疲软是主要原因，而中国的损失也离不开错误的认知与决策。

在 2012 年之后的几年里，委内瑞拉的国情急剧转变，不仅是国内政局动荡，"改朝换代"的危机也必然会牵连辐射到相应产业的继续发展，随着右派势力的民意簇拥，高铁行业没落成为必然趋势（王鹏，2016）。但是，更大一部分是因为委国"支柱"石油行业的崩塌。委国原油产量近几年持续下滑，拉美国家经济运行的周转原本便呈不力之势，加之石油产量达历年最低，国际石油价格暴跌，使长期投入和负债过重的现状无法扭转，赖以生存的行业如今难以支撑外汇储备严重缩水的打击，市场资金运作不灵，通货膨胀现象加剧，经济形势岌岌可危，民生基本供需尚且不能满足，高铁这种高端基础设施便无法继续（白中仁，2012）。

中国作为现阶段全世界高铁市场最为广阔的国家，并不满足于国内现状，而是希望拓展公司业务，拓宽增收渠道，打开世界市场。欧美等发达国家自身高铁产业链实力强劲，市场开拓程度较难，目光便自然转向经济欠发达的拉美国家。委内瑞拉作为拉丁美洲的代表性国家，因其经济落后，基础设施不完善，且自然资源丰富而成为中国企业竞相争逐的目标国，争项心切导致中国企业未对目标国实际情况进行全方位分析评估便贸然入市，丧失"商业常识"而酿成大错。迪阿两地人口密集程度相对较低，而经济状况较好、人口密集之地也并非该项目的必由之路，且当地主要运输方式以公路为主，民众对高铁的认知度和认可度并不高，高铁项目无法存活；高铁修建费用昂贵，后期运营及维护费用更是一笔不小的数字，委国本属经济落后地区，开源节流首先的便是高端"奢侈品"高铁行业。长期利益与短期利益的相互博弈，缺乏深思熟虑的评估考量必将后果惨烈。

11.5 印度尼西亚雅加达—万隆高铁项目

雅加达—万隆高铁项目位于东南亚国家印度尼西亚，起点位于印度尼西亚首都雅加达，终点位于印度尼西亚第四大城市万隆。其全长150公里，设计时速达250~300公里，中国在此项目上投入的时间和精力十分巨大，经过多轮激烈竞争后获得该项目。本项目主要竞争对手为日本，此前，印度尼西亚本已经放弃中日方案，但中国一直没有放弃修正高铁方案，经过激烈竞争与多次波折后，中国终于拿到了雅万高铁项目。作为中国高铁全方位"走出去"的第一单，对于中国高铁来说是具有标志性的一份订单。

雅万高铁建设协议于 2016 年 10 月正式签订，协议中明确规定该项目须由中国和印度尼西亚双方建立合资公司共同承担经营和建造责任，同时协议也证明高达 47 亿美元、工期预计 3 年的雅万高铁项目正式启动。与其他中国高铁"走出去"项目相类似的是，雅万高铁项目同样采用特许经营权的形式，将特许经营期限定位 50 年，50 年后经营协议经协商后再做处理。作为印度尼西亚历史上第一条高速铁路，其建成后对印度尼西亚当地的经济与社会影响十分深远，不仅便利了居民的出行，将原有 3 个多小时的车程缩短至 40 分钟，更能带动印度尼西亚当地相关行业的兴起与发展，促进印度尼西亚经济实力迅速上升，使印度尼西亚能够以此为契机摆脱贫困的束缚。

11.5.1 项目投资运营模式

雅万高铁作为中国第一条全产业链"走出去"的高铁，采用的是 BOT 建设模式，从建设到特许经营权运营均由中方作为主要控制者。该特许经营权由中印两方企业联合体共同出资建设，中方由中国铁路总公司牵头建立中国企业联合体，印度尼西亚方由印度尼西亚国有建设公司（WIKA）为主导建立印度尼西亚国有企业联合体，经过多次协商，工程总造价由原来的 55 亿美元确定为合同中的 51.35 亿美元，其中印方出资占比约 60%，中方出资占比约为 40%，双方作为雅万高铁的共同业主，因高铁成为利益共同体。

众所周知，雅万高铁的项目中标国家原先是日本，但经印度尼西亚多方商讨，最终决定采用中国方案，于 2015 年 10 月正式签署中印协议。相比日方来说，中方有以下几大优势。

11.5.1.1 顶层设计的主要推动

习近平主席和印度尼西亚佐科总统在短短一年不到的时间当中，就对接中方"21 世纪海上丝绸之路"的畅想和印度尼西亚"全球海洋支点"的重要战略两项议题来往互访高达 3 次，电视会晤 2 次，旨在推进、深化和拓展两国多领域全方位合作，达到互利共赢的局面。与此同时，两国元首及双方有关部门和企业积极推进雅万高铁这一标志性战略项目，在两国元首见证下，中印两国建立的合资公司与中国发改委、印度尼西亚国企部就框架安排达成共识，成功签署雅万高铁合作谅解备忘录。

11.5.1.2 中国高铁的强大硬实力

中国作为世界上人口最多和领土第三大的国家，拥有其他国家无法比拟的硬实力。首先,中国的高铁网络十分发达,可称为"世界规模之最大""世界速度之最快""现代化程度之最高""管理经验之最好"。已建成运营近1.7万公里的铁路网占比全球里程的55%,9600公里、时速300公里的高铁线路占全球里程的60%。中国年运送人次占全球高铁年运送旅客人次的55%,高达9.1亿人次。中国在严峻地形地貌和极度气候条件下对高铁的建设运营有十分丰富的经验,加之强大的高铁建设能力,便能在世界市场中突出重围。当年京沪高铁仅用3年时间便将全长1300多公里建设完毕并投入运营。值得强调的是,中国高铁的标准与高铁强国企业阿尔斯通、西门子和庞巴迪的技术标准相兼容,并符合各大国际标准化组织的标准,这使印度尼西亚采用中国技术的后顾之忧被打消,即使未来印度尼西亚国内高铁项目未与中国企业合作,其建造标准仍然能够互联互通,不会出现市场封闭和垄断的现象,符合印度尼西亚本国的战略性长远利益规划。

11.5.1.3 中印两国友好关系助推中方倾囊相助

多年来,中印两国一直保持和平友好、互利共赢的理念,从各个领域均进行深入的合作,双方也一直视彼此为好邻居、好伙伴。了解到印度尼西亚当地的实际情况,中国对雅万高铁的建造落实给予印尼方很多优惠政策,例如同意印尼方不动用政府预算、无法提供主权担保的决定,在保证中国利益主权完整性的前提下,与印尼方共同协商建造该项目。项目建设过程中,中国将人道主义精神发扬光大,对印度尼西亚给予承诺,将修建高铁的技术、管理经验无条件赠予印方,并从中国派遣专业人才,对印度尼西亚当地高铁相关从业人员进行培训考核,保证"授人以渔"而不是"授人以鱼",实现中印两国发展成果共享的美好愿景。中国将最大诚意展现在世人面前,印度尼西亚本国政府定能明白中国十分具有诚意的倾囊相助。

11.5.2 项目难点

11.5.2.1 土地征用与地质灾害问题

印尼方当地经济统筹部长达尔敏·纳苏蒂安(Darmin Naustion)在汇报中明确强调,雅万高铁能否顺利开展施工取决于中国国家开发银行是否放款,而中方是否放款便取决于雅万高铁项目的土地征用情况,然而从2016年1月至2017年5月,全部土地征用工作仍未完全结束,在需征用的637.6公顷土地中,土地所有权归中印尼合资公司(KCIC)的仅占全部土地的20%。根据对土地征用问题的研讨，铃木淳（Jun Suzuki）等人总结出雅万高铁建设效率低，甚至处于停滞状态的三点原因：雅万高铁沿线地价迅速攀升；传统印度尼西亚本土对中国的抵触情绪高涨；涉事雅万高铁的民众对维权意识的觉醒与强化。调查显示，雅万高铁自动工以来，共涉及房屋拆迁或相关施工的户数高达2300多家，同时占用农户土地将其转为雅万高铁地基建设、车站建设、相关配套设施建设和居民用地的影响更为重大，728户农民可能因此失去生计。不仅如此，原定雅万高铁环评时间为6个月，因工期问题将其缩短至1周，此举将严重影响相关部门对于雅万高铁建设运营可行性和环保影响的评估。通过初步监测可知，雅万高铁的兴建将使沿线环境恶化，土地涵养水源能力降低。这使印度尼西亚民众十分抵制，而施工进度的停滞使融资困难无法解决。最严重的一点在于雅万高铁地质问题突出，经由四大断层地带的高铁是否会受到地震引发的相关地质灾害的影响并不确定，难以保证施工人员的安全性，即便地铁建成运营后，其安全性也无法保证，因此情况不容乐观。

11.5.2.2 印度尼西亚内部反华情绪高涨

中国在印度尼西亚境内的投资位列投资东盟国家的第二位，理应会拉动印度尼西亚当地的经济发展和社会进步，恰恰相反的是，印度尼西亚经济增速反而放缓，导致国内就业率和民众对社会的满意度预期不断下降，加之中国近年来的持续性投资导致中国在印的各类劳工数量迅速攀升，从而激化印度尼西亚当地民众对中国的不满与愤怒。印度尼西亚国家情报学院专门研究中国问题的专家克里斯诺·雷果沃（Krisno Legowo）还提出，在雅万高铁中印度尼西亚将处于双边合作的利益受损方，使民众便更加不看好这个项目，甚至公然在公开场合诋毁项目、诋毁中国，排华情绪不断发酵使原有中印两国的不悦事件重新被提起。2016年11月的印度尼西亚华人钟万华被指控亵渎伊斯兰的罪名，15万名雅加达抗议者联名将其遣送警方，若中国不能在此次事件中改变印度尼西亚当地民众的固有认知，雅万高铁将不断受到本地群众的阻拦甚至破坏，不仅经济损失将会十分惨重，两国之间努力建立的友好关系也将付诸东流。

11.5.2.3 恐怖主义等非传统安全问题

传统安全问题包括军事与政治等领域，而非传统安全问题在近些年来十分流行，伴随着国家经济发展、社会进步、生态环境的日益复杂，恐怖主义等非传统安全问题的提出率与日俱增，而恐怖主义以暗处活动居多，对于雅万高铁现有建设情况和透明程度,伊斯兰教印度尼西亚当地信徒表示十分不满,而印度尼西亚作为穆斯林人口最多的国家存在较高程度的不稳定性。按固有计划进行建造雅万高铁的编组应为中国标准动车组列车8节,但若采用车体重联运营,编组量将上升至16组,人数骤增与国内区域发展不均等状况相结合,不难保证极端恐怖主义不会采取恐怖行动,对于每个站台的安保设置和检验严格度都将成为恐怖主义入侵的主要突破口,中印合资公司对此类情况要打起万分警惕。

11.5.3 潜在风险分析

印度尼西亚属于东南亚地区,其国内的宗教信仰等文化体系与国别制度体系与中国具有很大的差别,加之跨国合作项目本身也需要一定时间的磨合与摸索,其前期规划和实施操作仍存在巨大的挑战。此外,高铁作为各国基础设施建设中不可缺少的一部分,周期长、资金收益回报慢的特点会随项目国的实际情况略微做出变化,因此一旦出现资金链断链、资金周转不灵的情况,该项目的风险将大大提高。雇用人员配比问题也是十分富有争议的部分,中印尼两国劳工比重也会影响到印度尼西亚本国民众对雅万高铁项目的支持程度。

据可靠消息,印度尼西亚将在两年后进行换届选举工作,届时国内政局将处于很长一段时间的动荡期,国内党派纠纷很有可能以雅万高铁这一重点海外合作项目作为攻击突破口,将雅万高铁置于两难境地,竞争者将会全力组织该项目的继续施工。因此,东道国的国内局势与其他国家对于东道国的"指导"对项目本身存在较大影响。雅万高铁下一步何去何从,下一届领导人是否能继续与中国进行高铁项目的合作,特许经营权的约定维持将成为中国在印度尼西亚投资的重要转折点。

11.6 "一带一路"沿线国中国高铁项目投资动态分析

自2013年习近平主席提出"一带一路"倡议以来,中国便掀起一番高铁"走出去"的热潮。中国南车与北车独立业务量及效益情况呈逐年上升趋势,作为牵头企业带领其他中国企业参与境外高铁建设达 300 多个，收入总额同比增长 60% 以上，且项目区域范围遍布世界各地，仅非洲这样的经济欠发达地区，中国项目总金额便高达 120 亿美元。而中国南车、北车合并为中国中车的决定让两家中国基础设施建设行业巨头的资源由独立走向整合，由竞争转为合作，装备、能源、技术、资金相比从前更为强大，以企业为主体、市场为导向，按商业原则和国际惯例承接中外合作项目。

中国高铁作为"一带一路"倡议的主要载体，不仅能够带动沿线国家和地区的经济贸易往来、人口流动和文化互通，更能够作为一张中国名片，向世界证明中国高铁的崛起、中国技术的强大硬实力，以经济促发展，以倡议求共赢。伴随中国高铁"走出去"近年来订单数量的不断上升，土耳其、泰国、缅甸、老挝等全球范围内约 30 个国家已和中国达成合作协定，投资款项将用于引进中国高铁技术装备、共建他国基础设施，项目长度已累计超过 5000 公里，总投资额近万亿元。相关机构根据现状推断，伴随着"一带一路"规划逐步推进，未来全球高铁投资或将超过 2 万公里，对应资金 3 万亿元人民币，其中设备投资部分总需求至少 4500 亿元，对中国来说，中国装备正在追赶欧洲高铁大国的步伐。

中国高铁已然走向新的发展阶段，深化投资改革、产业升级改造将是迫在眉睫之举。因此，下文将对投资部分进行利好、风险分析，不仅对国情投资现状进行总结反思，更能取长补短，优化高铁海外投资结构。

11.6.1 投资利好分析

（1）推动"一带一路"倡议落实。"一带一路"倡议的提出是为打造中亚、泛亚、中东欧等国家的新型陆路、航路连接模式，完善基础设施建设是落实该项政策的基础和根本，中国高铁作为走出海外的"排头兵"，在国家顶层设计的推动下，积极与项目进行沟通审查，确定方案，督促项目监理把控标准，避免两股技术壁垒的矛盾，高效、高质、高能地顺利通车，形成交通网络的互联互通，从而发挥高铁运载货物和运输乘客的基本功能。第一批"一带一路"中国高铁"走出去"的示范效应打造品牌优势，吸引"一带一路"沿线国对于发展本国运输行业、能源行业的深化改革，从而加速与高铁大国的全方面合作，中国机遇将源源不断。

（2）深化区域国际产能合作。截至 2016 年底，中国已与 53 个"一带一路"

沿线国家签署双边投资协定，与54个"一带一路"沿线国家签署避免双重征税协定。各种中外商贸签署标准化协议的制定推动高铁"走出去"迅速发展扩产，借助高效运输手段，缩短贸易时效，降低企业制度性交易成本，支撑体系日益完善，在市场规则的前提下，对国际贸易保护主义造成冲击，开创中国式商贸合作新篇章。与此同时，机械制造行业、能源行业、物流行业等世界相关产业机构签订合作，更新产业结构模式，创新产能结合手段，升级装备技术制造，加强区域协同发展，形成区域经济化发展节奏，拉近两国商务协作伙伴关系的同时，丰富国内产业类型，使产融效益多元化发展。

（3）改观外部舆论环境及价值认同。中国每中标一个海外高铁项目，外媒对于中国的恶意诋毁便更进一步，"新型战略扩张手段""新型贸易保护主义""殖民新形式"等说法利用舆论阵地的易传播性误导民众，抹黑中国。但中国凭借极强的责任心和社会使命，本着互利共赢的宗旨为目标国创收增产，在带去经济效益的同时，更为当地民众提供众多类型就业岗位，解决社会失业率不断增高的问题，稳定社会环境，从实质上改变目标国民众对中国的看法，内化于心，外化于行，提升中国的国际认可度。一切以目标国利益为重，弱化经济目标，强化价值趋同，由内而外引发全球共鸣。

（4）实现跨国文化融通。中国高铁"走出去"项目中的人员均含中国、目标国及相关技术管理专家国成员，国籍多元化使各国文化交流产生的文化创新日益增多，高铁作为一项载体，不仅传送货物、运输民众，更多体现的是各国文化产品的交融，小到施工零件中的花纹样式，大到站台设计图纸的民族惯性。此外，各国人员获得近距离体验异国文化的机会，享受宗教习俗、民味风俗的乐趣，为枯燥的工程建造增添一些新色彩。外国友人体会到中国文化的博大精深，使会对中国制造产生更浓厚的兴趣，潜移默化中对中国文化和中国传统思想观念逐渐接受，习惯于"中国制造"的出现，这是对中国产业进军海外的一项强有力的肯定。

11.6.2 投资风险分析

11.6.2.1 政治风险

高铁作为一项基础工程，具有周期长、工程量大、经济效益回报慢的特点，工期少则几年，多则十几年。根据每个国家政治制度的差异性，国家领导人的任期不定,但大多4~5年为一任。每任领导人的执政理念各不相同,所倾向的施政领域也有所区分,若高铁项目建设周期横跨两届领导人的执政周期,会出现工程标准更改,监理人员更换,方案甚至可能被全部推翻,乃至停工待定。高铁建造由主动变为被动,不但影响工期进度,降低施工效率,而且会影响两国战略方向,加之反华势力遍布世界各地,鼓吹不正之风,左右国家战略布局,牺牲最大的国家莫过于中国。

11.6.2.2 经济风险

世界范围内,高铁强国非法国、德国、日本、加拿大等国莫属,而其余国家的基础设施建造水平均处于落后阶段,且"一带一路"沿线国家的交通运输业多以公路、航运为主,巨大的市场需求满足中国高铁的决策,转型技术升级,改变国外对中国低端产业链的固有认知,导致对目标国的经济发展未经严谨评估,是否以单一产业支撑国民经济,国家投融资政策、相关行业技术水平是否配套等并不清楚。如委内瑞拉迪纳科—阿纳科高速铁路,因支柱性石油产业的效益递减,引发资产危机,被迫停工,并拖欠中国工款约4亿美元。中国企业未具备商业常识,急于抢占市场先机,提出利润极低的投融资方案,未顾虑后续资产负债能力,导致国内企业及金融机构承担过大风险,靠以巨大投资换取普通资源弥补资金空缺,代价过于惨痛。

11.6.2.3 技术风险

中国高铁以"引进、消化吸收、创新"为主要发展路径,聘请国外高铁技术专家进行指导,结合中国自有装备研发,最终形成完整的高铁制造技术体系。如今,中国高铁已具有完整自主知识产权体系,但中国标准还未被世界认可。众所周知,世界高铁范围内通用标准以欧洲标准为主,欧标轨距宽于中国标准,且欧标更注重过程把控,而中标更注重结果的精确。两者差异使中国高铁承建项目时只能运用中国劳务、技术,装备及零部件则采用外购符合欧标生产的厂家,不仅中国标准面临质疑,完成自主生产体系的中国高铁也鲜有范例供世界检验。

11.6.2.4 宗教文化风险

一方面,"一带一路"沿线国家多为宗教信仰繁盛之地,佛教、伊斯兰教、基督教等宗教习俗各有差异,高铁建造过程中若未对其禁忌进行规避,会造成教徒反抗,破坏施工流程,阻碍工程顺利进行。另一方面,社会极端主义分子借助宗教信仰的忠诚度,扭曲宗教本质,成立邪教组织,培养"教徒"破坏社会秩序，蛊惑人心，使国家建设基础部分遭摧毁，加大社会不稳定性。国防力量薄弱、国际治安条例不规范、对极端分子纵容无视等劣质行为，会被中国敌对势力加以利用，煽动反华思想，对中国高铁的诚意合作进行诋毁，不仅损害两国经贸合作，更削弱两国友好往来，对项目国发展造成极大阻碍。

11.7 结论与启示

11.7.1 代表高铁项目比较

作为中国高铁活跃于海外市场的代表性项目，五个中外合作高铁项目分布于不同的国家，从世界国家划分的各层面映射出中国高铁为项目国带去的影响与效益。具有划时代意义的高铁项目在"一带一路"倡议的推动下，由低端劳动力密集型企业、资源密集型企业升级转型，向技术、装备以及资金密集型企业转型发展，不仅丰富、加强项目国互利共赢局面，中国也在此契机中寻求商业化战略规划，为高铁"走出去"进一步目标规划提供基础性支持，为拓宽海外市场赢得先机，在世界博弈中获取强大竞争力。因此，本书对五条铁路各自模式的异同进行总结，以便于积累中国高铁"走出去"案例，吸取经验教训、扬长避短。肯尼亚、土耳其、沙特阿拉伯、委内瑞拉以及印度尼西亚五国合作铁路项目基本概况汇总如表11－1所示。

表11－1 五国代表性高铁项目概况汇总

	地理位置	长度（公里）	时速（公里）	运营日期	投资运营模式	施工方
蒙巴萨—内罗毕铁路	东非肯尼亚	480	客运120 货运80	2017.5	EPC	中国路桥承建
安卡拉—伊斯坦布尔高铁	横跨亚欧两大洲国家土耳其	158	250	2014.7	F＋EPC	中土公司与土耳其两家公司合包

11 中国高铁"走出去"的代表性项目分析

续表

地理位置	长度（公里）	时速（公里）	运营日期	投资运营模式	施工方
麦加—麦地那高铁	中东沙特阿拉伯	450	360	在建	EPC	中铁十八局与沙特阿拉伯两家企业合包
迪纳科—阿纳科铁路	拉美国家委内瑞拉	462.3	220	弃建	EPC	中铁独立承建
雅加达—万隆高铁	东南亚	150	350	在建	BOT+EPC	中印两国合建

从地理位置分布来看，中国高铁呈分散状分布，以"一带一路"沿线国为主要发展对象，分为两类：一类为经济发展规模较大国家，通过高铁原有贸易互通合作添砖加瓦，形成市场竞争新规则，强强联合，创新商业合作模式，巩固双边外交，以挖掘潜在合作领域，形成全方面政治外交、经贸融通；另一类则为中国凭借高水平技术装备帮助欠发达国家完成基础设施建设，完善国内基本生存领域达到世界平均水平，带动项目国产业效益稳步增长，发展平台更新加固，新经济刺激增长点不断涌现，与中国形成新型互通渠道，带动本国GDP不断突破历史纪录。

从工程难度来看，以上五个项目所在区域地质结构复杂，气候条件多变，精确施工路段地质条件是一大难题，虽说中国企业施工经验丰富，详细把握中国城市高铁途经路段施工要领，但各国差异性仍不可忽视；原有交通线路十分落后，试图借鉴固有交通方式作为新版设计图纸的部分依据显然条件不充分，因此，前期勘探设计阶段返工率较高，耗时较长，意见矛盾集中，且标准设定对中国施工十分不利，得不到欧盟标准认可，现阶段中国并不具备相应条件，只得聘请外籍技术专家作为监理把控施工过程，或海外购进符合标准的欧标零部件进行装配，以加快施工进度。

从项目完成度来看，肯尼亚蒙内铁路和土耳其安伊高铁作为五项中已顺利通车运营的示例，已获得可观的经济收益，不仅在铁路运输方面，还带动相关辅助型产业实现利益高点，获得民众认可。而沙特阿拉伯在建项目作为中方进驻沙特阿拉伯铁路项目的第三关，可依据南北铁路和沙特轻轨判断预期收益的类比增长点，追平以上两个项目的完整性和社会适用性。而委内瑞拉迪阿铁路施工现场荒芜一人的新闻报道播出后，社会各界才开始广泛关注该项目相比其他项目的失败原因，意识到项目选择的客观性。雅万高铁作为中国第一条全自主研发工程，预计在2019年通车带来良好收益效果，与委内瑞拉项目形成鲜明对比。因此，以成功与失败项目作为对照组进行反思借鉴，从国体制度、经济运行模式、国民结构认知等方面对合作国家进行"地毯"式考察，取长补短，提高项目合作成功率。

从投资运营模式来看，五国均采用"投资交钥匙"模式，说明中国期待一系列具有自主知识产权的高铁得到海外市场的高度认可，而不是仅局限于出口劳务，提供援助贷款服务。调查可知，中国政府对于"一带一路"倡议下基础设施、能源开采合作等战略的支持力度远高于其他发展中国家，政策性、开发性银行、金融机构层出不穷，只为提供一份强大后盾供出口企业施展拳脚，但国内投融资承担较大风险，得不到长短期经济效益的预测结果，金融机构自然不会继续进行优惠性政策支持，这也是中国海外项目一再挑选的原因，考察项目国政府支持力度、经济优惠比率、风险评价体系等方面，追求中国积极对外的良性态势。

11.7.2 启示

根据对五国代表性高铁项目的精准化分析，特提出以下三点启示，以便中国海外高铁项目的优化开展：

首先，加强技术攻关力度，完善高铁自主标准体系。中国铁路总公司应联合中国交通运输优势企业，发挥公私合作的互补优势，不断裂化产生新型技术知识体系，弥补原有制度体系的不足之处；中国铁路运输专利产品不应自居国内市场获得满足，而是应该走向世界市场，获评海外专利技术机构认可，加大海外知识产权投资力度，鼓励中国标准国际化，缩短国外标准认证所需时长，为海外项目技术标准全盘中国化不断努力。

其次，培育跨学科复合型人才，增强中国文化软实力。目前，中国高等学府不断招收跨学科人才，设立多个国内外交流项目，鼓励全能型人才培养机制。让中国知识分子走出国门，吸收海外先进技术知识，融合中外思想文化，减少中国技术弊端，更新中国技术研发团队，以新思想注入活力。跨学科式教学模式不断推广，将学科考核确定周期性，不断以高标准、严要求管理复合型人才，以高薪优待鼓励中国式人才为国效力，在海外重大项目中体现中国人才的先进性和领先性。

最后,强化基础设施行业技术监管标准,增强风险应对能力。中国标准的重点在于结果,对于过程各环节的细节并不注重,因此,中方企业应根据世界大环境的技术要求,改良中国技术,加强中国监管,加大惩治力度,鼓励自主知识产权"井喷"态势。同时,积极出台各项风险应对预案,针对现有高铁出口经验教训完善过去制度,积极整改风险防范策略,做到"万事有凭证,万事有考量",面对层出不穷的新型风险,中国应以高度重视的态度严厉打压此类现象,并对相关行业、企业进行引导式培训,实现项目风险防范条例的渗透式贯彻。面对巨大的市场诱惑,中方应与世界一道,在保证全球和平稳定发展的前提下,积极投身于海外阵地,实现经贸合作手段全面升级,为当今中国发展创造亮点。

附件1 中国部分建成高铁概况

线路名称	起止城市	运营时间	线路全长（公里）	运行时速（公里）	总投资（元人民币）
秦沈客运专线	秦皇岛—沈阳	2003年10月	404	200	150亿
合宁客运专线	合肥—南京	2008年4月	166	200	250亿
京津城铁	北京—天津	2008年8月	120	350	215亿
胶济客运专线	青岛—济南	2008年12月	363	200~250	96亿
石太客运专线	石家庄—太原	2009年4月	190	250	160亿
合武铁路专线	合肥—武汉	2009年4月	356	250	168亿
甬台温铁路	宁波—温州	2009年9月	282	200	155亿
温福铁路	温州—福州	2009年9月	298	200	175亿
武广客运专线	武汉—广州	2009年12月	1069	394	1166亿
郑西客运专线	郑州—西安	2010年1月	457	350	501亿
福厦高铁	福州—厦门	2010年4月	273	250	144亿
成灌高铁	成都—都江堰	2010年5月	66	200	70亿
沪宁城际高铁	上海—南京	2010年7月	300	350	395亿
昌九城际高铁	九江—南昌	2010年9月	131	250	65亿
沪杭高速铁路	上海—杭州	2010年10月	160	350	440亿
长吉城际高铁	长春—吉林	2010年12月	108	250	96亿
海南东环高铁	海口—三亚	2010年12月	308	250	200亿
广珠城际轨道	广州—珠海	2011年1月	116	200	70亿

续表

线路名称	起止城市	运营时间	线路全长（公里）	运行时速（公里）	总投资
京沪高铁	北京—上海	2011年6月	138	300	2209亿
广深港高铁	广州—深圳	2011年12月	102	300	205亿
龙厦高铁	龙岩—厦门	2012年6月	171	250	62亿
汉宜高铁	汉口—宜昌	2012年7月	291	250	238亿
合蚌客运专线	合肥—蚌埠	2012年10月	131	350	98亿
哈大高铁	哈尔滨—大连	2012年12月	904	350	924亿
石武高铁	石家庄—武汉	2012年12月	841	350	1168亿
京石客运专线	北京—石家庄	2012年12月	281	350	439亿
京广高铁	北京—广州	2012年12月	2298	300	4000亿
宁杭高铁	南京—杭州	2013年7月	249	350	314亿
杭甬高铁	杭州—宁波	2013年7月	150	350	166亿
盘营客运专线	盘锦—营口	2013年9月	89	350	115亿
向莆铁路	南昌—莆田	2013年9月	632	200	516亿
津秦高铁	天津—秦皇岛	2013年12月	257	350	338亿
厦深高铁	厦门—深圳	2013年12月	550	250	300亿
沪汉蓉高铁	上海—武汉—成都	2014年7月	2078	160~350	—
杭长高铁	杭州—长沙	2014年12月	933	300	—
南广铁路	南宁—广东	2014年12月	577	200~250	226亿
兰新高铁	兰州—乌鲁木齐	2014年12月	1776	300	1381亿
宝兰高铁	宝鸡—兰州	2017年7月	401	250	647亿
大西高铁	大同—西安	2018年8月	859	250	—

附件2 中国铁路对外建设项目

铁路名称	时间	合作国家	运营里程	设计时速	项目资金	其他
莫斯科—喀山	2017年动工	俄罗斯	770公里	400公里	224亿美元	是欧亚高速运输走廊的试点项目，西起莫斯科，向东南延伸到鞑靼共和国的喀山，未来将进一步向东延伸至北京，以此打造"莫斯科—北京"欧亚高速运输通道。铁路采用中国标准，目前中国与俄罗斯正在开展联合勘察设计

续表

铁路名称	时间	合作国家	运营里程	设计时速	项目资金	其他
内华达州—加利福尼亚州	2016年9月开建	美国	370公里	—	1亿美元	中国在美国的第一个高铁项目
德黑兰—库姆铁路	2016年2月开建	伊朗	926公里	250公里	21亿美元	—
雅万高铁	2016年1月开建	印度尼西亚	150公里	300公里	55亿美元	是东南亚的第一条高铁，全面采用了中国标准、中国技术和中国装备，是中国高铁首次全系统、全要素、全产业链走出国门，也是中国高铁标准"走出去"的第一单
中老铁路	2016年启动项目，预计2020年建成通车	老挝	509公里	160公里	68亿美元	是泛亚铁路中线（昆明—磨憨—万象—曼谷—吉隆坡—新加坡）的重要组成部分，以中方为主投资建设并运营、客货共线的快速铁路
匈塞高铁	2014年正式签署合作建设匈塞铁路谅解备忘录，2016年签署匈塞铁路（匈牙利段）项目建设合同	匈牙利、塞尔维亚	350公里	200公里	28.9亿美元	客货混运双线电气化铁路，是中国铁路进入欧盟的第一个项目，采用中国技术兼容欧洲标准。中国铁路成套技术和装备将首次进入欧洲市场，项目所在的欧亚大陆接合部的中东欧地区是"一带一路"的重要板块
委内瑞拉迪阿高铁	2014年4月开建	委内瑞拉	480公里	220公里	总造价75亿美元，中国承担30亿美元	铁路全部采用中国高铁技术，但因委内瑞拉国内经济严重下滑，项目从2015年停工至今
蒙内铁路	2014年开始动工，于2017年建成	肯尼亚	480公里	120公里	38亿美元	蒙内铁路是中国帮助肯尼亚修建的一条全线采用中国标准的标轨铁路，是肯尼亚独立以来的最大基础设施建设项目

续表

铁路名称	时间	合作国家	运营里程	设计时速	项目资金	其他
泰国高铁（廊开—曼谷）	2014年泰国批准了与中国政府合作建设复线铁路的谅解备忘录草案	泰国	607公里	250公里	4000亿泰铢	中泰高铁项目推进一波三折，自2009年开始，9年间历经三届政府，20多次谈判，方案多次变更。目前模式是采用中国标准，泰方自筹资金并负责土建工程施工，设计及监理等由中方负责。曼谷至呵叻253公里段中的3.5公里的先建段已经开工
亚吉铁路	2012年开始动工，于2016年建成	埃塞俄比亚、吉布提	750公里	120公里	40亿美元	跨非洲大陆大铁路干线上的重要枢纽，是一条以货运为主的客货共线铁路，被称为当代的"坦赞铁路"
摩洛哥高铁—非洲（丹吉尔—肯尼特拉）	2011年9月开工，2018年开通运营	摩洛哥	200公里	350公里	—	该项目的车厢供应商为法国阿尔斯通，信息技术提供商为意大利Ansaldo STS和法国Cofely Ineo，中国中铁所属中海外公司负责土建工程，目前已经基本完成
安卡拉—伊斯坦布尔，简称安伊高铁	2010年开工，2014年7月开始通车	土耳其	158公里（安伊高铁二期）	250公里	12.7亿美元	是中国企业在海外组织承揽实施的第一个电气化高速铁路项目，遵循欧洲标准进行设计施工，分为一期和二期工程，中国企业承建的是二期工程
沙特阿拉伯麦麦高铁（麦地那—麦加）	2009年启动项目	沙特阿拉伯	450公里	360公里	18亿美元	连接沙特阿拉伯的麦加、麦地那两大圣地，是沙特阿拉伯第一条双线电气化高速铁路项目
安哥拉本格拉铁路	2007年开始动工，于2015年建成	安哥拉	1344公里	90公里	18亿美元	连接大西洋和印度洋，是安哥拉有史以来修建线路最长、速度最快、规模最大的现代化铁路项目
马新高铁（吉隆坡—新加坡）	计划将在2026年前建成	新加坡、马来西亚	350公里	320公里	80亿~140亿令吉	近期可能招标，竞争将异常激烈

参考文献

[1] Chen C. et al. The Structure and Dynamics of Cocitation Clusters: A Multiple – Perspective Cocitation Analysis [J]. Journal of the American Society for Information Science and Technology, 2010 (7): 1386 – 1409.

[2] Chen C. Science Mapping: A Systematic Review of the Literature [J]. Journal of Data and Information Science, 2017, 2 (2): 1 – 40. DOI: 10.1515/jdis – 2017 – 0006.

[3] Shneider A. M. Four Stages of A Scientific Discipline: Four Types of Scientists [J]. Trends in Biochemical Sciences, 2009, 34 (5): 217 – 223.

[4] 白中仁. 委内瑞拉迪阿铁路 EPC 项目管理及体会 [J]. 高速铁路技术, 2012 (2): 3.

[5] 曹国永. "一带一路"视域下的轨道交通国际化人才培养 [J]. 中国高等教育, 2018 (7): 33 – 35.

[6] 陈熹, 有楠楠. 企业愿景的战略重要性 [J]. 现代营销（下旬刊）, 2012 (3).

[7] 陈喆. 中国高铁"走出去"的关键影响因素分析与对策 [D]. 天津大学硕士学位论文, 2016.

[8] 邓延庭. 蒙内铁路: 东非地区跨境铁路建设新模式 [J]. 国际经济合作, 2017 (9): 91 – 92.

[9] 杜芳芳. "一带一路"倡议下中国高铁"走出去"的挑战与对策 [EB/OL]. 现代营销（下旬刊）, 2018 (3): 8 – 9 [2018 – 09 – 26]. http://kns.cnki.net/kcms/detail/22.1256.f.20180420.1518.012.html.

[10] 范正利. 驶向世界, 中国高铁在冷静中加速 [J]. 人民交通, 2017 (9): 5.

[11] 高柏. 中国高铁的集成创新为何能够成功 [J]. 人民论坛·学术前沿, 2016 (10): 78-88.

[12] 高柏. 做连接亚洲与非洲的大陆桥: 沙特问题的中国解决方案 [J]. 西南交通大学学报 (社会科学版), 2014, 15 (4): 1-12.

[13] 郭大为. 国外高速铁路建设与运营组织模式 [J]. 铁道运输与经济, 2004, 26 (8): 79-81.

[14] 过莉. 拓展人才培训模式满足高铁人才需求 [C]. 世界轨道交通发展研究会年会, 2011.

[15] 韩笑. 改革开放四十年我国合作学习研究的进展及趋势——基于 CiteSpace 工具的文献计量学分析 [J]. 当代教育科学, 2018 (4): 76-83.

[16] 贺正楚, 曹德. 中国高铁全产业链"走出去"战略研究 [J]. 东莞理工学院学报, 2018 (2).

[17] 胡海晨, 林汉川, 陈廉. 中国高铁国际化发展的影响因素与对策 [J]. 企业经济, 2017, 36 (9): 64-71.

[18] 黄河. 公共产品视角下的"一带一路" [J]. 世界经济与政治, 2015 (6): 138-155.

[19] 计卫东, 杨涛. 关于高速铁路运营管理人才培养的实践与思考 [J]. 铁道运营技术, 2011, 17 (3): 22-23.

[20] 蒋斌, 胡晗. 浅析"一带一路"战略体系下高铁人才培养 [J]. 人才资源开发, 2015 (18): 49-50.

[21] 李彬彬. "一带一路"倡议背景下中国高新技术产品对阿拉伯国家出口流量及潜力分析 [J]. 统计与信息论坛, 2017, 32 (6): 99-105.

[22] 李继宏. 中国高铁"走出去"面临的机遇与挑战 [J]. 对外经贸实务, 2015 (1): 74-77.

[23] 李学伟. 高铁对旅游经济的影响 [N]. 中国旅游报, 2018-08-28 (003).

[24] 李志兰. 从土耳其安伊高铁看中国铁建如何克服"走出去"水土不服 [EB/OL]. 新华丝路网, 2016-04-25.

[25] 厉无畏. 高速铁路: 加快中国走向世界经济舞台中心步伐 [Z]. 中国高铁"走出去"战略高论坛 (第一届) 主旨演讲, 2013-12-04.

[26] 梁晓红，谭克虎．德国高铁运送快件业务发展模式研究［J］．中国铁路，2014（5）：11－15，42．

[27] 刘春雨，赵鑫，许聪．中国高铁"走出去"面临的知识产权风险及标准壁垒［J］．中国铁路，2017（8）：38－42．

[28] 刘强．新形势下中国高铁"走出去"战略探析［J］．理论学习与探索，2017（4）：55－57．

[29] 刘鑫贵，唐松柏．"一带一路"重要倡议新形势下铁路产品认证与质量管理［J］．铁道技术监督，2018，46（2）：18－19．

[30] 刘云，桂秉修，安源，程旖婕．高铁设备商竞争力比较及中国高铁"走出去"对策［J］．科研管理，2016，37（S1）：346－355．

[31] 罗伟．动车组专业国际化高端技术人才培养研究与实践［J］．山东工业技术，2017（9）：232－232．

[32] 梅文雅．中国高铁"走出去"的风险与应对策略研究［D］．北京理工大学硕士学位论文，2016．

[33] 倪瑶．我国高铁"走出去"BOT模式的可行性研究［D］．安徽财经大学硕士学位论文，2015．

[34] 潘晓明．从墨西哥高铁投资受阻看中国对外基础设施投资的政治风险管控［J］．国际经济合作，2015（3）：76－79．

[35] 宋丹丹．基于企业战略管理理论的中国高铁多元转型发展研究［D］．中国铁道科学研究院博士学位论文，2015．

[36] 宋杰鲲，梁璐璐，康忠燕．能耗、大气污染物排放及碳排放协同研究可视化分析［J］．中外能源，2018，23（4）：11－18．

[37] 宋汝欣．中国推进高铁"走出去"面临的政治风险及其作用机制分析［J］．当代亚太，2017（5）：77－106，159．

[38] 孙群．铁路国际合作项目运营管理模式的探讨［J］．铁道运输与经济，2015，37（8）：74－77．

[39] 汤兆平，孙剑萍，刘欢，汤丽．基于改进F－AHP模型的高铁线路风险评价［J］．中国科技论文，2016，11（19）：2243－2247．

[40] 王夫歌，秦勇，程晓卿，高旭东，邢宗义．基于GAHP的铁路大雪灾害风险模糊综合评估［J］．铁道标准设计，2015，59（7）：55－60．

[41] 王静,董肖丽.模糊评价中最大隶属度原则的改进[J].河北水利,2011(2):27-2.

[42] 王鹏.委内瑞拉高铁项目为什么黄了?[N].观察者,2016-05-20.

[43] 王志鹏.我国量刑问题研究文献计量分析报告(1998题研究文献年)基于CiteSpace的可视化图谱与战略坐标分析[J].北京邮电大学学报(社会科学版),2018,20(2):41-47.

[44] 吴国栋,李碧波.法国TGV的发展历史和技术特点[J].国外铁道车辆,2007(1):1-4.

[45] 伍振,王文军.擦亮"振高铁外交"名片——来自我国海外首条设计时速360公里高铁项目中标的报告[N].中华建设网,2015-05-07.

[46] 肖彦华.我国高铁"走出去"的战略研究——机遇成功与失败案例分析[D].辽宁大学硕士学位论文,2017.

[47] 谢海燕."一带一路"战略下中国高铁"走出去"的现状、风险及对策[J].全国商情(经济理论研究),2015(20):35-38.

[48] 徐飞,吴刚,高明.中国铁路"走出去"人才培养培训对策研究[J].中国工程科学,2017,19(5):58-60.

[49] 徐飞.中国高铁"走出去"的十大挑战与战略对策[J].人民论坛·学术前沿,2016(14):58-78.

[50] 徐飞.中国高铁"走出去"的十大挑战与战略对策[J].中国战略,2016(7):74-75.

[51] 徐飞.中国高铁的全球战略价值[J].人民论坛·学术前沿,2016(2):6-20.

[52] 徐飞.中国高铁的全球战略价值[J].学术前沿,2016(1):6-16.

[53] 许佑顶,高柏松,杨吉忠,徐骏.中国铁路工程建设技术标准"走出去"战略研究[J].铁道工程学报,2016,33(5):116-122.

[54] 姚乐.走蒙内铁路,看中国印记[N].人民网,2018-07-04.

[55] 尹振茂.新陆权时代的中国高铁大战略[N].证券时报,2014-06-16(A06).

[56] 袁玉青."一带一路"战略背景下的中国高铁外交探析[D].南京大学硕士学位论文,2016.

[57] 张静. "一带一路"背景下中国铁路"走出去"建设模式创新研究[D]. 北京交通大学硕士学位论文, 2018.

[58] 张伟. 中国"一带一路"建设的地缘战略研究[D]. 吉林大学博士学位论文, 2017.

[59] 张先军. "一带一路"倡议下中国高铁"走出去"的风险和挑战[J]. 华南理工大学学报(社会科学版), 2018, 20(2): 8-14.

[60] 张晓通, 陈佳怡. 中国高铁"走出去": 成绩、问题与对策[J]. 国际经济合作, 2014(11): 26-29.

[61] 张友兵. 中国高铁"走出去"的优势和建议[J]. 铁路通信信号工程技术(RSCE), 2016(2): 105-110.

[62] 赵炬烨. 加强高速铁路技能人才培训确保高速铁路运营安全稳定[J]. 科技创业家, 2013(8): 250-252.

[63] 郑健. 中国铁路"走出去"——铁路服务"一带一路"战略的思考[J]. 时事报告(党委中心组学习), 2015(4): 144-160.

[64] 郑晋鸣. 大力推动高铁国际化人才培养[N]. 光明日报, 2015-06-21(007).

[65] 周君, 刘钊, 王亚军. 国内外高速铁路建设与运营模式比较[J]. 铁路工程造价管理, 2013, 28(3): 51-53.

[66] 周啸东. 土耳其安伊高铁——第一个中国高铁工程技术"走出去"项目[J]. 国际工程与劳务, 2015(9): 50-52.

[67] 朱军. 德、法、日三国发展高速铁路的启示[J]. 城市与区域规划研究, 2011, 4(3): 60-69.